現代日本語文の
程度修飾と数量修飾の体系

蔡 薫婕 著

日本語・日本語習得研究博士論文シリーズに寄せて

　博士学位は運転の免許に例えられることがある。一理ある考え方である。人は、運転が十分に上手になってから免許を取るのではなく、最低限の知識と技能を身につけた段階で初めて免許を取り、それから一生懸命に車を走らせて技術を上達させていくからである。

　しかし、立場を変えれば、これは盲点のある例え方だと評することもできる。なぜなら、免許の取り方と学位の取り方とではその性格に大きな開きがあるからである。免許を取る訓練の段階では、指導教官が隣の席に座って丁寧に教えてくれるが、それでも、よほど危険な状況に遭遇しない限り、運転に直接手を貸すことはない。また、免許を取得できるかどうかが決まる試験に際しては、あくまで受験者が自力のみで努力し、うまく行かなかったら、一律に不合格になる。

　一方、博士学位の場合はどうか。まず博士論文の作成においては、発想から表現まで指導教員が惜しまずに力を貸すことがある。さらによくないのは、そうしておきながら、一旦審査する段階になると、同じ教員が主査を務めてしまうことにある。このような調子だから、「手前味噌」の滑稽劇がひっきりなしに展開される。これによって、学位を取った人の一部は、学位を取った日が研究を止める日になってしまう。なぜなら、一人では研究を続けていくことができないからである。

　このような滑稽劇を根絶するためには、体制の根本的な改革が必要であり、教員の一人二人の努力だけではどうしようもない。しかし、このシリーズの企画に際しては、せめてこの風潮を助長しないように注意を払っていくつもりである。つまり、執筆候補者の選定に関して、学位申請に必要とされた「博士論文」を見るだけではなくて、学位取得から一定以上の年数が経過しても、依然として弛まず研究を続けられていることを必須条件として定めているのである。

　こうすることで、このシリーズの著者たちは、本書の背表紙に刻まれた著者名だけでなく、学会や研究会の壇上で活躍する実際の姿と、学会誌の目次や研究会のプログラムに頻出する名前とが、常に三位一体となった動的な存在であることが保証されるであろう。シリーズの刊行が学問隆盛の一助となることを切に望む次第である。

大阪府立大学　張　麟声

まえがき

　この度、蔡薫婕さんの博士論文が『現代日本語文の程度修飾と数量修飾の体系』という標題で、「人文科学の一流的研究を目指す博士論文叢書」の一冊として刊行されることとなった。まことに喜ばしいことである。同叢書の企画者であり、今回、蔡さんに本書の刊行に向けてお声掛け下さった張麟声先生にまずは心から御礼を申し上げたい。

　蔡さんは、台湾の出身であり、台中市にある東海大学を卒業し、2010年に大阪府立大学大学院へと留学した。そこで修士の学位を取った後、2012年に東北大学大学院文学研究科後期課程に入学した。大阪府立大学では、野田尚史氏の薫陶を受け、従属節を形成する「分」に関する詳細な研究を修士論文としてまとめている。「分」に関する分析・考察は、本書に散見されるが、その基礎は修士論文にあったわけであり、そういう意味では、「分」の考察は、蔡さんにとって本書の出発点であると言ってよいであろう。

　私が、蔡さんと初めて会ったのも、蔡さんが東北大学大学院を受験したときである。野田氏から優秀な学生である旨の話は聞いていたものの、実際に会うまで、どんな感じの学生であるのかいろいろと気になったことが懐かしく思い出される。早いもので、あれから6年半が経った。蔡さんが博士の学位取得を希望していることは入学時に聞いていたが、それが5年後の2017年3月に「現代日本語の単文および複文における程度と量・数の体系」という学位論文として結実し、その上、その博士論文がバージョンアップして単行本として刊行されることになろうとは、当初、正直言って思ってもみなかった。

　私の所属する東北大学国語学研究室にも他の大学同様、海外からの留学生が多いが、留学生が研究を続け、博士の学位を取得するのは並大抵なことではないと思う。まず研究というものがどういうことであるのかを理解するの

i

に時間が掛る。修士課程の2年くらいはそのことに費やされるといっても過言ではない。それから博士課程に入っていよいよ本格的な研究を開始するわけであるが、先行研究を充分に咀嚼し、それらを乗り越えうる自分なりの視点を確保し自己の研究のオリジナリティーを発揮するまでに更に時間が掛る。それでもそういう方向にうまく歩み出せた学生はまだいい方で、結局、それができずに中途で挫折する留学生も少なくない。私は、指導教員としての自らの力量不足を恥じつつも、そういった関門を乗り越えて行こうとして日々奮闘する留学生の気力と努力にはいつも頭が下がる思いがする。

しかし、そういう点では、蔡さんはとても指導がしやすい学生であったという印象が強い。それは、一つには、私のところに来た時点で既に修士課程を終えていたということもあるだろうし、さらには、大阪府立大学での野田氏の指導が行き届いたものであったという点も見逃せないであろう。蔡さんは、基本的に研究の何たるかを充分理解していたし、何と言っても、彼女の性格自体が研究というものに向いていたように思う。蔡さんは、面談をしていても、自分の研究の抱える問題点や次の段階に行くためのハードルについて的確に把握する能力が抜きん出ていたが、さらに特筆すべきは、新たな問題点の指摘を受けると、それをいつまでに克服するか、という綿密なスケジュールを立てて研究を進めようとするその積極的な姿勢である。これはなかなかできることではないし、また、実際予定通りに課題をこれまでクリアーしてきたところに、彼女のいわば性格に根ざした研究者としての優れた資質を窺うことができる。

先に、本書の出発点は、従属節を構成する「分」の分析だったと述べたが、彼女の最初の思惑も、おそらくは複文研究に限定されていたものと思われる。しかし、「分」の用法、たとえば、「このタイプのエアコンは、冷房が弱い分、電気代が安い。」とか「費用は要求があった分、全額支給する。」という文を分析していくうちに、蔡さんは、従属節が主節の程度あるいは数量を修飾するということはどういうことなのかという根本的な疑問に突き当たったのに相違ない。そして、そのことを明らかにするためには、そもそも単文における程度・数量修飾の問題を先に片づけておく必要があると考え、その結果、

「とても」・「非常に」・「かなり」「ずいぶん」・「いっぱい」・「たくさん」といった程度副詞、量副詞の研究へと自らの研究方向を微調整したのである。複文の前に単文内の対応する事象の研究に進んだところがいかにも蔡さんらしい、と当時の私には思えたものである。そして、それを研究上の一つの転回点として、日本語の単文と複文の程度修飾・数量修飾の異同をあらためて考察し、そのことを通して日本語文全体の程度修飾・数量修飾の問題を考えるようになったと推察される。このプロセスが、本書の「第一部 単文における程度修飾と数量修飾の体系」「第二部 複文における程度修飾と数量修飾の体系」「第三部 現代日本語文における程度修飾と数量修飾の体系」といった整然とした構成に如実に反映されている。そういうわけで、本書の研究上の特色は、第一に、日本語の程度修飾・数量修飾の問題を単文内の問題、複文内の問題に限定せず、両者の異同を総合的に明らかにしようとする観点から考察されている点である。そして、こういったアプローチを支えているいわば技術的な支えが「スケール構造」という分析手法であり、この概念装置を駆使して単文・複文双方における程度修飾・数量修飾の在り方を一貫して分析した点が本書の第二の特色と言える。この「スケール構造」について詳しくは本書を参照していただきたいが、本書のように、単文・複文の程度修飾・数量修飾を「スケール構造」という一貫した分析手法に則って明らかにしようとした研究は、本書が初めてではないだろうか。お陰様で、蔡さんを指導しつつも、逆に私自身が日本語の副詞の働きや複文について様々考えさせられ大いに勉強になった。

　蔡さんは、仙台でよき伴侶に巡り会って家庭を築き、現在は、東北大学大学院文学研究科の助教をつとめている。心身共に安定した研究生活を営んでいるといえるが、蔡さんの事務能力の高さが却って災いしてか、我々研究室の教員に何かと頼られることが多く、自由に自分自身の研究時間を確保できないところが悩みの種かもしれない。ただ、そういう中でも、本書の刊行に漕ぎ着けたのは、やはり蔡さんのスケジュール管理能力の成果であるといえよう。これから日本語学の研究者として歩んで行くに当たって、現時点で本書を公にできたことは、蔡さんにとって研究上の確固たる地所を確保できたこ

とになるわけであり、今後の研究生活にとって大きな支えとなることであろう。本書を出発点として蔡さんのこれからの研究が着実に発展することを心から祈念してやまない。

2018年7月28日　仙台にて
東北大学大学院文学研究科
斎藤倫明

目　次

まえがき·· i

序章·· 1
　1. さまざまな程度修飾··· 1
　2. 程度と数量の連続性··· 3
　3. スケール構造について·· 5
　4. 副詞による修飾と副詞節による修飾·· 8
　5. 本書の目的と方法·· 8
　6. 本書の構成·· 11

【第一部　単文における程度修飾と数量修飾の体系】················· 13

第一章　単文における程度修飾・数量修飾について·············· 15
　1. はじめに·· 15
　2. 単文を対象とした先行研究·· 15
　3. 程度修飾の副詞と数量修飾の副詞の分類·· 17
　4. 程度副詞と述語との共起関係·· 26
　5. まとめ··· 34

第二章　単文における程度修飾·· 37
　1. はじめに·· 37
　2. 状態事象における程度修飾··· 38
　　2.1. 状態事象とは·· 38
　　2.2. 状態事象にかかる程度修飾の仕組み··· 41
　3. 変化事象における程度修飾··· 45
　　3.1. 二種類の変化事象··· 45
　　3.2. 変化事象にかかる程度修飾の仕組み··· 49
　4. 周辺的なもの·· 52
　　4.1. 程度修飾がかかる数量修飾·· 52
　　4.2. 極点を示す形容詞··· 53
　5. まとめ··· 55

第三章　単文における数量修飾·· 57
　1. はじめに·· 57

v

- 2. 動作事象における数量修飾 ……………………………………… 58
  - 2.1. 動作動詞の数量修飾 ……………………………………… 58
  - 2.2. 移動動詞の数量修飾 ……………………………………… 63
- 3. 変化事象における数量修飾 ……………………………………… 65
  - 3.1. 変化事象の数量修飾 ……………………………………… 65
  - 3.2. 変化事象の二面性と量程度副詞 …………………………… 68
- 4. 数量修飾に関連する課題 ………………………………………… 72
  - 4.1. 二種類の量：外延量と内包量 ……………………………… 72
  - 4.2. 事象の回数 ………………………………………………… 76
- 5. まとめ ……………………………………………………………… 77

第四章　単文における程度修飾・数量修飾の体系と移行 …………… 79
- 1. はじめに …………………………………………………………… 79
- 2. スケール構造からみた程度修飾と数量修飾 …………………… 80
- 3. 程度から量・数への移行 ………………………………………… 83
- 4. 量・数から程度への移行 ………………………………………… 86
- 5. 程度修飾にみられる量程度副詞と純粋程度副詞の相違 ……… 90
- 6. 数量修飾にみられる数量詞・量副詞・量程度副詞の相違 …… 95
- 7. まとめ ……………………………………………………………… 97

【第二部　複文における程度修飾と数量修飾の体系】 ……………… 99

第五章　複文における程度修飾・数量修飾について ………………… 101
- 1. はじめに …………………………………………………………… 101
- 2. 複文を対象とした先行研究の概観 ……………………………… 102
  - 2.1.「ほど」の先行研究 ………………………………………… 103
  - 2.2.「くらい」の先行研究 ……………………………………… 108
  - 2.3.「だけ」「ばかり」の先行研究 …………………………… 112
  - 2.4. 品詞論的位置づけ ………………………………………… 114
- 3. スケール構造の応用と課題 ……………………………………… 117
- 4. まとめ ……………………………………………………………… 119

第六章　「ほど」「くらい」による程度修飾と数量修飾 …………… 121
- 1. はじめに …………………………………………………………… 121
- 2.「ほど」「くらい」による程度修飾 ……………………………… 122
  - 2.1. 状態事象 …………………………………………………… 122
  - 2.2. 変化事象 …………………………………………………… 128
- 3.「ほど」「くらい」による数量修飾 ……………………………… 131

3.1. 動作事象……………………………………………………131
        3.2. 変化事象……………………………………………………135
        3.3. 事象回数用法………………………………………………139
    4. ホド節・クライ節の副詞との相違…………………………………141
    5. 様態修飾への拡張……………………………………………………144
    6. まとめ…………………………………………………………………147

第七章 「分」「だけ」「ばかり」による程度修飾と数量修飾……………149

    1. はじめに………………………………………………………………149
    2. 「分」「だけ」による数量修飾………………………………………150
    3. 「分」「だけ」による程度修飾………………………………………154
    4. 変化事象の二面性と程度修飾・数量修飾…………………………161
    5. ブン節・ダケ節と副詞の相違………………………………………164
    6. 因果関係用法への拡張………………………………………………165
    7. 「ばかり」の特異性と位置づけ……………………………………166
    8. まとめ…………………………………………………………………171

第八章 複文における程度修飾・数量修飾の体系と移行……………173

    1. はじめに………………………………………………………………173
    2. 複文における「程度と量・数」の体系……………………………174
    3. 程度修飾から数量修飾への移行：「ほど」「くらい」……………176
    4. 数量修飾から程度修飾への移行：「分」「だけ」…………………177
    5. まとめ…………………………………………………………………178

【第三部 現代日本語文における程度修飾と数量修飾の体系】……181

第九章 現代日本語文における程度修飾と数量修飾の体系
―単文および複文の関係付け―……………………………183

    1. はじめに………………………………………………………………183
    2. 程度修飾における単文と複文の対照関係…………………………184
    3. 数量修飾における単文と複文の対照関係…………………………189
    4. まとめ…………………………………………………………………193

第十章 程度修飾・数量修飾の境目と「比較」の働き………………197

    1. はじめに………………………………………………………………197
    2. 比較の働き……………………………………………………………198
    3. 「比較」の位置づけ…………………………………………………203

4. 比較基準について……206
   5. まとめ……209

第十一章　「ほど」「分」「だけ」にみられる比例のあり方……211

   1. はじめに……211
   2. ホド節における比例……212
   3. ブン節における比例……215
   4. ダケ節による比例の位置づけ……220
   5. まとめ……223

【第四部　関連する課題】……225

第十二章　程度数量の従属接続詞にみられる因果関係用法について……227

   1. はじめに……227
   2. 先行研究……228
   3. 考察対象……229
   4. グループ2について……232
   5. グループ3について……237
   6. グループ2とグループ3の共通点と認知プロセス……240
   7. まとめ……242

第十三章　擬似連体修飾節のル形・タ形と
　　　　　従属接続詞の用法の関係 ―「分」を例に―……243

   1. はじめに……243
   2. 意味用法の考察……245
     2.1. 程度数量用法……246
     2.2. 比例用法……249
     2.3. 根拠・推論用法……251
   3. 擬似連体修飾節の述語のル形・タ形と意味用法との関係……253
   4. まとめ……259

終章　結論と展望……261

   1. 本書のまとめ……261
     1.1. 第一部のまとめ……262
     1.2. 第二部のまとめ……265
     1.3. 第三部のまとめ……273

1.4. 第四部のまとめ……………………………………………………276
2. 今後の課題と展望……………………………………………………278

参考文献……………………………………………………………………282

あとがき……………………………………………………………………290

序　章

1. さまざまな程度修飾

　「とても美人」
　「とてつもなく雄大な話」
　「ずば抜けて優れている」
　「徹頭徹尾反対する」

　日頃から何気なく使っていることばの中に、このように程度を描写する表現がたくさんある。上記の下線部をなくして「美人」「雄大な話」「優れている」「反対する」だけにすると、単に事実を述べ立てているように聞こえてなんだか味気ない気がする。一方、下線部のような程度表現を付与すると、発話者の観察や評価が付け加えられ、生き生きとした発話になる。「美人」と「とても美人」では、やはり違うのである。
　しかし、「とても美人」が言えるが、「とても学生」は言わない。かといって、「とても学生らしい」なら、言う。程度表現は任意に付けられないようである。「とても美人」が言えるのは、恐らく美しさにはさまざまな程度があるためだと思われる。これに対して、「学生」は一種の身分であって、学生であるか否かの違いしかなく、程度がない。ただし、「学生らしさ」となると、

学生らしい人と学生らしくない人の間には程度の差があるので、「とても学生らしい」が言えるのだろう。つまり、「学生」と「学生らしい」は違うことなのである。「学生」は真偽の判断ができるのみで程度性を持っていない。一方、「学生らしい」は真偽の判断ができるほか、真の状態（＝学生らしい）と偽の状態（＝学生らしくない）が、とても学生らしい、少し学生らしい、全く学生らしくないというように連続していて、この連続体が程度として認識されるのだと思われる。

　もちろん、対象者を「とても学生らしい」とするか、「あまり学生らしくない」とするかは話者の主観的判断である。しかし、主観的判断といっても話者が自由に程度修飾を文中に持ち込めるわけではなく、「学生らしい」のような程度性のある事象ではないと、程度修飾を文にいれることはできない。「とても学生」が言えないのはこのためである。要するに、程度の高低は主観的判断ではあるが、程度性の持つ事象に対してのみ、程度の主観的判断ができる。なお、ここでいう程度性は「相対的状態の連続体」というふうに理解することができる。程度修飾が程度性のある事象にのみ係るということを別の言い方にすると、程度修飾が係るか、係らないかで事象のタイプが分かれるということである。ちなみに、これまでの研究では、程度修飾とは「相対的な状態」を修飾するというのが定説である (cf. 工藤 1983)。

　ただし、相対的状態にもさまざまなものがあって、一般的に典型例として考えられているのは、「とても寒い」のように程度副詞と形容詞が組み合わさったものである。「今日はとても寒い」の「寒い」をひとつの事象として捉え、なおかつ、「寒い・寒くない」というように相対的に捉えることができる。こういった相対的状態を含意する形容詞の「寒い」に対して、程度副詞の「とても」が係り、その程度を示す。

　程度副詞と形容詞の組み合わせが典型例だとすれば、冒頭の例はいずれも少し特殊な点がある。例えば「とても美人」の「とても」は程度副詞であるが、名詞の「美人」に係っている。一般的に、程度修飾は連用修飾なので用言に係るが、名詞に係っている点から言えば、この例は連用修飾ではない。次にあげた「<u>とてつもなく雄大な話</u>」については、程度修飾語の「とてつも

なく」が形容詞の「雄大な」に係っていて連用修飾ではあるが、「とてつもなく」は「とてつもない」の副詞形（連用形）なので、本来は形容詞であって程度副詞ではない。また、「ずば抜けて優れている」についても、動詞「ずば抜ける」のテ形を用いて程度の連用修飾をしているもので、程度副詞を用いたものではない。「徹頭徹尾反対する」に関しては、程度修飾とも言えるし、様子も示していて、様態修飾に近い側面を持つ。上にみてきたとおり、一言で程度修飾と言っても多種多様な表現がある。

　次章からは典型例、つまり程度副詞が形容詞または動詞を連用修飾する例を中心に検討するが、これは、本書の第一の目的として、程度修飾は言語使用者のどのような認識に基づいて表現されるかを解明したいためである。よって、変則例ではなく原理原則にシンプルに従っていると思われる典型例から検討する。

2. 程度と数量の連続性

　前節では、程度性を持つ事象に対してのみ、程度修飾ができると述べたが、次の例はこれに当たる。

(1) 　今回の演奏会はとても楽しい。
(2) 　今回の演奏会は来場者数がとても増えた。

(1)は前節で説明した、形容詞による状態事象に程度副詞が係った例である。(2)は、変化動詞による変化事象であるが、来場者数の増え具合を「とても増えている」「少し増えている」「全く増えていない」というように相対的に捉えることができるので、程度性を持つ事象である。しかし、よく考えてみれば、増えたのは来場者数であるので、実質的には程度ではなく、数量である。したがって、(2)は次のように言い換えることができる。

(3) 　今回の演奏会は来場者数がたくさん増えた。

　「たくさん」は「数量的に多いこと。また、そのさま。多数。多量。（『日

本国語大辞典』第二版第八巻 p.848)」を表し、程度を修飾することができないと言われている。例えば、「たくさん楽しい」は言えない。しかし、(1)と(2)の「とても」はいずれも文法的であり、かつ、意味が大きく変わらないことをみると、程度と数量は時には非常に近い、ということが言えよう。さらに、程度副詞は二種類に分けられるとされており、分類の基準は「程度修飾しかできないか、それとも程度修飾のほかに数量修飾もできるのか」というところにある。前者の程度修飾しかできないものは、「とても」などであるが、後者の程度修飾も数量修飾もできるものは、「かなり」などである。後者の「かなり」となれば、次の例にみるように文中で程度だけではなく、数量を示す役割をも果たしている（cf. 仁田 2002）。

(4) 今回の演奏会は<u>かなり</u>楽しい。（程度修飾）
(5) a. 花子がご飯を<u>かなり</u>食べた。（数量修飾）
 b. 花子がご飯を<u>たくさん</u>食べた。（数量修飾）
 c. 花子がご飯を<u>10 杯</u>食べた。（数量修飾）

(4)の「かなり」は楽しさの程度を示し、意味的にも修飾機能的にも(1)の「とても」と非常に近い。一方、(5)の「かなり」は「たくさん」や「10 杯」と同様に食べた量を示している。程度修飾は程度性を持つ事象にのみ係ると述べたが、同様に数量修飾も「計測可能な側面を持つ」事象にしか係らない。「ご飯をとても食べた」が言えないのはその傍証である。この点から考えれば、程度修飾と数量修飾は原則的には異なるものと言える。だとすれば、(4)(5)のような用例をみると、「かなり」は程度副詞でいいのか、そもそも程度と数量はどう区別したらいいのか、もし程度と数量を区別すべきだという立場を取るなら、程度と数量はどのような関係にあるのか、などと多くの疑問が湧いてくる。この節でみてきた例はいずれも程度と数量が近い関係にあることを示唆するものである。よって、程度とは何か、ひいては程度修飾とは何かを掘り下げるに当たって、数量（修飾）も合わせて検討する必要があると思われる。

具体的に検討しなければならないのは、程度修飾または数量修飾はどう違

うのか、また区別が付かないのはどのような場合なのかと言った項目である。ただし、程度修飾と数量修飾をともに扱うとなれば、両者を同じ視点で分析・考察する必要があり、そうしないと、妥当な結果が得られにくいと思われる。そこで、程度修飾および数量修飾を統一的に扱える分析ツールが必要になってくるわけであるが、本書では、「スケール構造」を採用して例文の分析を進める。スケール構造については次節で簡単に説明する。

3. スケール構造について

スケール構造は英語学で形容詞の意味の比較可能性 (gradability) を分析するために構想されたものであるが、現在では形容詞文の分析にのみならず、動詞文の分析にも用いられている。なお、スケール構造の「スケール (scale) とは、ある属性についての値（即ち程度 (degrees)）の順序集合 (ordered set) を言（北原 2009:320)」う。例えば、「赤い」という属性は「全く赤くない」「少し赤い」「とても赤い」というように、程度の高低があり、程度の異なる赤みが順番どおりにつながるとひとつのスケールが構成される。

図1のように、「赤い」というほうに行けば行くほど、赤みが増していくし、「赤くない」というほうに行けば行くほど赤みが減少していく。

図1　開放スケールの例

図1のような、最大値や最小値が含意されておらず、両側が開放された形になるスケールのことを開放スケール (open scale) という。これと反対に最大値あるいは最小値が含意されているスケールを閉鎖スケール (closed scale) と呼ぶ。「暗さ」を例にすると、「真っ暗」という光がひとつもない状態を指す語があるが、少しでも光があれば「真っ暗」とは言えない。つまり、「暗さ」においての最大値が「真っ暗」である。これを図示したものが図2である。

序章

図２　（静的事態の）閉鎖スケールの例

　「暗くない」というほうに行けば行くほど、暗さの程度が減っていくのに対して、「暗い」というほうに行くほど暗くなるのであるが、「真っ暗」は暗さの最大値で暗さはそれ以上増加することがないので、スケールがそこで終了される。よって、「真っ暗」が示した最大値はスケール構造においては「終了限界点」というふうに考えることができる。

　「真っ暗」は最大値を示す例であるが、最小値を持つスケールもあるし、最大値と最小値の両方とも持つ例もある。先ほど、最大値を終了限界点とすることを述べたが、同様に最小値をスケールの開始とみなし、「開始限界点」とする。通例、限界点をひとつでも有していれば、閉鎖スケールとする。もちろん、開始限界点と終了限界点を両方有するスケールも閉鎖スケールである。

　スケール構造は動詞文の分析にも用いられており、日本語を対象とした研究では結果構文を取り扱うものが多い。動的事象の開始、進行、終了という一連のプロセスをスケールに見立てることができる。例えば、「（枝が）折れた」という事象においては、「枝が曲がり始めて、曲がり具合が進行していって、ついにポキっと折れた」というプロセスが想定されるが、図３のように、「曲がり始め」を開始限界点とし、「折れた」を終了限界点とし、両限界点を結ぶ進行中の過程をスケールで表現し、閉鎖スケールとすることができる。

図３　動的事態の閉鎖スケールの例

「赤い」「暗い」といった静的事象においては、複数の程度が異なる状態の連続体を、つまり、異なる程度の状態の順序集合をスケールとするのに対して、動的事象は事象の開始・進行・終了のプロセスをスケールとする。なので、実質的にはスケールの性格が異なるが、事象の「連続的に捉えられる側面」を描く点は共通している。程度の順序集合は連続的につながるものであるのと同様に、事象の進行も時間軸に沿って連続している。この共通点のゆえに、いずれもスケール構造で分析することが可能なのである。また、「枝が一本折れた」のように、事象に数量の側面が含意される場合もあるが、数量は一本、二本、三本といったように増減し、単位でもって数えられるため、連続的に捉えられるものであり、スケール構造で分析することが可能である。

ただし、ひとつの事象は複数の側面を包含していることに注意されたい。例えば、「雪の重さで、枝が折れた」という原因理由や、「血のように赤い」のような様態も事象の一側面である。原因理由や様態といった側面は連続的に捉えることが難しく、スケール構造で分析することができない。

事象はさまざまな側面を束ねたものであるが、事象の内実を言い表す役割を主に担うのは述語であることが知られている。例えば、形容詞述語は概ね状態事象を言い表し、動詞述語は動作事象や変化事象を言い表すと言われている。そして、連用修飾として機能する程度修飾と数量修飾は、述語に係り、事象の一側面（程度の側面または数量の側面）を描き出すものだと考えられる。したがって、本書では述語と連用修飾の機能を担う形式との関係に注目して考察を行う。考察に際して、事象の連続的側面をスケール構造で表現し分析する。

なお、スケール構造を程度修飾の分析に応用した文献として北原(2013)があるが、北原(2013)では数量修飾を扱っていない。詳しいことは第一章で改めて述べるが、程度修飾と数量修飾が近い関係にあることは古くから指摘されている。しかし、両者がなぜ近いのか、どのように接近しているのか、についての言及がなされていないままである。本書では、スケール構造を分析ツールとして導入し、程度修飾と数量修飾のあり方を明らかにするとともに、両修飾の関係についても説明を試みる。

序章

4. 副詞による修飾と副詞節による修飾

「<u>辛</u>いです。<u>非常に</u>辛いです。それこそ<u>後でベロを出して走り回りたくなるくらい</u>辛いです」(『向田邦子対談集』[1])

　この一文から、相当な辛さということが容易に想像できる。辛さの程度を副詞の「非常に」と副詞節の「〜くらい」の二種類で表現している。ただし、副詞と副詞節といった形式の違いこそあるが、発話者にとっては「この辛さは相当なものだ」という認識は違わないはずである。つまり、発話者は口にした瞬間に、「相当の辛さ」という認識ができて、「非常に」と「〜くらい」でそれを表現したわけである。このように考えれば、副詞による程度修飾と副詞節による程度修飾を同じ理屈で説明できると考えられる。ここでは程度修飾の例をあげたが、数量修飾に関しても同じように考え、「たくさん」などの量副詞や「一本」などの数量詞で表現されても副詞節で表現されても数量に対する認識は同様のはずであり、同じ理屈で説明できると考える。本書では、このような考え方に基づいて、程度副詞や数量詞のみならず、副詞節も扱うことにする。

　副詞や数量詞を用いて程度修飾・数量修飾を行う場合は、「非常に辛いです」というように単文である。一方、副詞節を用いた場合は、「走り回りたくなるくらい辛いです」というように複文である。副詞も副詞節も扱うということは、単文も複文も扱うということであり、現代日本語全体を対象にするということになる。単文・複文（ひいては副詞・副詞節）という形式的違いがあっても、程度や数量に対する人間の理解は違わないと思われるため、程度修飾・数量修飾の運用原理は形式の相違によって異なることがなく、形式の相違を超えて一貫した説明ができると考えられる。

5. 本書の目的と方法

　これまで、本書が注目する程度や数量の表現についていろいろ述べてきた

---

[1] 下線は引用者による。

が、改めて本書の目的と方法をこの節で整理する。本書の目的は現代日本語における程度修飾・数量修飾の運用原理を検討し、程度修飾・数量修飾の二者がどのように関係し合うかを突き止め、程度修飾と数量修飾の体系を示すことである。

また、議論を進めるに当たって以下の用語を多用するので、それぞれの定義を記しておく。

(6) 程度修飾：語または節を用いて述語の意味を限定し、それの程度を表すこと。例えば、「非常に寒い」では、「非常に」が「寒い」に対して程度修飾をする。

(7) 数量修飾：語または節を用いて述語の意味を限定し、それの量や数を表すこと。例えば、「たくさん歩いた」では、「たくさん」が「歩いた」に対して動作量を表し、数量修飾をする。また、「7km歩いた」では「7km」が「歩いた」に対して実際の数値を提示して動作量を表すが、これも数量修飾とする。

(8) 程度標識：程度修飾をする言語形式。「<u>非常に</u>寒い」「<u>かなり</u>寒い」「<u>河が凍るほど</u>寒い」の下線部を指す。

(9) 数量標識：数量修飾をする言語形式。「<u>たくさん</u>歩いた」「<u>7km</u>歩いた」「<u>足が棒になるほど</u>歩いた」の下線部を指す。

程度・数量修飾の原理を探るに当たって、概ね単文における修飾と、複文における修飾に分けられるが、単文・複文それぞれを次の三点から考察する。

(10) 程度標識・数量標識がどういう述語と共起するか。

(11) いくつかある程度標識・数量標識同士には、どのような共通点・相違点があるか。

(12) 程度修飾と数量修飾の重なりがどのような仕組みによって実現されるのか。

(10)は、例えば、「非常に寒い」が言えるのに対して「非常に走った」が言えず、その一方で、「たくさん寒い」が言えないのに対して「たくさん走

序章

った」が言えるといった現象の問題である。この現象を観察してみると、次のことが分かる。「寒い」は状態事象を表すが、「非常に」による程度修飾を受けられるのに対して、「たくさん」による数量修飾を受けられない。一方、「走る」は動作事象を表すが、「非常に」による程度修飾を受けられないのに対して、「たくさん」による数量修飾を受けられる。状態事象、動作事象といった事象のタイプが変われば、事象のあり方が変わってくる。そして、修飾は事象のあり方を描き出す作業であるので、事象のあり方が異なれば、修飾のあり方も変わる。また、状態事象なのか、動作事象なのか、そういった事象の性質を表すのは主に述語である。したがって、程度標識・数量標識と述語との共起を観察することで、程度標識や数量標識が修飾する事象のタイプが分かり、ひいては、程度標識や数量標識が事象のどういった側面を修飾するかが分かる。

(11)は、程度標識を例に言えば、「<u>非常に</u>寒い」「<u>かなり</u>寒い」「<u>河が凍るほど</u>寒い」の下線部の共通点と相違点を明らかにするということである。下線部はいずれも寒さの程度を修飾しており、程度標識である。これらの程度標識同士の共通点・相違点を明らかにすることによって、程度修飾の内実を理解することができるほか、個々の程度標識の機能も明らかにできる。これは程度修飾・数量修飾の体系を構築するために、避けて通れない課題である。もちろん、数量標識についても同様に検討する。

(12)は、程度修飾と数量修飾が重なる仕組みの問題である。(12)を明らかにするためには、(10)と(11)の考察の結果を踏まえる必要がある。(10)を明らかにすることによって、修飾と対応する事象が分かる。詳細は各章で述べるが、例えば、状態事象が原則的に程度修飾しか受けられないのは、状態の段階性(スケール)を有するからである。しかし、状態を数量的に表すこともある。そうすると、本来、状態事象にみられるのは程度修飾であるが、状態を数量的に把握することで、状態事象に数量修飾がみられるようになる。逆に、数量を程度的に把握することで数量修飾が程度修飾に変わる現象も観察される。このような移り変わりを本書では「移行」と呼ぶ。移行を引き起こすには、程度標識・数量標識の特徴が関連するが、程度標識・数量標識の特徴は(11)の

10

検討によって明らかになる。このように、(10)と(11)の結果に基づいて(12)は移行の現象の背後にある、程度修飾と数量修飾が重なる仕組みの解明を目指す。

6. 本書の構成

　本書の構成は次のようになる。第一部は単文における程度修飾・数量修飾の体系を示すことを目的とする。程度修飾・数量修飾を順次検討した上で、単文における移行のメカニズムを明らかにする。第二部は、複文における程度修飾・数量修飾の体系を示すことを目的とし、第一部と同様に程度修飾・数量修飾を順次検討した上で、複文における移行のメカニズムを明らかにする。続く第三部は単文と複文を含めた程度・数量の体系を構築することを試みる。また、体系構築において、重要な課題である「比較」、「比例」についてそれぞれ章を立てて補足的に説明する。最後の第四部は、関連する課題を取り上げるが、興味関心は複文のほうに偏っている。ただし、いずれも第一部〜第三部までの議論で十分に検討できなかったものである。具体的には「程度数量から因果関係への拡張」、「従属節の時制に対する意味用法の影響」を論じる。最後に終章で本書の結論と展望を述べる。

【第一部】
単文における程度修飾と数量修飾の体系

第一章

単文における程度修飾・数量修飾について

1. はじめに

　序章では本書の問題意識および検討方法について述べた。第一部では次の三点から単文における程度修飾・数量修飾について考察を行う。

(1) 程度標識・数量標識がどのような述語と共起するか。
(2) いくつかある程度標識・数量標識同士には、どのような共通点・相違点があるか。
(3) 程度修飾と数量修飾の重なりがどのような仕組みによって実現されるのか。

　この三点は先行研究の結果を踏まえたものである。以下に、先行研究を整理し、その問題の所在を前掲の三点と関係づけながらまとめる。

2. 単文を対象とした先行研究

　単文を対象とした程度修飾・数量修飾の研究は山田孝雄(1908)の『日本文法論』に遡る。山田氏の論では、程度副詞は情態副詞と陳述副詞に並んで三大副詞のひとつとして確立されており、程度修飾に対する関心がみられるほ

第一章

か、同書には数量詞についての記述もあり、数量修飾に対する所見も述べられている。

山田 (1908) は「程度副詞は主として形容詞又は情態副詞にそひて、其の情態性質の程度を示す。稀に動詞にそふ事あれども動作にはつかずして情態にのみ副ふなり。すべて情態的属性の程度を示すに用ゐらるゝものにして、必其の被修飾語の直上にあり。(p.526)」と述べ、程度副詞の基本的な修飾機能を明確に示している。

また、同書では「数詞」の章に数量修飾についての記述がある。「數詞は客観的形式體言にして事物の個数分量をあらはす詞なり。數詞は其の示す處の概念の異同につきて二種に分つ。數をあらはすものと、量をあらはすものとなり。(p.199)」と述べた上で、数と量の相違について次のように分析している。「抑數と量とは其の本、一なり。共に事物の存在の形式を倶存的に觀察したるものなり。其の異なる所は數は或單位を確定してこれを基本として、其の單位とその見ゆる量との間の數量的關係を明にしたるものにして、量は單位を以て精密に比較せずして大まかに其のあらはしたる點に存す、この故に數は量を基本とす。量は事物存在の基本的概念なり。而してそれらは事物の倶存的形式の概念をあらはしたるに於いては一なり (p.202)」。山田氏は、数と量は元が同様であるが、数は量を基本とし、それを明確な値で示すものであるという理解を示した。

以上のように、程度修飾・数量修飾に対する基礎的、初歩的な理解は早い時代からみられるが、体系的にまとめる研究の出現は 1980 年代に入ってからである。また、山田氏のように程度修飾と数量修飾を個別的に扱う傾向はその後の研究においても見受けられ、程度修飾と数量修飾の関係についてはあまり論じられてこなかった。ただし、程度副詞を取り扱う研究のうち、程度と数量の重なりについて触れるものがある。以下は、程度副詞の研究を軸に、程度修飾と数量修飾に関して明らかになったことを前掲の (1)(2)(3) と関係づけて整理する。また、分かりやすく整理するために、(1)(2)(3) の順番が前後することがある。

16

3. 程度修飾の副詞と数量修飾の副詞の分類

程度修飾・数量修飾の機能を持つ副詞をさらに分類する論考として工藤 (1983)、森山 (1984)、渡辺 (1990)、佐野 (1998a)、仁田 (2002) があげられる。これらの先行研究は関心がそれぞれ異なるが、いずれも程度副詞に重きをおいている。なお、これらの研究は程度修飾のみを行うか、それとも、程度修飾のほかに数量修飾をも行うか、というところに程度副詞の下位分類を求める姿勢が共通している。この観点から出発して数量修飾のみを行う副詞（後述の量副詞）に触れる研究もある。以下に、各研究を関連づけながら、本書の掲げた (1)(2)(3) の問題意識について明らかになったことを整理する。なお、各研究の分類をまとめた副詞のリストは表 2 を参照されたい。

(4) 工藤浩 (1983)「程度副詞をめぐって」

工藤 (1983) は「程度副詞の規定は、《(相対的な) 状態性の意味をもつ語にかかって、その程度を限定する副詞》というもの (p.177)」であると述べた上で、「程度副詞が《種々の形容詞（いわゆる形容動詞を含めて言う）と組み合わさるのを基本とする》いう形式 ── 文法的特徴をもつ (p.178)」と指摘する。工藤 (1983) で程度副詞としてあげられるものは「非常に、大変に、だいぶ、随分、かなり」などである。

一方、程度の概念に近いものとして、数量の概念があると指摘し、数量の概念を表す語として「量副詞」「概括量副詞」「数量名詞」をあげている。また、数量の概念を表す語は述語との共起関係からみれば、程度副詞と区別されると説く。具体的には、「たくさん暑い」が言えないように「量副詞はまず、形容詞と組み合わさらない点で、程度副詞と区別しうる (p.179)」。概括量副詞は「「出席者は全部／すべて／大部分男性である」の如く、名詞述語とも共起しうる点で程度副詞と区別しうる (p.179)」という。数量名詞に関しては、「「二つ多い／三センチ長い／四グラム重い」など数詞（引用者注：前出の数量名詞のこと）が形容詞と共起するのは量形容詞に限られる点で程度副詞と異なる (p.179)」という。このように、副詞と述語の共起関係に着目して、数

第一章

量修飾をする「量副詞」、「概括量副詞」、「数量名詞」の三つを、程度修飾をする程度副詞と区別する。

(5)　森山卓郎 (1984)「程度副詞と動詞句」

　森山 (1984) は、「― ガ（程度副詞）アル」という構文に立つか否かによって、程度副詞を「量的程度副詞」と「純粋程度副詞」に分けている。量的程度副詞は、「金がかなりある」の「かなり」など、「量的概念も内包する程度副詞 (p.61)」である。一方、「金が非常にある」が言えないことから、前掲の構文に立たない「非常に」などを純粋程度副詞とするが、純粋程度副詞は「量的概念を内包せず、純粋に程度だけをあらわす程度副詞 (p.61)」であるという。この記述は、純粋程度副詞は程度修飾の機能しか持たないが、量的程度副詞は程度修飾のみならず数量修飾の機能をも持つというふうに理解される。森山 (1984) は数量修飾の機能しか持たない副詞を対象外として検討しない立場であったが、程度修飾の副詞をさらに量的概念の有無、つまり数量修飾の機能の有無によって分類する点で、これまでの研究を進展させたと言える。

(6)　渡辺実 (1990)「程度副詞の体系」

　渡辺 (1990) は、計量構文「Xは ― Aだ」と比較構文「XはYより ― Aだ」と、二つの構文に立つか否かによって程度副詞を分類している。結果的に、「とても類」「もっと類」「多少類」「結構類」の四種類に分けている。「とても類」は計量構文にしか立たず、比較構文には立たない。それに対して、「もっと類」は計量構文には立たないが、比較構文には立つ。「多少類」は計量構文にも比較構文にも立つが、計量構文に立つ場合でも、常識などを基準にして比較しているため、潜在比較の副詞であるという。また、「結構類」は統語的な振る舞いは「とても類」と同じく、計量構文にしか立たないが、プラス評価の文脈でしか使えないという特徴があるため、「とても類」と区別される。

　渡辺 (1990) は比較構文を分類の基準に用いた点で、本節で取り上げるほかの研究と異なるが、比較の要素をどう考えるかは程度表現の本質に関わる問題である。この点については、第十章で検討し、程度と比較の関係を論

じる。また、分類の基準が異なるが、各類の副詞のリストをみてみると、渡辺 (1990) の「とても類」は概ね森山 (1984) の「純粋程度副詞」に、「多少類」は森山 (1984) の「量的程度副詞」に相当することに気づく。このことから、森山 (1984) のいう量的程度副詞は、比較表現との親和性が高いことが分かる。つまり、純粋程度副詞に比べて、量的程度副詞は程度修飾のほかに数量修飾もできる点と、比較構文に立つ点という二点が特徴的であると言える。量的程度副詞（＝「多少類」）がこの特徴を持つ理由は第四章で論じる。

(7)　佐野由紀子 (1998a)「程度副詞と主体変化動詞との共起」

佐野 (1998a) は、程度副詞が共起する動詞のうち、「質や状態の変化を表す主体変化動詞 (p.7)」に注目して「どのような主体変化動詞と共起するかによって程度副詞を分類し、それぞれの程度副詞は、動詞の表すどのようなアスペクト的側面に対して程度限定を行うのか、ということについて考察 (p.7)」したものである。結論として、程度副詞を「だいぶ」類、「ずっと」類と「非常に」類に分類する。佐野 (1998a) は分類の基準を主体変化動詞のタイプにおいているが、この分類が渡辺 (1990) の分類と共通することを佐野氏自身が同論文で述べている。前述したように、渡辺 (1990) の分類は森山 (1984) に概ね相当する。よって、三者の研究は結果的に程度副詞の分類に対して共通した見解を示したことになる。具体的には、森山 (1984) の「純粋程度副詞」と、佐野 (1998a) の「非常に」類・「ずっと」類と、渡辺氏の「とても類」とがほぼ対応し、森山 (1984) の「量的程度副詞」と、佐野 (1998a) の「だいぶ」類と、渡辺 (1990) の「多少類」とがほぼ対応する。

さらに、佐野 (1998a) によれば程度副詞の類別が異なると、修飾の仕方も変わるという。以下にまとめる。

(8)　「だいぶ」類（＝森山 (1984) の量的程度副詞）：
　　　「変化の度合い（どの程度変化したか）」あるいは
　　　「結果状態の程度（変化後どの程度になったか）」を表す
(9)　「非常に」類（＝森山 (1984) の純粋程度副詞）：

第一章

「結果状態の程度（変化後どの程度になったか）」を表す

「だいぶ」類（＝量的程度副詞）と「非常に」類（＝純粋程度副詞）はともに「結果状態の程度（変化後どの程度になったか）」を表すということであるが、森山 (1984) では量的程度副詞と純粋程度副詞はともに程度修飾を行うという。一方、佐野 (1998a) は「だいぶ」類（＝量的程度副詞）しか修飾できないのは「変化の度合い（どの程度変化したか）」と指摘するが、森山 (1984) は量的程度副詞しか修飾できないのは数量修飾という。両者の指摘をまとめると次の表1になる。

表1　佐野 (1998a) と森山 (1984) の主張の比較

佐野 (1998a)		森山 (1984)	
「非常に」類	「だいぶ」類	純粋程度副詞	量的程度副詞
「結果状態の程度」	「結果状態の程度」	程度修飾	程度修飾
	「変化の度合い」		数量修飾

佐野 (1998a) は主体変化動詞つまり変化事象を観察して (8)(9) にまとめた結論に至ったが、森山 (1984) は動詞句全般を扱っている。両者の研究はともに対象にしているのは変化事象である。つまり、両者の研究をまとめると以下のことが推測される。

(10) 変化事象における程度修飾は「結果状態の程度（変化後どの程度になったか）」を表すことである。
(11) 変化事象における数量修飾は「変化の度合い（どの程度変化したか）」を表すことである。

この推測については、第三章で議論する。

(12)　仁田義雄 (2002)『副詞的表現の諸相』

仁田 (2002) では、「〈程度量の副詞〉としてまとめたものを、文法的な働き

方や共起する述語のタイプから、〈程度の副詞〉と〈量の副詞〉に分け、程度の副詞を〈純粋程度の副詞〉と〈量程度の副詞〉とに分ける (p.162)[1]」と述べられている。また、分ける基準として、「程度の副詞は、形容詞に係り、その属性・状態の程度限定を行うが、それに対して、量の副詞は、形容詞に係りその属性・状態の程度限定を行うことができない (p.162)」と述べている。仁田 (2002) のいう程度限定は本書の程度修飾に当たる。また、後に言及する仁田 (2002) の数量限定は本書の数量修飾に当たる。

　この記述から程度の副詞は程度修飾をするが、量の副詞はそれをしないことが分かる。さらに、量の副詞は「「人がいっぱい居る」のように、人・物の数量を表すもの (p.163)」であると規定する。つまり、量の副詞は数量修飾の機能しか持たないのである。

　次に程度の副詞について、「「オ酒ヲ [X] 飲ンダ」／「[X] 歩イタ」」などの [X] の箇所に挿入できるか否かによってさらに下位分類を設ける。例えば、「お酒を非常に飲んだ」が言えないが、「お酒をかなり飲んだ」が言える。これによって、「非常に」のような振る舞いをするものを「純粋程度の副詞」とし、「かなり」のような振る舞いをするものを「量程度の副詞」とする。

　仁田氏の分類は工藤 (1983)、森山 (1984)、佐野 (1998a) などを敷衍したものと思われる。また、仁田 (2002) は「これらの三類は、その働き・機能を分け持ちながら、段階的な相互関係を有している。機能の分有のあり方は次のようになる。(p.164)」と述べて図1の体系を提示した。

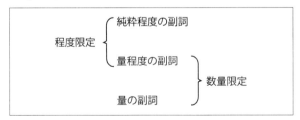

図1　仁田 (2002:164) による「程度量の副詞の機能分担」

1　仁田 (2002) の用語は森山 (1984) と似ているが、原文とおりの引用である。森山 (1984) の用語と微妙に異なる理由は、仁田 (2002) は森山 (1984) と違い、自立した副詞だけを対象とするのではなく、副詞節も考慮にいれるためかと思われる。

第一章

　これまでの研究は程度修飾と数量修飾の近似性に言及しているものの、主に程度修飾の副詞を検討する立場であった。仁田 (2002) は程度修飾と数量修飾の体系を明示したことによって、程度修飾と数量修飾の関係性を明らかにしたと言えよう。

　ただし、仁田 (2002) では、書名にもある「副詞」という用語の扱いがやや特殊であるため、注意が必要である。仁田 (2002) の冒頭に書いてあるように「本書は、単語類としての副詞の研究ではない。文の成分（構成要素）としての副詞的修飾成分への考察である。副詞的修飾成分という用語が長くわずらわしいこともあり、本書では「副詞」という用語を、副詞的修飾成分の代わりに使うことが、以後多くなろう。たとえば、「結果の副詞」は「結果の副詞的修飾成分」の意味で使われている (p.2-3)」。そういった意味で取り上げられた「程度量の副詞」は、単語の副詞（「非常に、かなり」など）および副詞節（「ほど」「くらい」など）を含むと思われる。しかし、実際の用例をみてみると、ほとんどの例文が単語の副詞によるものである。よって、単文を対象とした先行研究に位置づけ、本節で紹介することにした。複文より構造的にシンプルな単文を対象にすることで分析しやすい利点があると思われるほか、単文を対象とした分析をベースにすれば、複文における程度修飾・数量修飾を分析する際に、関わる要素の煩雑さに惑われないで済むだろう。この観点から考えれば、仁田氏の検討は、程度修飾・数量修飾に対する分析の土台作りというふうに理解してよいかと思われる。

　以上のことを踏まえて、本書は仁田氏の提示した図１の体系を踏襲し、程度修飾・数量修飾を単文・複文に分けて考察する。なお、用語に関しては、以下に程度修飾のみ行う副詞を「純粋程度副詞」、程度修飾と数量修飾両方とも行うものを「量程度副詞」と呼ぶ。また、数量修飾しか行わないものを「量副詞」と呼ぶことにする。

　以上に紹介した研究は分類の基準が多少異なるものの、結果的に互いに一致する分類を提案している[2]。それぞれの研究にあげられた副詞のリストを表

2　研究によって取り上げられる副詞が異なることもあるが、ほぼ一致する。唯一分類が異なるものは「ずいぶん」である。渡辺 (1990) は「ずいぶん」を純粋程度副詞の一種であ

2にまとめるが、表2から以下のことが指摘できる。

(13) この節で紹介した先行研究は、分類の基準がそれぞれ異なるものの、結果的に大まかに同じような分類をみせた。この点から、純粋程度副詞・量程度副詞・量副詞といった分類は信頼性の高い分類だと考えられる。また、分類の基準がそれぞれ異なるが、いずれも文末述語との共起に注目している。つまり、前掲(1)をベースにこれまで研究が進められてきたと言える。

(14) 純粋程度副詞と量程度副詞においては比較構文との関係が論じられているが、量副詞と数量詞においては比較との関係が言及されていない。しかし、(6)で渡辺(1990)をまとめる際に言及したように、数量修飾もできる量程度副詞の特徴のひとつは、比較構文に立つことである。この点から推察すれば、数量修飾は程度修飾と違って、比較構文との親和性が高いだろう。言い換えれば、数量修飾の機能を持つ量程度副詞、量副詞、数量詞を検討する際に比較構文との関係がカギになると考えられる。この点について第四章で詳しく述べる。

(15) これらは程度修飾に注目している研究であるが、純粋程度副詞と量程度副詞の違いに関する議論が不足している。この二者はどちらも程度修飾の機能を持つが、純粋程度副詞による程度修飾と、量程度副詞による程度修飾とはどのような相違があるかという指摘があまりみられない。つまり、「非常に寒い」と「かなり寒い」の違いは何か、また、その違いがどのような仕組みによって生じたのかに関する議論が必要

る「とても類」に入れているが、森山(1984)、佐野(1998a)、仁田(2002)は量程度副詞に入れている。ちなみに、工藤(1983)では純粋程度副詞と量程度副詞の区別を問わないので、「ずいぶん」の位置づけを論じる際には参照できない。本書では以下の二つの理由により、「ずいぶん」を量程度副詞とする。ひとつは、「ずいぶん」は比較構文に立つことが可能であるからである。渡辺(1990)が「ずいぶん」を純粋程度副詞にいれる理由は比較構文となじまないことにあると推察できるが、現代日本語書き言葉均衡コーパス(BCCWJ)を調べる限り、44例があった。キーの「ずいぶん」から一語前に「より」が共起する例が26例、キーから二語まえに「より」が共起する例が18例で合計44例あった。もうひとつの理由は、「ずいぶん」が動作動詞に係るからである。森山(1984)と仁田(2002)では動作動詞と共起するものを量程度副詞に入れているが、本書もこれに従う。なお、服部匡(1996)による調査も「ずいぶん」が量程度副詞の性質を有することを示している。

だと思われる。これは前掲の(2)で提起した問題意識である。これに関しては第四章で論じる。
(16) 量副詞についての検討、および程度修飾・数量修飾の関係についての検討があまりなされていない。その理由は、これらの研究の興味関心が程度修飾にあるためだと思われるが、数量修飾が程度修飾に近い関係にあることを考慮すると、量副詞を含めた議論が必要だと思われる。これは前掲の(3)を議論する際に、考慮しなければならない課題である。

この節では、程度副詞の分類を中心に先行研究をまとめたが、これらの研究は程度副詞の分類を「述語との共起関係」や「比較構文との親和性」という観点によって検討したものである。これはつまり、(1)で提起した問題意識である。次節では、述語との関係を中心に先行研究で明らかにしたことを整理する。

表2 程度修飾・数量修飾の副詞の一覧表

先行研究	本書での分け方	純粋程度副詞	量程度副詞	量副詞	数量詞
工藤 (1983)	程度副詞	非常に、大変（に）、はなはだ、ごく、すくぶる、極めて、至って、とても／大分、随分、相当、大層、かなり、よほど／わりあい、わりに、けっこう、なかなか、比較的／すこし、ちょっと、少々、多少、心持ち、やや	量副詞	たくさん、いっぱい、残らず、たっぷり、どっさり、ふんだんに	全部、全部、全員、大部分、あらかた、半数、少数、二人、すべて
	比較性が強いもの	もっとも、いちばん／もっと、ずっと、一層、一段と、ひときわ／はるかに、よけい（に）／より	概括量副詞	ほとんど、ほぼ、だいたい、おおむね、およそ	数量名詞 一つ／三個
森山 (1984)	純粋程度副詞	非常に、大変、はなはだ、著しく、極めて、ごく、すこぶる、あまりに	量的程度副詞	かなり、随分、結構、やたら、なかなか、比較的、相当、大分、わりあい、少し、ちょっと、多少、少々、ある程度、いささか	検討の対象ではない	検討の対象ではない
	比較の対象を要求するもの	ずっと、より、最も、一番	比較の対象を要求するもの もっと		
渡辺 (1990)	とても類	はなはだ、すこぶる、たいへん、きわめて、ひじょうに、ずいぶん	多少類	すこし、ちょっと、やや、いささか、かなり	検討の対象ではない	検討の対象ではない
	結構類	なかなか、わりに、ばかに、やけに				
	もっと類	ずっと、よほど、いっそう、はるかに、いちだんと				
佐野 (1998a)	非常に類	非常に、とても、はなはだ、すこぶる、極めて、たいへん、なかなか、ばかに、やけに、けっこう、割合	だいぶ類	だいぶ、かなり、少し、多少、ちょっと、やや、いささか、ずいぶん	検討の対象ではない	検討の対象ではない
	ずっと類	ずっと、一層、いちだんと、もっと、はるかに、よほど、更に				
仁田 (2002)	純粋程度の副詞	非常に、とても、大変（に）、すこぶる、たいそう、はなはだ（しく）、極めて、著しく、極端に、あまり（に）、至って、至極、ごくごく、ごく **（評価性）** いたく、おそろしく、いやに、(と)えらく、すばらしく、ひどく、すごく、ものすごく、すさまじく、ばかに、馬鹿げて **（異例性）** とてつもなく、途方もなく、とんでもなく、猛烈に、やけに、無性に、法外に、めっぽう、むやみに、やたら（に／と）、むやみやたらに（に／と）、めったやたり（に／と）、べらぼうに、目茶苦茶（に）、むちゃくちゃ（に）、異常に、異様に、飛び抜けて、ずば抜けて、並外れて、際立って、とび（っ）きり、目立って、例になく、いつになく	量程度の副詞	うんと、よほど、ずいぶん（と）、だいぶ、かなり、相当（に）、結構、わりあい、割合（と）、比較的、多少、少々、少し、ちょっと、ちょっぴり、若干、ある程度、心持ち、やや、わずかに、いささか、いくらか、いくぶん **（否定文脈で使われるもの）** たいして、さほど、あまり、さして、そんなに、ちっとも、少しも、一向に、てんで、全然、まったく	量の副詞	たくさん、いっぱい、たっぷり（と）、どっさり（と）、ふんだんに 全部、全員、大部分、半分、少数、すべて、みんな、あらかた、おおかた、残らず	二つ、3個、4人、6本、……
	比較構文でしか使えないもの	最も、一番、ずっと、よほど、遙かに、断然、より、もっと、さらに、一段と、一層				

4. 程度副詞と述語との共起関係

　第3節の先行研究では、(1) の問題意識が重要であることを述べたが、この節では「述語との共起関係」に注目した新川 (1979)、森山 (1984)、佐野 (1998a)、仁田 (2002) を取り上げたい。「程度副詞の働きの基本が形容詞を修飾・限定すること（仁田 2002:148）」であると言われているが、これらの研究は形容詞との共起ではなく、程度副詞と動詞との共起に眼目をおいている。新川 (1979) は幅広く副詞と動詞との組み合わせを整理するもので、程度を表す副詞と共起する動詞についても記述している。森山 (1984)、佐野 (1998a)、仁田 (2002) は、程度副詞の振る舞いに注目したものであるが、主に程度副詞と共起する動詞のタイプおよび共起する際の特徴や制限を検討している。以下、それぞれの内容を簡単に紹介してから、各研究の結果を表にまとめて提示するが、程度修飾・数量修飾に分けて表3〜表6にわたって先行研究をまとめる。表のリストを以下に掲示しておく。

　　表3　程度修飾の純粋程度副詞と共起する動詞の一覧表
　　表4　程度修飾の量程度副詞と共起する動詞の一覧表
　　表5　数量修飾の量程度副詞と共起する動詞の一覧表
　　表6　数量修飾の量副詞と共起する動詞の一覧表

(17) 新川忠 (1979)「「副詞と動詞とのくみあわせ」試論」

　新川 (1979) は、「副詞と動詞とのくみあわせには、規定的なむすびつきと状況的なむすびつきのふたつがある。このうち基本的なものは規定的なむすびつきである (p.173)」とした上で、規定的なむすびつきを、質規定的なむすびつき、結果規定的なむすびつき、量規定的なむすびつき、方法規定的なむすびつき、と四種類に分けている。量規定的なむすびつきは、さらに「程度」「数量」「空間的な量（位置変化の度合い、へだたりの量）」に分けられ、それぞれの項目に副詞と動詞の詳細な組み合わせをリストアップしている。新川 (1979) では、程度副詞を純粋程度副詞と量程度副詞に分けるという記述は

ないが、「程度の副詞は形容詞をかざるのが基本的であるので、程度の副詞であるかどうかは、形容詞とくみあわさってその程度をあらわすかどうかということから判定できる (p.201)」としている。この立場は、山田 (1908) や工藤 (1983) などと同様である。また、程度の副詞の実例が提示されていないため、ここでいう程度副詞をひとまず純粋程度副詞としておき、表3にまとめる。

　数量修飾に関しては、判定の仕方に関する記述が見当たらないが、「数量」と題した節では「たくさん」、「おびただしく」、「おおぜい」という三つの副詞と共起する動詞のタイプをまとめている。これらは、第3節で紹介した先行研究では量副詞とするものであるため、量副詞の記述として表6にまとめる。

　また、既述したように、新川氏は量程度副詞という枠を設けていない。しかし、同じく「数量」の節で「すこし」、「ずいぶん」、「かなり」、「だいぶ」などをあげ、これらが程度ではなく数量を表す場合があると述べた後、数量を表す際に共起する動詞のタイプを提示している。これらは先行研究で量程度副詞と言われているもののため、この記述を量程度副詞の数量修飾の記述と考えてよいだろう。また、「空間的な量」という節にも、前掲の「すこし」、「ずいぶん」、「かなり」、「だいぶ」が、空間的な量を修飾する場合に触れており、共起する動詞の特徴を提示している。これらの記述を表5にまとめる。また、新川 (1979) ではもう一箇所、これらの副詞に触れた記述があって、それは「空間的な量」の「位置変化の度合い」を述べる節である。ここでの記述は、位置変化の「量」ではなく、位置変化の「度合い」を表す用法を述べる箇所であるため、量程度副詞の程度修飾に関する記述とし、表4にまとめる。

(18)　森山卓郎 (1984)「程度副詞と動詞句」

　森山 (1984) は (5) で紹介したとおり、程度副詞を「量的程度副詞」と「純粋程度副詞」に分け、それぞれの副詞と共起する動詞を整理している。純粋程度副詞に関しては、共起する動詞のタイプを詳細に紹介しているが、もう一方の量的程度副詞（本書でいう量程度副詞）の行う修飾は「未分化」の

第一章

ものだと述べている。つまり、量的程度副詞（＝量程度副詞）による修飾は、程度的な側面を表すとともに、数量的な側面をも表す。例えば「今度の発破でかなり穴を掘った」という場合、「「掘った穴の深さ」「数」といった対象の規定ともとれるし、動きの側からみて、「動きの大きさ」「回数」あるいは場合によっては「期間」などともみることができるということである(p.64)」。つまり、森山 (1984) では、量程度副詞が程度・数量修飾両方の機能を併せ持つことを指摘したにとどまり、量程度副詞の機能がどちらになるかと決めるファクターについて明らかにしていない。

(19)　佐野由紀子 (1998a)「程度副詞と主体変化動詞との共起」

　佐野 (1998a) の概要は (7) で紹介したように、主に程度修飾に注目している。共起する主体変化動詞のタイプについて、「だいぶ」類（＝量程度副詞）は進展的主体変化動詞句のすべてを修飾するが、「非常に」類（＝純粋程度副詞）は限界を有しない進展的主体変化動詞のみ修飾する。それぞれ表3、表4にまとめる。また、ここでいう「限界を有しない」というのは、「温まる」、「冷える」、「広がる」、「汚れる」などのように、原理的に動きが無限に進展することができるという意味である。一方、「限界を有する」というのは動きが成立したらさらに続くことのないもので、例えば「沸く」、「（日が）暮れる」、「凍る」、「溶ける」などである。ちなみに、進展性を持たない主体変化動詞は「死ぬ」、「割れる」、「（ものが）落ちる」などであるが、程度修飾の副詞はこれらと共起しないと指摘している。佐野 (1998a) では言及されていないが、進展性を持たないこれらの動詞は量副詞と共起することができる。よって、数量修飾の量副詞と共起する動詞として表6に掲示しておく。

(20)　仁田義雄 (2002)『副詞的表現の諸相』

　仁田 (2002) は (12) でまとめたとおり、「純粋程度の副詞」、「量程度の副詞」、「量の副詞」に分けて、それぞれの副詞がどのような動詞と共起するかを検討している。まず、純粋程度の副詞と共起する動詞を検討した上で、ニュアンスの違いを追求しなければ、「程度限定を行う純粋程度の副詞が生起する

動詞には、いずれも量程度の副詞が共起する (p.182)」と指摘する。また、数量修飾に関しては、「主体や個体の数量限定」と「動きの量限定」という二つの場合があるといい、量の副詞の主な働きは前者を表すのに対して、量程度の副詞の主な働きは後者であると述べている。

表3　程度修飾の純粋程度副詞と共起する動詞の一覧表
状態変化

新　川 (1979)	**物の質、状態の変化をさししめす動詞** (色が) あせる、(屋根などが) いたむ、(ある色を) おびる、くちる、ちぢれる、ぬれる、みだれる、よごれる、まがる **生理的もしくは肉体的変化をさししめす動詞** あせばむ、いたむ、おとろえる、(のどが) かわく、くるしむ、つかれる、血ばしる、(熱が) でる、のぼせる、ふとる、やせる、やつれる、よう、よわる **自然現象をさししめす動詞** (日が) たける、(温度が) さがる、くもる、はれる、ひえる
森　山 (1984)	**主体が進展的（漸時的変化）なもの：** 「主体のあり方が進展的（漸時的に変化をすること）なものは、その変化の進み具合が程度性を有する（それで、伸展性に関わる徐々ニ—テクル、ツツアル等がつく。ただしその逆は必ずしも言えないようで、考察の余地がある。）また、シテイル形のほうが安定はいいようである (p.62)」 広ガル、上ル、伸ビル、増エル、早マル
佐　野 (1998a)	**[- 限界／進展的変化] 動詞：** 進展性（森山 1988:147）：「過程を持つ動きであると同時に、その過程に置いて変化が漸次的に進むという意味」 進展性に限界を持たない動詞：「いったん成立した結果状態が更に変化する可能性を持つものであり、(p.8)」「変化達成後も更に変化が進展する可能性を持ち、程度の異なる複数の達成点を想定しうる動詞 (p.9)」である。 温まる、冷える、(肌が) 焼ける、高ぶる、寂れる、色づく、汚れる、濁る、膨れる、腫れる、酔う、湿る、(心が) 晴れる、疲れる、太る、痩せる、慣れる、弱まる、衰える、悪化する、やつれる、荒れる、ほぐれる、(ものが) 傷む、増える、積もる、減る、進む、上がる、伸びる、縮む、変わる、広がる、広まる、(差が) 開く、遠ざかる、(スピードが) 加わる、(後ろに) 下がる、(前に) 出る、(人が) 近づく

第一章

仁　田 (2002)	非限界変化動詞： 「動きの結果、新しい状態が生まれ、そして新しい状態に終端性・限界がない、したがって、新しい状態を生み出す動きにも終端性・限界がない、といった動詞 (p.173)」「変化が終端性・限界を持たない進展性を有していることによって、非限界変化動詞の表す変化という動きは、程度性を有することになる。(中略) 自動詞つまり主体変化を表すものが圧倒的に多い (p.174)」 温マル、冷エル、荒レル、高マル、縮ム、疲レル、低下スル、伸ビル、狭マル、広ガル、太ル、腫レル、膨レル、増エル、減ル、ヤセル、酔ウ、汚レル、弱マル、… 温メル、冷ヤス、荒ラス、高メル、縮メル、低下サセル、伸バス、狭メル、広ゲル、太ラス、増ヤス、減ラス、腫ラス、汚ス、弱メル、… 制御サレルのような他動詞が受身化して主体変化を表すようになるもの

心的状態・感情

新　川 (1979)	心理・態度的な状態変化をさししめす動詞 愛する、あせる、あまえる、あわてる、うちとける、おこる、おしむ、おどろく、おちつく、かわいがる、心配する、ためらう、きらう、なじむ、はにかむ、まよう、よろこぶ
森　山 (1984)	感情・感覚の動詞： 「多くは形容詞と同根であるが、「困る、驚く、興奮する」等、そうでないものもある。いずれにせよ、内的な感情・感覚をあらわすもの（ル形で現在をあらわせるし、主体の人称に制限をもつことがあるもの）や、その発露を表すものは、そういう感情や感覚のあり方に程度性があるのであろう。(p.62)」 悲シム、喜ブ、懐カシム、愛スル、親ウ、嘆ク、ショックヲウケル、興味ガアル／ウズク、イタム、気持チガイイ
仁　田 (2002)	心的活動動詞： 「ある種の心的状態・感情のありようを作り出す（帯びる）心の動き・作用を表すものである。(p.176)」 「これらの動詞にあっては、動きや作用によって、ある心的状態が生じているものの、いわゆる変化動詞と異なって、その心的状態は、動きの結果の状態ではない。主体変化動詞「疲レル」が作り出す状態は、疲れるという動き、作用の結果、招来され生じた状態である。それに対して、「悩ム」が作り出す状態は、悩むという動き・作用が終わればなくなってしまう。したがって、この種の動詞に対する程度限定は、非限界変化動詞のそれとは異なって、結果状態の程度性への限定を含むものではない。(p.176)」 呆レル、イカル、恨ム、驚ク、脅エル、怒ル、恐レル、苦シム、悲シム、困ル、楽シム、望ム、恥ジル、悩ム、喜ブ、感心スル、感謝スル、感動スル、緊張スル、興奮スル、心配スル、失望スル、憂慮スル…

仁　田 (2002)	態度の表れに関わる動きを表す動詞： 「心の動きに関わるものの、単なる心の動き・作用には止まらない。心的・情意的な評価や態度のあり方を含んだ動き・働きかけを表している。(p.177)」 a) 重ンジル、軽ンジル、アナドル、サゲスム、軽蔑スル、尊敬スル、重視スル、軽視スル… b) 甘ヤカス、イジメル、イタワル、可愛ガル、カバウ、助ケル、カラカウ、ケナス、親シム、頼ル、ナジム、慣レル、熱中スル… c) 苦労スル、頑張ル、努力スル… d) ハムカウ、逆ラウ、干渉スル、協力スル、抵抗スル… （a→d は共起が次第に少なくなる、a は程度副詞と一番良く共起する）

状態

新　川 (1979)	もっぱら状態をさししめす動詞 にあう、適する、ちがう、まちがう、すぐれる、おとる、めだつ、目につく、（金、ひまが）かかる、ひまどる
森　山 (1984)	性状動詞： 「いわゆる第四種の動詞の類をはじめ、「権威アル」などの性状を表す動詞は、アスペクトの対立はなく、意味的にもすでに形容語である。それで、「ソビエル、形造ル」など、第四種動詞であっても、相対性のないものは別だが、それ以外の性状をあらわす動詞には、程度性がありうる。(pp.62-63)」 スグレル、キヌンデル（原文ママ）、バカゲル、不足スル、権威アル
仁　田 (2002)	程度性を有する状態動詞 (cf.p.172) 違う、異なる、欠く、似ている、はっきりしている、すぐれた、限られた、効果があり、抑制のきいた

量

森山 (1984)	量的関係の変化動詞： 「量的関係をはじめから含意しているこの類は、進展的ではないものの、量的関係はそのまま程度であるといえ (p.63)」る 得ヲスル、損ヲスル、金ヲツカウ、モウケル
仁田 (2002)	非限界変化動詞の他動詞 減ラス、損ナウ、改善スル

その他

新川 (1979)	形容詞に＜くする、なる＞がついたもの あかくする、しろくする、わるくする、うれしくなる、かなしくなる、まじめになる ものまね語に＜する＞がついたもの いらいらする、ぞくぞくする、ぬらぬらする ＜～すぎる＞型の動詞も状態をさししめす あおすぎる、おおきすぎる、のみすぎる 変化によってもたらされる質、状態をとくにはっきりさししめす動詞。形容詞の語根に接尾辞がついてできた動詞 あかめる、あおざめる、うれしがる、ふるびる、まじめくさる

第一章

表4　程度修飾の量程度副詞と共起する動詞の一覧表[3]

新　　川 (1979)	空間的な位置変化をさししめす動詞： 「＜すこし、ちょっと、かなり＞などの副詞は、位置変化の度合いをあらわす。(p.191)」 かしげる、かたむける、そらす、うつむく、かがめる、ゆれる、あげる、のばす、すくめる、あける、あく、ひらく
森　　山 (1984)	「量的程度副詞は、もちろん、程度の修飾をするものであるが、未分化なかたちで量をも示すことができる。(p.64)」
佐　　野 (1998a)	[＋限界／進展的変化] 動詞： 進展性（森山 1988:147）：「過程を持つ動きであると同時に、その過程に置いて変化が漸次的に進むという意味」 進展性に限界を持つ動詞：「「一定の結果状態にいたる過程が漸次的に進展する」というだけのことであり、結果状態には更なる進展が望めず、また程度性を想定することもできない。(p.15)」 暮れる、（日が）沈む、治る、腐る、溶ける、（建物が）できる、冷める、枯れる、（夜が）明ける、（魚が）焼ける、崩れる、（不安が）消える、沸く、凍る、固まる、おさまる、（傷が）ふさがる
仁田 (2002)	「程度限定を行う純粋程度の副詞が生起する動詞には、いずれも量程度の副詞が共起する (p.182)」

表5　数量修飾の量程度副詞と共起する動詞の一覧表[4]

新　　川 (1979)	移動あるいは移動させる動きをさししめす動詞 あるく、すすむ、とぶ、身をひく、ふきとばす 移動動詞が状態を表す場合： 下記の動詞が状態を表す場合、共起する「＜すこし、ちょっと、ずいぶん＞などの副詞は、二点間のへだたりの量をあらわす。(p.192)」（あげられている例はすべてタ形かテイル形をとるものである） はいる、はなれる、へこむ、おくまる、へだてる、へだたる
森　　山 (1984)	「量的程度副詞は、もちろん、程度の修飾をするものであるが、未分化なかたちで量をも示すことができる。(p.64)」

3　量程度副詞による程度修飾と共起するのは、表4にあげられている動詞だけではない。表にも明記したように、仁田(2002)では表3に提示された動詞のすべてが量程度副詞とも共起すると指摘している。同じ旨の指摘は佐野(1998a)にもみられる。佐野(1998a)に限っていうならば、量程度副詞は表4にある [＋限界／進展的変化] 動詞のほかに、表3にある [－限界／進展的変化] 動詞とも共起すると述べている。
4　量程度副詞における数量修飾について、仁田(2002)は純粋程度副詞の検討のように、動詞のリストをあげていないが、実例をいくつかあげている。この表には実例としてあげられたものを記入した。仁田(2002)での動詞のリストは「温まる」を「温マル」のように片仮名で表記するが、表5は筆者が仁田氏の実例から取り出した動詞なので、区別するために平仮名で表記する。

佐野 (1998a)	数量修飾は検討の対象ではない
仁田 (2002)	量程度の副詞が個体の数量限定の環境で使われる場合 (pf.184) （人が）いる、（人が）出る、（人を）殺す、（金が）ある 量程度の副詞が動きの量を限定する環境で使われる場合 (pf.185) （酒を）飲む、（金を）つぎ込む、（コーヒーを）垂らす 持続性を持たない動きを表す動詞 (pf.186)： 主体や対象の個体の数量を表す、あるいは、繰り返しの回数を表す （人が）死ぬ、（荷物が）届く、（財産を）無くす、結婚する、（神社に）参る 持続性をもつ動きを表す動詞： 「持続性を持つ動きへの量限定は、動きの有する量性の多様さに応じて多様である。その多様な量限定を、多様性を認めながらも、大きく時間的広がりと空間的広がりとに概括しておく(p.186)」 （時間量限定のタイプ）待つ、探す、帰る （空間量限定のタイプ）伸ばす、かしげる、（窓を）開ける （時間量・空間量が混在するタイプ）（外に）出る、さわる

表6　数量修飾の量副詞と共起する動詞の一覧表[5]

新川(1979)	とくに制限はない： 「＜たくさん、おびただしく、おおぜい＞などは、動き、状態をその主体や客体の数量（個数、液体の量など）を相対的にあらわす。動詞にはとくに制限はないようだが、質や状態の変化をさししめす動詞は数量の副詞とくみあわせをつくりにくいようである。(p.189)」
森山(1984)	「専ら量をあらわすもの（タップリ、ホボ、無性ニ等）は除く。(p.65)」
佐野(1998a)	量の副詞は対象ではない
仁田(2002)	主体や対象の個体の数量限定をする場合が量副詞の中心的な用法である。(cf. p.192) （家族が）いる、（農園を）作る、（漢字を）書ける、（ミルクを）入れる、（時間が）ある、（鉄器を）持ち込む 動きの量限定をする場合もあるが、周辺的な用法である。(cf. p.192) （水にさらす）、（自然の恵みを）味わう
佐野(1998a)	程度副詞と共起しない動詞としてあげられた [-進展的変化] 動詞： 死ぬ、散る、割れる、落ちる、（大学に）滑る、着く、（人が）消える、生まれる、（行事が）流れる、結婚する、離婚する、入学する、入る、出る、座る、寝る、諦める、転ぶ、（花が）咲く、（役を）降りる、（病気に）かかる、締まる、就任する、間違う、届く、忘れる、着る、履く

[5]　森山(1984)、佐野(1998a)は量副詞を対象としないため、記述がない。ただし、佐野(1998a)にあげられている程度副詞と共起しない [-進展的変化] 動詞は量副詞と共起するため、[-進展的変化] 動詞もここに掲示しておくことにした。また、仁田(2002)に関しては、動詞のタイプがあげられておらず、実例を用いて検討するので、表6でも表5と同じように、実例としてあげられたものを平仮名表記で記入した。

第一章

　この節では程度修飾・数量修飾の副詞と共起する述語を中心に、先行研究をまとめた。序章で述べたように、事象のタイプが異なれば、係る修飾も変わってくる。程度修飾と親和性の高い事象もあれば、そうでない事象もある。数量修飾についても同様である。事象の内実は主に述語によって表される点から言えば、共起する動詞の種類を整理することによって、間接的にではあるが、程度修飾または数量修飾がどのような事象に現れるのかが分かる。これは(1)に提起した問題意識である。先行研究をまとめた表3～表6から以下のことが指摘できる。

(21) 程度修飾における動詞との共起を示した表3と表4からは、程度修飾は状態を表す動詞や、変化を表す動詞や、心的活動や感情を表す動詞などに係る傾向がみえる。大まかに状態に近い意味を表す動詞に係るようである。この傾向は、程度副詞が形容詞に係るという工藤氏・仁田氏の説に通じると言える。

(22) 数量修飾における動詞との共起を示した表5と表6からは、数量修飾は存在動詞や、目的語を取る動詞や、移動動詞などに係る傾向がみえる。大まかに、何かしらの動作あるいは動きを表す動詞に係るようである。

5. まとめ

　体系的に程度修飾・数量修飾をまとめるには、前掲の(1)(2)(3)を検討する必要があると述べたが、(1)に関しては、第4節で指摘したように、これまでの研究を総合すると大まかな傾向がみられる。つまり、程度修飾は状態事象や変化事象にみられ、数量修飾は動作事象や変化事象にみられる。したがって、以下では状態事象と変化事象を用いて程度修飾を検討し、動作事象と変化事象を用いて数量修飾を検討する。
　先行研究によって修飾と事象の対応関係が分かったものの、程度修飾や数量修飾の本質を理解するところにまで至っているとは言い難い。程度修飾を

例に言えば、程度修飾がなぜ状態に近い事象に現れやすいか、逆にいうとなぜ動作性の事象に現れないのか。これは程度の概念に対する理解に関わる問題であるが、事象の有する程度性とは何か、また、人間が事象のどの側面から程度性を見出すかという問題である。本書では、第一部では構造が比較的にシンプルな単文を対象に、事象の有する程度性または数量性の問題について検討し、第二部では構造的にも内実的にも一層複雑になった複文を対象に、人がどのように程度性・数量性を見出すかという問題を考える。

(2)に関しては第3節でまとめたように、これまで「述語との共起関係」や「比較構文との親和性」における程度標識と数量標識の共通点と相違点が見出されてきた。しかし、(15)で述べたように程度標識同士の相違点や、数量標識同士の相違点を取り上げる議論がされていなかった。程度・数量の体系を構築するには、(2)は避けて通れない課題である。また、そういった相違点の整理は、程度標識・数量標識の用法が程度修飾や数量修飾から逸脱して、因果関係などの用法に拡張する現象に対する理解につながる。程度修飾・数量修飾の域を超えるが、第四部ではこのような関連する課題を取り上げる。

(3)に関しては第3節でまとめたように、いわゆる程度副詞から出発して程度修飾と数量修飾の副詞を分類する試みが行われ、結果的に仁田(2002)の提示した体系（cf. 図1）に辿り着いた。しかし、(16)で指摘したように、これまでの研究は程度修飾と数量修飾の重なりについての検討があまりなされなかった。つまり、仁田(2002)の体系は非常に重要な指摘ではあるが、これまでの研究は体系の提示にとどまっており、体系の二本柱である程度修飾と数量修飾の重なりや関係性を掘り下げなかった。程度修飾と数量修飾の重なりは本書において「移行」と呼ぶ現象であるが、本書では単文と複文における「移行」をそれぞれ第四章と第八章で検討する。

第二章
単文における程度修飾

1. はじめに

単文においては主に副詞を用いて事象の程度を修飾する。本章の目的は、そうした単文における程度修飾の副詞を取り上げ、それがどのように事象の程度を表すのかを、スケール構造を用いて明らかにすることである。例えば、(1)(2) のようなものが考察の対象となる。

(1) 太郎はとても／かなりやさしい[1]。（程度修飾を受ける状態事象）
(2) 温泉に入って身体がとても／かなり温まった。（程度修飾を受ける変化事象）

(1)(2) に示したとおり、状態事象と変化事象は程度修飾を受ける。そして、程度修飾の副詞は二種類あり、ひとつは「とても」のような「純粋程度副詞」、もうひとつは「かなり」のような「量程度副詞」である。前者は程度修飾しかできないのに対して、後者は程度修飾と数量修飾の両方ができる。量程度副詞が数量修飾を行う例は次の (3) である。

---
[1] 本書では、出典を明記していない例文は作例である。

第二章

(3) 太郎は*とても／かなり歩いた[2]。（数量修飾を受ける動作事象）

(3)に示すように「かなり」などの量程度副詞は動作事象に係るとき、数量修飾としてのみ働く。また、「とても」などの純粋程度副詞は動作事象に係らない。よって、本章の対象は(1)(2)に示した、状態事象および変化事象に係る純粋程度副詞と量程度副詞になる。以下、第2節で状態事象、第3節で変化事象における程度修飾を検討する。また、第4節で周辺的なものを整理する。

2. 状態事象における程度修飾
2.1. 状態事象とは

程度修飾の考察に入る前に、状態事象に程度修飾の副詞が係らない場合があることに触れておきたい。状態事象にはいくつか質的に異なるタイプが存在しているが、述語の品詞によって三つのタイプに分けられる。まず形容詞述語による状態事象をみる。

(4) 頭が痛い。（cf. 頭がとても痛い。）

本書は(4)のような形容詞を述語に取る状態事象を対象とする。このような状態事象に対して、「とても」などの副詞を用いてその程度を示すことができる。しかし(4)と同じように形容詞を述語に取っても、程度修飾の副詞と共起しにくい例もある。

(5) Tomは目が青い。（cf.? Tomは目がとても青い。）

(5)は(4)と違い、「とても」をいれるとやや不自然である。しかし(5)を「Billに比べれば、Tomの目はとても青い」のように、「比較」の文脈におかれて

---

[2] 本書では、例文に付けられる「*」は非文という意味である。また、「#」は文法的な文であるが、意図する意味を表せないということである。そして、「?」または「??」は座りが悪いという意味である。

いれば程度修飾の副詞と共起する。「比較」と「程度修飾」の関係については第十章で論じることにして、本章では比較の文脈におかれていない場合を対象に議論を行う。

　続いて、以下は名詞述語による状態事象の例である。

(6)　花子は学生だ。(cf.？花子は<u>とても</u>学生だ。)
(7)　花子は美人だ。(cf. 花子は<u>とても</u>美人だ。)

　(6)(7)はともに名詞述語文であるのに程度修飾の副詞との共起において相違がみられる。(6)は学生であるかどうかという判断に対して肯定の断定を表す。肯定の断定とともに発話者は花子を学生というカテゴリーに帰属させる。このような断定においては、肯定か否定かのどちらかしか存在し得ず、段階性はない。一方、(7)も同じく花子を美人というカテゴリーに帰属させるのであるが、美人かどうかという判断は(6)と違い、主観的なものである。それが故に、「私は花子が美人だと思うが、あなたは美人だと思わないかもしれない」が言えて、「私は花子が学生だと思うが、あなたは学生だと思わないかもしれない」はあまり言わない。つまり、(7)では美人かどうかという判定は肯定の断定を示しつつも、否定の断定の可能性を許容する。こういった主観的な判断は人によってゆれがあり、話し手が「美人か、美人ではないか」といった対立する捉え方を許容した上で発話する。このような対立する捉え方はつまり「美人（でいる）」という状態を相対的に理解することである。状態を相対的に捉えることによって「美人」から「美人ではない」という美しさの段階性が生じる。段階性があるゆえに、程度修飾の副詞との親和性が高いのである。

　最後は、動詞述語による状態事象である。

(8)　庭に桜の木がある。(cf. *庭に桜の木が<u>とても</u>ある。)
(9)　床に本が落ちている。(cf. *床に本が<u>とても</u>落ちている。)
(10)　太郎は英語が話せる。(cf.？太郎は英語が<u>とても</u>話せる。)

　動詞述語文の(8)(9)(10)はそれぞれが異なる種類の動詞を述語に取ってい

第二章

る。(8)は存在動詞文であるが、存在動詞は原則的にあるか、ないかのどちらかしか許容しない。そのため、段階性が生じ得ず、程度修飾の副詞と共起しない。ただし、存在動詞は肯定に限って、数量を問うことができる。本章では数量修飾を検討しないが、「庭に桜の木がずいぶんたくさんある。」というような表現がある。この例では、程度修飾の「ずいぶん」と数量修飾の「たくさん」がともにみられているが、この場合の程度修飾を第4節で取り上げる。

(9)は動詞のテイル形であるが、テイル形によって結果状態の存続を表している。このような場合は(8)と同様に「落ちているか、落ちていないか」を問うものであり、状態を相対的に捉えていない。それゆえに、程度修飾の副詞と共起しない。

(8)(9)と違い、(10)の可能動詞文は程度修飾の副詞を受けることができるが、以下の(11)(12)(13)に示すように共起上のゆれがみられる。

(11) ?? 太郎は英語が非常に話せる。(純粋程度副詞)
(12) ? 太郎は英語がとても話せる。(純粋程度副詞)
(13) 太郎は英語がかなり話せる。(量程度副詞)

「非常に」「とても」「かなり」はいずれも程度修飾の副詞であるが、純粋程度副詞の「非常に」と「とても」はやや不自然に感じる。ところが、程度修飾のほかに数量修飾の機能も持つ量程度副詞「かなり」なら、文法的な文になる。これはつまり「純粋程度副詞による程度修飾」と「量程度副詞による程度修飾」とがどう異なるかという問題である。これについては本章では割愛して第四章で議論する。

(4)〜(10)の例はいずれもある種の状態を述べているが、「とても」と共起し自然な文が作れるのは(4)(7)のみである。つまり、(4)(7)のみが程度修飾を受けられる状態事象である。言い換えれば、(4)〜(10)にみられる純粋程度副詞との共起の相違は、同じ状態事象でも相対的に理解されるものと、そうでないものに分けられることを示唆する。そして、相対的に捉えることができる状態事象でなければ程度修飾の副詞が係らない。この意味での状態事象

は形容詞を述語に取ることがほとんどである。これが「程度副詞の働きの基本が形容詞を修飾・限定すること（仁田 2002:148）」であると言われるゆえんであろう。しかし、本節で触れたように動詞述語や名詞述語も共起可能な場合がある。例えば、「濡れている」や「乾いている」などは動詞の状態事象であるが、程度修飾の副詞と共起できる。また、前掲の美人は名詞であるが、「美人でいる」という一種の状態事象として認識することが可能である。便宜上、本書は主に形容詞述語文を対象に話を進める。

2.2. 状態事象に係る程度修飾の仕組み

この節は (14) のような文を取り上げ、それにみられる程度修飾をスケール構造で分析する。まずは、状態事象の段階性とは何かという問題を明らかにする。そうした上で、状態事象に係る程度修飾を明らかにする。

(14) 太郎はとても／かなりやさしい。((1) を再掲)

状態事象の「状態」と程度修飾の関係について、工藤 (1983:177) では「通説としてほぼ安定しているかにみえる程度副詞の規定は、《(相対的な) 状態性の意味をもつ語にかかって、その程度を限定する副詞》というものだろう。」と述べられている。ここでいう「相対的な状態性」は捉え方が二とおりあると思われる。ひとつは「嬉しい・悲しい」というようにペアで捉える場合で、もうひとつは「やさしい・やさしくない」と捉える場合である。本書では後者の捉え方を採用するが、その理由はペアを成さない形容詞もあるからということと、ペアで捉える場合二つの形容詞が同一のスケールにないという問題があるからである。

第一に、「優しい」や「爽やか」などペアを成さない形容詞も自然に程度修飾の副詞と共起することを考えれば、形容詞がペアを成すか否かということは状態のスケールの形成に関与しないと考えられる。

そして、ペアで捉える場合、二つの形容詞が同一のスケールにないという問題について、「嬉しい・悲しい」を例に説明する。「嬉しい・悲しい」のペ

第二章

アでは、「嬉しくない」状態でいても「悲しい」とは限らないし、「悲しくない」状態でいても「嬉しい」とは限らない。つまり、「嬉しくない」状態と「悲しい」状態は別物であるので、「嬉しい・悲しい」はひとつの連続体をなしていない。よって、同一の段階性(スケール)で考えることができない。それを示したものが図1である。スケール構造の書き方は鈴木 (2007:107) を踏襲した。

図1 「嬉しい」と「悲しい」のスケール

「嬉しい・悲しい」のようなペアは、「嬉しい・嬉しくない」または「悲しい・悲しくない」のような捉え方をすれば、「嬉しい」または「悲しい」という状態を相対的に捉えることができる。したがって、状態を相対的に捉えることに関しては、「肯定・否定」の捉え方のほうが無難であろう。本書ではこのような捉え方で状態事象の程度性をスケールに描くこととする[3]。改めて文言にすると次のようになる。

(15) 「X」という状態を相対的に捉えることとは、「X」と「not X」で状態「X」を把握することである。そして、このような把握において、「X」から「not X」へと状態が非離散的に連続している「Xらしさ」という段階性(スケール)が生じる。

状態事象のスケールについて述べたが、以下はそう言った状態のスケールに対して程度修飾がどのように行われるかを考察していく。(16) は程度修飾

---
[3] ただし、ペアで捉える状態のうち、同じスケールを構成するものもあるので、一概には言えない。日本語では形容詞の例が少ないが、「濡れている・乾いている」のペアや、「平ら・凹凸のある」のペアがそうである。前者でいうと、「濡れていなければ、乾いている」し、「乾いていなければ濡れている」。つまり、「濡れている・乾いている」のペアは同じスケールを形成していると言える。ちなみに、同じ意味の英語「wet・dry」は形容詞のペアであるし、「平ら・凹凸ある」のペアも「smooth・rough」という形容詞のペアである。

42

単文における程度修飾

を受ける状態事象の典型例である。

(16) 旭川は非常に寒い。

状態事象は計測できない特徴を本質とするため、「寒い」の段階性(スケール)、つまり寒さの段階性(スケール)は寒さが少しずつ異なる状態が非離散的に連なることで構成される[4]。図2は寒さの段階性をスケールに描いたものである。

図2 寒さのスケール

右側に行けば行くほど、寒さが増していくし、左側に行けば行くほど寒さが減っていく。(15)で説明したように、肯定・否定の対比から寒さの段階性(スケール)が生じる。こう言った寒さの段階性(スケール)は、最大限や最小限を原則的に有しないので、この特徴を反映して両側が開放する形の開放スケールとして描かれる。状態事象のスケールを開放スケールに描くという設定は直感的な観察に合致している。例えば、仁田(2002:147)では次のように述べられている。

(17) 〈程度性〉というものは、属性(質)や状態が幅・度合い・スケールを帯びて、その属性や状態として成り立っていることから生じる。言い換えれば、度合いをさらに加えようが減少させようが、また、スケールの前方に進もうが後方に後退しようが、その属性や状態であることを止めはしない。つまり、ある属性や状態には、様々なレベル・段階が存在する。属性や状態の程度性が変化するということは、属性や状態のレベル・段階が変わることである。また、定まった終端性・限界を持たないのが属性(質)や状態である。

---

4 状態事象は計測できないことを本質とするが、これは状態事象を数量的に捉えることができないという意味ではない。これに関する議論は第四章を参照されたい。

第二章

　さて、図2に示したとおり、こうした寒さの段階性に対して「非常に」「まあまあ」と言った「程度修飾の副詞」がそれぞれの段階を示すのであるが、本書では一つひとつの段階をスケール上の「位置」として考える。つまり、これらの副詞は「スケール上における位置を指定する」ことで当該事象の程度を差し出すのである。程度修飾の副詞がどの位置を差し出すのかは意味的に予め決められている。例えば、「非常に」なら程度の高いほうを指定するという具合である。整理すると、程度修飾の副詞が「スケールにおける位置」を差し出すことで当該事象の程度を明示する。よって、程度とは「スケールにおける位置」だと定義できる。(16)の「非常に」のように、述語の意味を限定して程度修飾する言語標識を「程度標識」と呼ぶが、つまり、程度標識はスケールにおける位置を示すように機能するのである。

　その一方で、どのくらいの寒さを「非常に」とするかは話し手の主観に委ねられる。程度の把握は、常にこう言った主観的な側面が絡んでおり、「Aさんは旭川が非常に寒いと思っているが、Bさんは旭川があまり寒くないと思っている」というような状況が常に存在している。そのため、「非常に」「まあまあ」「あまり」などはそれぞれスケール上の位置をひとつ代表しているが、その位置は人によって変わるので明確に標示することが難しい。

　次の節で改めて言及するが、スケールに極点というものが存在する場合がある。極点もスケール上の位置を示すが、その位置はいかなる場合でも変更することはない。この意味で、程度修飾の副詞はスケール上の位置を示すが、その位置は極点ではない[5]。この節で述べたことを次のようにまとめる。

(18) 状態事象のスケールは肯定・否定の相対的な捉え方によって構成される開放スケールである
(19) 状態事象のスケールは計測できないという性質を持つ
(20) 程度標識が「スケール上の位置を示す」ことによって程度を表す

---

[5] 程度標識によって示された位置が極点であるか否かは程度修飾の議論においては問題にならないが、数量修飾においては示された位置が極点である必要がある。詳しくは第三章を参照されたい。

この節で程度標識が開放スケールに係ると述べたが、同じくスケール構造で副詞の程度修飾を考察した北原 (2013) にも同様の主張がある。ただし、上記の三点について北原 (2013) には言及がない。

3. 変化事象における程度修飾
3.1. 二種類の変化事象

程度修飾の副詞の基本的な働きは形容詞に係るとされていたが、動詞と共起しないわけではない。ただし、共起できる動詞には特徴があり、新川 (1979) はこう指摘する。「程度の副詞とくみあわせをつくる動詞は、いずれも語彙的に、あるいは文法的な手段によって状態をあらわしていて、形容詞にちかいものである (p.188)」。新川 (1979) のほかに、動詞と程度修飾の副詞との関わりを整理しているものとして、森山 (1984)、佐野 (1998a)、仁田 (2002) があるが、これらの先行研究が共通して指摘しているのは、程度修飾の副詞が「広まる」「温まる」「冷える」などの「進展的変化を表す動詞」と共起することである。「進展的変化」というのは佐野 (1998a) が森山 (1988) を踏襲したもので、「過程を持つ動きであると同時に、その過程において変化が漸次的に進むという意味 (森山 1988:147)」である。また、進展的変化を表す「動詞は、「だんだん (しだいに) 〜してくる／〜していく／〜しつつある」等の形式を取ることができる (佐野 1998a:8)」。例えば、「(噂が) しだいに広まっていく」が言えるのに対して、「(ものが) しだいに落ちていく」は言いにくい。そして、次の例にみられるように、進展的変化であるか否かによって程度修飾の副詞との共起に相違が出る。

(21) 噂が非常に広まってしまった。
(22) *地震でものが床に非常に落ちてしまった。

「広まる」を述語に取る (21) は純粋程度副詞「非常に」と共起するのに対して、「落ちる」を述語に取る (22) は共起しない。この相違は、進展的変化を表すか否かに起因すると言われている。さらに、進展的変化動詞のうち、

第二章

程度修飾の副詞と共起しないものがある。

(23) a. いくらでも温まる。
　　 b. さっきより温まった。（佐野 1998a:8 (8) [6]）
(24) a.*いくらでも沸く（「沸くお湯の量がいくらでも増える」という解釈
　　　　なら可）
　　 b.?? さっきより沸いた。（佐野 1998a:8 (9) [7]）

(23)(24) は同じ進展的変化動詞であるのに、共起の相違がみられる。その理由は、「成立した結果状態がさらに変化する可能性を持つか否か」の違いにあると佐野（1998a:8）が指摘している。つまり、「「温まる」は「変化達成が漸次的に累加され、そのたびに程度の異なる結果状態が成立する」という原理的には無限に起こりうる変化であり、ほんのわずかでも温度が上昇すれば一定の変化が達成された（すなわち「温まった」）ことになるのに対して、「沸く」の方は「変化の達成点に至るまでの過程が漸次的に進む」というだけであり、沸騰状態に達しなければ変化が達成された（すなわち「沸いた」）ことにはならない（佐野 1998a:9）」。佐野 (1998a) では「温まる」のような動詞を「進展性に限界を持たない動詞」、「沸く」のような動詞を「進展性に限界を持つ動詞」と呼ぶが、ここの「限界」という用語の意味合いに注意が必要である。少し長いが、佐野 (1998a:9) の説明を以下に引用する。

(25)「進展性に限界を持つ動詞」「進展性に限界を持たない動詞」とは、一
　　 般に言われる「限界動詞 (telic verb)」「非限界動詞 (atelic verb)」と
　　 は性質の異なるものである。「進展性に限界を持つ動詞」も「進展性
　　 に限界を持たない動詞」も共に、一般には「限界動詞」に分類される。
　　 しかし、それぞれの動詞の「限界性」には相違がある。本稿では、変
　　 化達成後も更に変化が進展する可能性を持ち、程度の異なる複数の達

---

[6] この例文は佐野 (1998a) の p.8 の例文 (8) から引用したものである。出典のページの後ろに括弧付きの番号は出典での例文番号である。以下、本書では同じ示し方をする。
[7] 例文の文法性判断および例文後の説明は佐野氏によるものである。

成点を想定しうる動詞を「進展性に限界を持たない動詞」、変化は漸次的に進むが、達成点が一つしか想定できない動詞を「進展性に限界を持つ動詞」とする。[8]

この限界の有無という考え方は森山(1983)を更に精緻化したもので、後に仁田(2002)に踏襲されている。これまでの研究を整理すると、程度修飾の副詞と共起する変化動詞は「進展的変化」かつ「限界を持たない」ものであることが分かった。

「進展的変化」と「限界を持たない」のほかに、もうひとつの特徴として、「意志性を持たない」ことを指摘したい。前述の「進展性に限界を持たない動詞」には自他動詞の対をなすものが非常に多い。例えば、「温まる・温める」、「広まる・広める」、「冷える・冷やす」などである。工藤(1995:73-78)ではアスペクトを基準に動詞の分類を行っており、ここで言及した「進展性に限界を持たない動詞」も工藤(1995)のリストにある。その内容の一部を表1に引用する。

表1の自動詞のほうは、動きがあるものの、意志性がないのに対して、他動詞のほうは意志的に動作を起こす意味合いが強い。こういった意志性の有無によって程度修飾の副詞との共起に相違が観察される。

(26) スープが<u>非常に</u>温まった。
(27) ?太郎がスープを<u>非常に</u>温めた。

文法的な(26)は意志性のない自動詞「温まる」を述語に取り、変化の「動き」があるものの、動作主による動作ではない。一方、「非常に」と共起しない(27)の他動詞「温める」は動作主を要する意志的動作を表している。この観察から、程度修飾の副詞と共起するのは、進展性に限界を持たない、なおかつ、意志性も持たない変化動詞であることが分かる。このような動詞を「進

---

[8]「限界動詞(telic verb)」の限界点はケール構造では極点となる。これに対して、佐野(1998a)の言う進展的変化動詞の達成点はスケール上の位置を示すが、極点ではないと考えられる。

第二章

表1　工藤 (1995) における変化動詞の例

自他	工藤 (1995) の名称	例
自動詞	ものの無意志的（状態・位置）変化動詞	あたたまる、あく、うれる、おれる、かたずく[9]、かたまる、かれる、かわく、かわる、きれる、くさる、くずれる、くだける、くもる、きえる、こわれる、さける、さめる、しぬ、しぼむ、しまる、すむ、そまる、そろう、たおれる、ただれる、ちらかる、つぶれる、とける、とまる、なおる、にえる、にごる、ぬれる、はげる、はれる、ひえる、ひろがる、ふける、ふさがる、ふとる、ほどける、まがる、むくむ、むける、やせる、やける、やつれる、やぶれる、よう、わく、わかれる、われる、よごれる…
他動詞	客体の状態変化・位置変化をひきおこす動詞	あたためる、あける、あむ、いためる、おる、かえる、かたづける[10]、かためる、かわかす、きざむ、きる、くずす、くだく、けす、けずる、ころす、こわす、さく、さます、しばる、しぼる、しめる、そめる、そろえる、たおす、たく、たたむ、たばねる、ちらかす、つぶす、とく、とじる、とめる、なおす、にる、ぬう、ぬらす、ひやす、ひらく、ひろげる、ふさぐ、ほる、ほどく、まげる、まくる、まとめる、みがく、むく、むすぶ、やく、やぶる、ゆでる、わかす、わける、わる、よごす、ゆるめる…

展的非限界無意志変化動詞」と呼ぶべきであろうが、以下は便宜的に変化自動詞と呼ぶことにする[11]。

この節で述べたことを次のようにまとめる。

(28) 程度修飾の副詞は変化事象にも係るが、すべての変化事象に係るわけではない。先行研究に指摘された「進展的変化」と「非限界」以外に、「無意志」の素性を持つ変化動詞であることを明らかにした[12]。便宜上、このような動詞を「変化自動詞」と呼ぶ。

以下、特に断りがない限り、本章では「変化事象」という用語は「変化自動詞」によって表される変化事象を指す。

9　原文ママ
10　原文ママ
11　第一章の表3も参照されたい。
12　工藤 (2016) には同じ趣旨の見解がみられる。「これらの程度副詞を意味的に性格づけるとしても、単に静的な状態の程度性を表すというだけではなく、［非意志性］もしくは［−自制的（久野）］という特徴をもつとすることになるだろう。(p.117)」

3.2. 変化事象に係る程度修飾の仕組み

この節では変化自動詞による変化事象における程度修飾をスケール構造で分析し、明らかにする。進展性のある変化と程度の関係について、佐野 (1998a) はこう述べている。「「温まる」は「変化達成が漸次的に累加され、そのたびに程度の異なる結果状態が成立する」という原理的には無限に起こりうる変化であり、ほんのわずかでも温度が上昇すれば一定の変化が達成された（すなわち、「温まった」）ことになる (佐野 1998a:9)」。イメージとして佐野 (1998a) は次の図3のように表現している。

図3　佐野 (1998a:9) における「温まる」の進行

「温まる」では達成点ごとに温度が異なるため、温度の異なる状態が連なりひとつのスケールを形成するとみることができる。この点で言えば「温まる」のスケールは状態のスケールと同様な性質を持つ。ただし、「温まる」のスケールは、事象の開始によって生み出されるため、「温まる」のスケールは開始限界点から始まると設定すべきである。佐野 (1998a) による図3をスケール構造に書き換えたのが図4である。

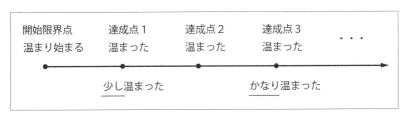

図4　「温まる」のスケール

図4の「温まる」のスケールは、左側が開始限界点によって閉じられているが、何度も達成することが可能なので、右側が開放する形になっている[13]。開始限界点や個々の達成点はそれぞれスケール上のひとつの位置を占めているが、両者の位置は異なる性質を持つ。「温まる」のスケールでは、どの位置を達成点とするのかが明確ではないため、達成点は極点ではない。これに対して、「温まり始まる」という開始限界点は事象の成立を示すため、位置が変わることはない。この意味で開始限界点は絶対的であり、前述の極点である。極点を有するスケールのことを「閉鎖スケール」と呼ぶ。

ここでみたとおり、変化事象は「閉鎖スケール」を持つ。一方、前節で検討した状態事象は「開放スケール」を持つ。両者のスケールは開始限界点を有しているか否かという点で性格が異なるが、状態の連なりで構成される点では共通している。

このように、変化自動詞が示す状態と、形容詞が示す状態とは本質的にあり方が異なり、そのあり方に反映してスケール構造も異なってくる。ただし、両者は「状態が離散的に連続し、段階性を有する」点において共通する。この共通点のゆえ、人間は変化事象における進展的な状態変化に程度性を見出すのであろう。変化事象に係る程度修飾の副詞は、スケール上の位置を差し出すことで程度を示す。例えば、図4では達成点1の位置を「少し温まった」とし、達成点3の位置を「かなり温まった」とすることができる。

変化自動詞は閉鎖スケールを持つと述べたが、少し脱線して、もう一種類の閉鎖スケールをみてみる。以下にあげた図5は「沸く」のスケールである。

---

13 語彙的に上限が設定されていないが、「進展性に限界を持たない動詞」には意味的に限界を持つ場合がある。「温まる」は一定の温度を超えてしまうと使えなくなり、100度など高温の場合では「温まる」が不適切で、「熱する」「加熱する」などを用いるのが普通である。こういった限界は個々の動詞の意味に依存する部分が大きく、本書では考慮しない前提で話を進める。

単文における程度修飾

図5 「沸く」のスケール

「沸く」とは、お湯の温度が徐々に上がり、次第に気泡ができ始めるが、その後も温度が引き続き上がり、100度になって沸騰した状態に達したら、ようやく「沸いた」と言える。そして、「沸く」という事象は「沸いた」という時点で終了してしまう。「沸く」は意味的に終了限界点を内包するが、テイル形の「沸いている」が結果状態の持続を表すのはこのためだと思われる。図5に示したように、「沸く」のスケールも語意を反映して、左側は開始限界点で閉じられており、右側は終了限界点で閉じられている。このような開始限界点と終了限界点の両方を有するスケール構造も閉鎖スケールと呼ぶ。極点は開始限界点と終了限界点の二種類があるが、ひとつだけでも有していれば、閉鎖スケールになる[14]。また、佐野 (1998a) が指摘したとおり、「非常に沸いた」が言えない。このことからも分かるように、程度修飾の副詞は両側とも極点に閉じられる閉鎖スケールの事象には係らない。

図4の片方だけが閉じられた閉鎖スケールには、程度修飾の副詞が係るが、図5の両側とも閉じられた閉鎖スケールには係らない。また、図2の開放スケールには程度修飾の副詞が係ることを併せてみれば、程度標識は進行していく段階性が保証される環境にしか現れないと言えよう。

3.2節は、変化自動詞の示す変化事象を考察した。述べたことを次のようにまとめる。

---

[14] 「沸く」は終了限界点で事象が終了してしまい、それ以上に進行することはない。これに対して、「温まる」の達成点は更新されていくことを許す。したがって、「温まる」の達成点は、終了限界点ではない。

第二章

(29) 変化自動詞は、何度も達成することが可能であるため、状態が次第に更新していくことで段階性(スケール)を有する。変化事象のスケールは、事象の開始と進行によって構成されるため、開始限界点を有する閉鎖スケールである。開始限界点を有する点で変化事象のスケールの性質は状態事象のそれと異なるが、いずれも状態の連なりによる段階性である。程度修飾の副詞は変化事象においても「スケールにおける位置を差し出す」ことによって程度を示す。

4. 周辺的なもの

　第2節、第3節では典型的な程度修飾を検討した。この節では周辺的なものを検討する。具体的には、4.1節で「ずいぶんたくさん食べた」というようなものを、4.2節で「真っ赤」「真っ黒」というようなものを分析する。

4.1. 程度修飾が係る数量修飾

　「ずいぶんたくさん食べた」は、二つの理解ができる。ひとつは、「たくさん」も「ずいぶん」も「食べる」を数量修飾している。しかし、数量修飾の修飾語を二つも並列させることは、ことばの経済性に反すると思われる。実際、数量修飾を二つ重ねた(30)は不自然な文である。

(30) ?いっぱいたくさん食べた。／?たっぷりたくさん食べた。

　(30)は数量修飾しかできない量副詞を二つ重ねた例である。もし話し言葉で、「いっぱい」と「たくさん」の間にポーズをいれれば、幾分は座りがよくなるが、書き言葉には向かない表現である。さらに、「たくさん」は量副詞であり、数量修飾しかできない。このことを考えれば、数量修飾の「たくさん」の前にくる修飾語は、数量修飾以外の機能を果たしていれば、言葉の経済性に反しないと考えられる。そこで、「ずいぶんたくさん」は量程度副

52

詞と量副詞の組み合わせと気づく。「ずいぶん」などの量程度副詞は数量修飾のほかに、程度修飾もできる。つまり、もうひとつの理解は二重の修飾が係っているというものである。

「食べる」という事象に対して、「たくさん」で数量修飾する。さらに「たくさん食べる」という数量に対して「量の多さ」という程度を見出し、それに「ずいぶん」を用いて程度修飾をする。ただし、ひとつ目の修飾語「ずいぶん」が程度修飾をするならば、純粋程度副詞も可能なはずであるが、次に示すように、修飾が二つ重なる場合、ひとつ目の修飾語は量程度副詞のほうが座りがよい。

(31) ずいぶんたくさん食べた。／かなりたくさん食べた。（量程度副詞）
(32) ？非常にたくさん食べた。／？とてもたくさん食べた。（純粋程度副詞）

(31)は文法的であるが、ひとつ目の修飾語はいずれも量程度副詞である。(32)は純粋程度副詞が先頭に来る場合であるが、違和感を覚える文である。(32)の違和感は純粋程度副詞が動作動詞と共起しない点に起因すると思われる。(31)のような修飾語が二つ重なる用例は二重修飾だと考えてよいようである（cf. 仁田 2002:191）。そして、「ずいぶん」は「食べる」を修飾しているのではなく、「たくさん食べる」を修飾していることに注意されたい。つまり、食べる量の「多さ」に段階性があり、スケールとして捉えることができる。「多さ」のスケールは「食べる」という述語から見出されるのではなく、「たくさん食べる」というフレーズから抽出されたのである。この点で言えば、本章でみた状態事象のスケールや、変化事象のスケールとは異なる。第六章では「二次的段階性」というものを論じるが、「二次的段階性」も述語からではなく、話し手の理解から得られた段階性である。詳しくは第六章を参照されたい。

4.2. 極点を示す形容詞

第2節では、形容詞の表す状態事象は極点を有しない開放スケールを構成

第二章

すると述べた。しかし、例外もある。「真っ暗」「真っ白」などは、状態の極限を示す。例えば「真っ暗」は、光がひとつもない状態をいう。少しだけでも光があれば、「真っ暗」とは言えない。したがって、暗さのスケールは前述の寒さのスケールと違い、「真っ暗」という最高限度がある。最高限度である「真っ暗」が示す位置は変わったりすることがなく、絶対的であるので、暗さのスケールでは極点となる。状態のスケールにおける最高限度はスケールの終了限界点とみなすことができる。図示すると図6になる。

図6　暗さのスケール

(33)に示すように、極点そのものに対して、程度標識が係らない。程度標識がスケール上の位置を差し出すが、その位置は極点ではないことを2.2節で述べたが、(33)はこの主張の傍証になる。

(33) *非常に真っ暗だ／?かなり真っ暗だ

一方、「まっすぐ」は最低限度を表す。少しでも曲がっていたら、「まっすぐ」とは言えない。形容詞ではないが、「曲がっている・曲がっていない」によって構成される「曲がる程度」のスケールでは、「まっすぐ」は最低限度を示す極点となる。また、状態のスケールにおける最低限度は開始限界点とみなすことができる。

この節は、周辺的な例を二つみた。「ずいぶんたくさん食べた」は、数量修飾に対してさらに程度修飾するものであること、そして、「真っ暗」類はスケール上の極点を示し、程度修飾を受けられないことを述べた。

5. まとめ

　本章は状態事象と変化事象を対象に程度修飾を考察し、単文における程度修飾の内実を明らかにした。考察の結果は以下とおりである。

(34)　形容詞が表す状態事象は開放スケールを有するが、変化自動詞が表す変化事象は開始限界点のある閉鎖スケールを有する。ただし、両者は状態の連なりによる段階性という点で共通している。

(35)　程度標識は、スケール上の位置を差し出すことによって事象の程度を示す。しかし、その位置は極点ではない。

第三章

単文における数量修飾

1. はじめに

　本章の目的は、数量修飾の副詞や数量詞がどのように事象の数量を表すかを、スケール構造を用いて明らかにすることである。例えば、次のようなものが考察の対象となる。

(1)　太郎は<u>かなり</u>／<u>たくさん</u>／<u>10km</u>歩いた。(数量修飾を受ける動作事象)
(2)　人数が<u>かなり</u>／<u>たくさん</u>／<u>10人</u>増えた。(数量修飾を受ける変化事象)

　数量修飾の副詞は、量程度副詞(「かなり」など)と量副詞(「たくさん」など)の二種類がある。このほかに数量詞も数量修飾の機能を持つ。以下では数量修飾の副詞を中心にして議論を進めていくが、必要に応じて数量詞をも検討する。量程度副詞と量副詞の例をいくつか次にあげるが、語例の一覧について詳しくは第一章の表2を参照されたい。

(3)　量程度副詞：かなり、ずいぶん、少し、ちょっと…
(4)　量副詞：たくさん、いっぱい、だいたい、ふんだんに、おおむね…

　また、最初に示した(1)(2)のとおり、数量修飾の副詞は動作事象や変化事象に係る。一方、以下の(5)に示すように状態事象には係らない。そして、

第三章

(6) に示す「かなり」などの量程度副詞は、状態事象に係るが、その場合は程度修飾であるため、本章の考察対象ではない。

(5) 旭川は*<u>たくさん</u>／*<u>-10℃</u>寒い。
(6) 旭川は<u>かなり</u>寒い。

以下は、第2節で動作事象を、第3節で変化事象を考察し、それらにおける数量修飾を明らかにする。続く第4節では量の種類や頻度などと言った関連する問題を扱う。

2. 動作事象における数量修飾
2.1. 動作動詞の数量修飾

本書でいう動作事象とは、動作主が意志的に動作を行うことを表すものである。例えば、「食べる」「書く」など、いわゆる動作動詞が典型的である。動作動詞は容易に数量修飾の副詞や数量詞と共起する。

(7) 太郎が本を<u>たくさん</u>／<u>3冊</u>買った。

いうまでもなく、数量修飾の副詞や数量詞の修飾対象は計測できるものである。(7)の下線部は購入した本の数量を表しているが、数量であれば段階性を持つ。そして、その段階性はスケールとして描くことができる。特に文脈の指示がない場合、「本を3冊買った」というのは手元に1冊もない状態で購入したことを意味するので、購入した結果、3冊の本を所有していることになる。しかし、「(2冊を持っているがさらに) 本を3冊買った」なら、結果的に5冊持っていることになる。ゼロから数え始めても2冊から数え始めても、計測するには始まりとなる基準が必要である。これを図示したものが図1である。

単文における数量修飾

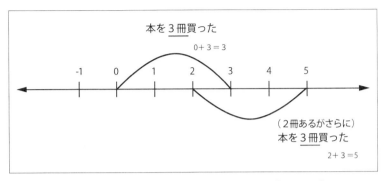

図1 「買った本」のスケールにおける「3冊」①

　スケール構造でみると、文脈の指示がない場合の「3冊」というのは、「0冊」から「3冊」まで3単位の間隔があることを意味する。また、すでに2冊を持っているという文脈の指示がある場合、「3冊」というのは、「2冊」から「5冊」まで3単位の間隔があることを意味する。要するに、数量詞は、基準から対象のスケール上の所在位置まで何単位離れているか、つまり「スケール上の幅」を指し示すように働く。この点から言えば、事象の「数」を表すのに、「基準」と「単位」が必要である。よって、「基準」と「単位」がそれぞれにスケール構造に反映されなければならない。原則的にひとつの事象はひとつのスケール構造に対応するから、図1は図2のように修正することができる。

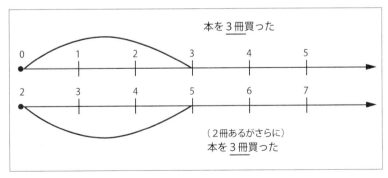

図2 「買った本」のスケールにおける「3冊」②

第三章

　数量を表すスケールは特定の基準から始まるので、左側はその基準によって閉じられる形になる。こうした基準は人によって変わることはない。「0冊」であるか、「2冊」であるかは文脈によって違うことがあっても、「0冊」と規定されていたら、「0冊」という基準は発話者によって変更されることはない。そういった意味で、基準は絶対的なものである。つまり、基準はスケール構造では極点である。極点は開始限界点と終了限界点に分けられるが、ここでみた基準は開始限界点とみなされる。また、原理的に数量が無限に増加していくので、右側は開かれた形になる。第二章でも述べたが、このように絶対的な「極点」によって閉じられているスケールは閉鎖スケールである。そして、数量を数えるのに「単位」が必要である。よって、数量を示すスケールは単位に区切られるように設定する。以上の記述を次のようにまとめる。

(8) 数量詞は事象の数量を修飾する機能を持つが、事象の数量的側面をスケール構造で表すことができる。数量のスケールは、単位によって区切られている、かつ、開始限界点（＝基準）を有する閉鎖スケールである。数量詞の機能は、そのような閉鎖スケール上の「開始限界点（＝基準）から対象までの幅」を指し示すことである。

　以上の数量詞の記述を踏まえて、次に数量修飾の副詞を考えたい。「本をたくさん買った」という際に、「たくさん」は数量詞と同様に数量修飾をしている。両者の違いは数量詞が明確な値を提示しているのに対して、「たくさん」は明確な値を提示しないということである。数量詞が表すのが「数」だとすれば、「たくさん」などの量副詞が表すのは「量」である。「たくさん」が文中において数量詞と同様に数量修飾の機能を果たすのであれば、「たくさん」も「スケール上の幅」を指し示す機能を持つと考えられる。ただし、「たくさん」は、数量詞と違い、基準が提示されていないし、基準から対象まで何単位離れているかも提示されていない。つまり、量を表すには計測できるものを対象にしなければならないが、「たくさん」の場合は、計測に当たって必要と思われる基準と単位が明示されない。

　仮に、太郎は普段本を買わない人で、3冊も買えば大量に購入したと発話

者に認識されるとしよう。この場合でいう「太郎が本を<u>たくさん</u>買った」をスケール構造に示したのが図3である。

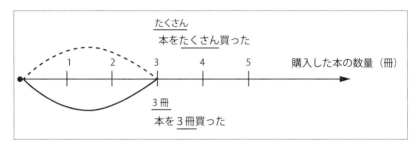

図3 「買った本」のスケールにおける「たくさん」

　太郎が3冊買ったのでここでの「たくさん」は実質的に「3冊」ということであるが、「たくさん」のように量で表現するときに、値のこと、つまりどのくらい買ったかをあまり問題にしていない。あくまでも発話者の裁量で量の多さを言表するので、値を表すのに必要な基準（0冊）も単位（冊）も明示されない。また、どのくらいの量を「たくさん」とするかは発話者の判断によるので、量副詞が表す「量」は数量詞の表す「数」に比べて主観的である。ただし、修飾機能の面から言えば、どちらも数量修飾をしているので、「たくさん」も「3冊」もスケール上の幅を指し示すと考えられる。しかし、基準（0冊）と単位（冊）を問題にせず、どのくらいの幅を「たくさん」とするのも発話者の主観によるという点から、図3では「たくさん」の示す幅を点線で描いた。また、「たくさん」などの量の表現は基準と単位を問題にしないだけであって、基準と単位が設けられないという意味ではない。「たくさん買った」と認識して数えようとするときには、基準も単位も必要である。したがって、量副詞についてまとめると次のようになる。

(9)　量副詞は数量詞と同様に事象の数量を修飾する。よって、数量詞と同様に、単位によって区切られている閉鎖スケール上の「開始限界点（＝基準）から対象までの幅」を指し示すように働くと考えられる。ただ

し、計測に必要な基準と単位が背景化し、明示されていない。

　この節では、事象の数量的側面を表すスケールは、単位に区切られて開始限界点を有する閉鎖スケールであると述べた。これは、第二章で検討した状態事象の状態を表す開放スケールと質的に異なる。第二章では、状態の上限と下限が原則的にないということで、両側が開かれた開放スケールに描くと説明した。スケール構造では、明確な規定があり、極点を有しないスケールを開放スケールとし、極点をひとつでも有していれば閉鎖スケールとする (cf. 小野 2007a)。状態事象を開放スケールに描き、動作事象を閉鎖スケールに描くというのは、単に直感的な理解に基づいているだけではなく、スケール構造の考え方にも合致している。

　もうひとつ、この節では事象の計測できる側面を描くのに、基準のほかに単位も必要だと述べた。これを反映するために、数量修飾の閉鎖スケールは単位に区切られているように設定したが、これは筆者による提案である。従来の研究はスケールそのものの性質を一律に扱う傾向にあった。本書のように、状態の段階性を状態が非離散的に連なるスケールであるとするのに対して、数量の段階性は基準を必要とし、単位に区切られているスケールであるとするような設定はなかった。こういった区別を設けたのは、程度修飾・数量修飾を扱うに当たって、それぞれの段階性の特徴をスケールに反映させる必要があるためである[1]。

　この節では動作事象を対象に数量詞と量副詞による数量修飾を考察した。述べたことを以下のようにまとめる。

(10) 数量修飾は事象の計測できる側面に係るものであるが、計測するに当たって、基準と単位が必要である。この特徴を反映して、数量的側

---

[1] 従来の研究ではスケールの性質を区別する議論が全くないわけではない。例えば、Vendler の動詞分類から出発して、動的動詞のスケールを特性スケール・path スケール・範囲スケールに分ける研究もある (cf. 北原 2009:320-321)。ただし、この分類は動詞の意味に対応する設定ではあるが、程度や数量の段階性の相違に適応するスケールの設定ではない。

面の段階性は開始限界点を有し、単位に区切られている閉鎖スケールで表される。
(11) 数量修飾の機能を持つ数量詞と量副詞は、閉鎖スケール上の「開始限界点（＝基準）から対象までの幅」を指し示すように働く。

2.2. 移動動詞の数量修飾

2.1節では動作動詞を例に数量修飾を検討したが、動作事象は動作動詞と限らない。もうひとつよくみられるのは次に取り上げる移動動詞である。この節は移動動詞の持つスケールを検討したうえで、動作動詞のスケールと比較しながら動作事象における数量修飾をさらに掘り下げていく。

(12) 太郎が<u>たくさん</u>／<u>7km</u> 歩いた。

(12)では数量標識が移動距離を表しているが、1歩でも踏み出せば、移動距離が刻まれていく。また、1歩でも歩き始めたら、「歩く」という事象が開始したとみなされる。よって、移動距離の段階性は、事象の開始と事象の進行によって描かれることが分かる。スケール構造では、事象の開始は開始限界点となり、図4の「0km」がこれに当たる。事象の進行は「1km、2km…」と表示されているスケールに当たる。また、何キロ歩いてもよいので理論上は終了限界点を有しない。したがって、右側が開かれた形になる。ここでみた移動距離のスケールが前節でみた書物の数量のスケールと同じく、開始限界点を有し単位に区切られている閉鎖スケールであることを確認されたい。

第三章

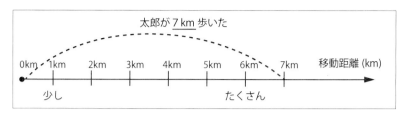

図4　移動距離のスケール

　(12)の「たくさん」「7km」などの数量標識は移動距離を示す。言い換えれば、「移動動詞に係る数量標識は動作量を表す」ことになる。一方、前節でみた(7)では数量標識が購入した本の数量を表しているので、「動作動詞に係る数量標識は目的格の数量を表す」ということである。数量の内実こそ異なるが、どちらも開始限界点と単位を有する閉鎖スケールに係るものである。目的格の数量を表すスケールでは、数える際の基準が開始限界点になるが(cf. 図3)、動作量を表すスケールでは、事象の開始が開始限界点になる (cf. 図4)。スケールの開始限界点になる要素は異なるが、どちらも不変なものである。いわば「極点」と呼ばれるものである。北原(2013:39)にあるように「閉鎖スケールには極点(endpoint)がある。極点は、絶対的な基準値である」。開始限界点や終了限界点は極点とされるが、ここで確認したように、事象の開始や、数える際の基準は極点の素性を備えており、開始限界点とするのは妥当である。

　また、スケール上の幅を示すに当たっては、開始限界点だけでは幅を構成できない。(12)で言えば「7km」は幅が7単位あるだけでなく、事象終了時の到達点は「7km」であることをも提示している。言い換えれば、「たくさん」や「7km」などの数量標識は終了限界点を決めるのである。同じことは動作動詞についても言えて、「コーヒーを3杯飲んだ」という場合、3杯のコーヒーがすべて消費されると「飲む」という動作が終了してしまう。つまり、数量標識が示す幅は、開始限界点と終了限界点の二つの極点によって構成される。

　2.1節は動作動詞のスケールと比較しながら移動動詞のスケールを考察し、

数量修飾をさらに突き詰めた。第2節で述べたことを次のようにまとめる。

(13) 本章のいう動作事象とは、動作主が意志的に動作を行うことを表すものであるが、動作動詞と移動動詞があげられる。動作動詞と移動動詞の違いによって開始限界点になる要素が異なるが、いずれも開始限界点を有し、単位に区切られている閉鎖スケールである。

(14) 数量標識が「スケール上の開始限界点から終了限界点までの幅」を示す。

3. 変化事象における数量修飾

3.1. 変化事象の数量修飾

数量標識は変化事象を表す動詞述語にも係る。

(15) お湯を<u>たくさん</u>／<u>3リットル</u>沸かした。（内項の数量）
(16) お湯が<u>たくさん</u>／<u>3リットル</u>沸いた。（内項の数量）

(15)と(16)はともに沸騰の意味を持つ。お湯が沸騰した状態に達したら、「沸く・沸かす」という事象が終了してしまうので、いずれも終了限界点を有する変化動詞である。「沸かす」が他動詞で、「沸く」が自動詞であるが、自他の違いと関係なく数量標識が内項の数量を表している。

一方、次に示す(17)と(18)で使われる「温める・温まる」は熱を加えて温度を上昇させる意味を持つが、一定の温度に達したら事象が終了してしまうような意味を持たない。

(17) 電子レンジで料理を<u>たくさん</u>／<u>3皿</u>温めた。（内項の数量）
(18) 温泉に入って身体が？<u>たくさん</u>／<u>3度</u>／？<u>39度</u>温まった。（動作量）

第二章ではこのような変化を佐野(1998a)にしたがって「限界を持たない進展的変化」と呼んだ。「温める」が他動詞で、「温まる」が自動詞であるが、自他の違いによって、数量標識との親和性が異なる。(17)は自然な文で、数量標識は料理の数量を修飾しており、いわば内項の数量を表している。これ

第三章

に対して、(18) は座りが悪い。量副詞に関しては、「たくさんの身体」という内項の数量の解釈が難しい。この場合は、「身体がしっかり暖かくなった」という動作量の解釈のほうがしやすい。また、数量詞に関しては、そもそも内項の数量という解釈ができない。3度の場合、温泉に入る直前の温度が入った後で3度上昇したと解釈されるが、39度の場合、体温が39度も変化したとは考えられない。「39度になるように暖かくなった」という解釈なら可能であるが、「39度に温まった」や「39度まで温まった」など終了を示す「に」や「まで」を付け加えたほうが自然であろう。

(14) では数量標識は「スケール上の開始限界点から終了限界点までの幅」を示すものであるという帰結を示した。内項の数量を示すスケールは、開始限界点も終了限界点も明確に提示されている。例えば、図5は (17) のスケール構造であるが、(17) の「3皿」は、「0」と「3」によって囲まれた幅は3単位あることを示すものである。皿という単位を設けずにこの幅を「たくさん」で言い表すこともできる。

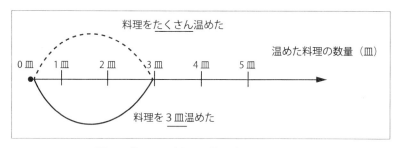

図5 「温めた料理の数量」のスケール

しかし、(18) のような変化事象の動作量を示すスケールでは、開始限界点が明確に示されているが、終了限界点は明確ではないことがある。第二章では「温まる」のスケール構造を次の図6のように提示した。

単文における数量修飾

図6 「温まる」のスケール

　「温まる」のスケール構造にみられる一つひとつの達成点は異なる温度状態を示しているが、右に行けば行くほど温度が高くなる。そして、「温まる」のスケールは「状態が離散的に連続する」ものである。この点は形容詞の示すスケールと共通するということを第二章で述べた。「温まる」のスケールに極点の終了限界点を明示することができれば、数量修飾することが可能になる。(18)の「3度温まった」は、開始限界点を「0度」とみなし、達成点1、2、3を1度、2度、3度とみなす。つまり、数量詞「3度」を用いることで、「温まる」のスケールを単位に区切られているスケールに直したのである。いわばスケールを数値化したのである。
　一方、「たくさん温まった」が不自然と感じられるのは、終了限界点や単位がうまく規定できないからである。第2節で述べたように、量副詞「たくさん」は開始限界点や終了限界点および単位を明示しないものの、これらが設定できる環境で用いられる。開始限界点は事象の始まりを表すため、予め規定されているが、どのくらいを「たくさん」とするのかが主観的であるため、終了限界点がうまく規定できない。それに、単位を明示しないとスケールを数値化することができないので、単位を明示しない「たくさん」ではスケールの数値化ができない。
　「39度温まった」の場合、「に」や「まで」を付ければ座りがよくなると述べた。0度から39度まで体温が上昇したとは、常識的に考えにくい。上昇開始時は平熱であることを常識的に理解される。また、「に」や「まで」を付けることで、上昇開始時の体温が恐らく平熱であり、終了時に39度に達したことが分かる。つまり、終了限界点の所在位置、そして開始限界点か

ら終了限界点に至るまでのプロセスがあることは「に」や「まで」を付けることでより把握しやすくなるので、座りがよくなるのである。

3.1節では、変化事象における数量修飾を検討した。以上に述べたことを次のようにまとめる。

(19) 変化事象を表す動詞は、終了限界点を有するものとそうでないものがあるが、いずれも数量標識と共起する。ただし、数量標識と共起する場合、主に内項の数量を示す。動作量を示す場合、開始限界点のほか、終了限界点や単位も明示的な形でないと座りが悪い。

3.2. 変化事象の二面性と量程度副詞

本章の冒頭では、数量修飾できる副詞は量副詞のほか、量程度副詞があると述べた。「かなり」などの量程度副詞は自然に変化動詞と共起できる。

(20) 温泉に入って身体が<u>かなり</u>温まった。

(20)にある「かなり温まった」は数量を修飾しているか、程度を修飾しているか、がさほど明確ではない。以下の用例からも分かるように、動作事象や状態事象ではこのような現象がみられない。

(21) 太郎が本を<u>かなり</u>買った。(動作事象での数量修飾)
(22) 旭川が<u>かなり</u>寒い。(状態事象での程度修飾)

(20)と違って、(21)の「かなり」は数量修飾であるし、(22)の「かなり」は程度修飾である。つまり、(20)のような変化事象においてのみ、程度修飾か数量修飾かの区別が難しいのである。これに関連して、状態事象、動作事象と変化事象のうち、変化事象のみ数量修飾と程度修飾の双方とも受けられる。変化事象には状態変化の側面と、動き・動作の側面がある。状態変化の側面は程度修飾を受け、動き・動作の側面は数量修飾を受ける。数量修飾しかできない量副詞(「たくさん」など)と共起すれば、動き・動作の進行に

よって発生する内項の数量が表される。例えば、(15)(16)(17) がこれに当たる。一方、程度修飾に関しては佐野 (1998a) にすでに指摘がある。佐野 (1998a) によれば、変化事象は程度修飾しかできない純粋程度副詞[2]（「非常に」など）と共起すれば、状態が変化した結果を修飾しているという。

(23) 温泉に入って身体が非常に温まった。

(23) の「非常に温まった」は、体が温かくなった結果に対して、発話者がその温かい程度が高いと評価し、「非常に温まった」と表現したのだと考えられる。

ところで、量程度副詞（「かなり」など）は程度も数量も修飾できるため、前掲の (20) は双方の解釈ともありうる。さらに、比較マーカー「〜より」と共起させると量程度副詞と純粋程度副詞の振る舞いが異なるが、この相違から量程度副詞の特殊性がみえてくる。

(24) 温泉に入る前より身体がかなり温まった。
(25) ?温泉に入る前より身体が非常に温まった。

(24) は温泉から上がった時の体温が入り始めた時の体温と異なり、体温変化の隔たりを「かなり」で表している。これに対して、(25) の「非常に」は状態変化の隔たりを表せない。図7は (24) の状態変化の隔たりを表すスケール構造である。

図7　「温まった体温」のスケールにおける「かなり」

2　佐野 (1998a) の用語は「非常に」類である。

第三章

　「温まる」という動きが進行していくのに連れて体温の変化が達成され、状態変化の隔たりが生じる。状態変化の隔たりはスケール上では一定の幅を構成していることが図7で確認できる。温まり始まる時点における体温の値は分からないが、一定の体温を有することが確実であるため、絶対的であると言える。よって、「温まり始まる」を示す開始限界点は極点の性質を持つ。同様に、どの程度で「温まる」が終了されるかは不明であるが、終了される時点では一定の体温を有することが確かである。よって、温まり終わった時点の体温は終了限界点とみなされ、極点の性質を持つ。(14)に提示したとおり、数量修飾はスケール上の開始限界点から終了限界点までの幅、つまり二つの極点に囲まれる幅を示すことである。(24)と図7から、量程度副詞が変化事象と共起して動作量を表す場合、状態変化の隔たりを表すが、スケール構造では、状態変化の隔たりは幅で表される。また、その状態変化の隔たりの表し方は値こそ提示していないが、数量修飾のあり方と合致している。値が提示されていないので、程度修飾のニュアンスが残っているのだと思われる。これは、量程度副詞が状態変化の隔たりを修飾する場合、程度修飾か数量修飾かが区別しにくい原因だと考えられる。

　これまでの考察を整理すると、(23)にある「非常に温まった」の「非常に」は体温が温かくなった結果を表すのに対して、(20)にある「かなり温まった」の「かなり」は変化の隔たりを表すことが言える。そして、「非常に」は純粋程度副詞で程度修飾を行うのに対して、「かなり」は量程度副詞で数量修飾と極めて似たような修飾をしていることが分かった。第一章では森山(1984)と佐野(1998a)の主張を照らし合わせて次のように推測した（cf. 第一章(10)(11)）。

(26) 変化事象における程度修飾は「結果状態の程度（変化後どの程度になったか）」を表すことである
(27) 変化事象における数量修飾は「変化の度合い（どの程度変化したか）」を表すことである

　量程度副詞は、開始時から終了時までの「変化の隔たり」を表すことを図

7で確認した。これにより、上記の推測が適切であることを確認したと言えよう。

一方、数量詞が用いられた(28)の場合、開始時点と終了時点の体温は分からないが、体温変化の隔たりが「3度」であることは確実である。つまり、数量詞「3度」を用いることによって、開始時点と終了時点の体温に極点の性質を持たせることができる。

(28) 温泉に入る前より身体が3度温まった。

(18)でみたように、数量詞は状態のスケールを数値化し、数量修飾を受けるスケールに変化させることができる。この機能が発揮されることで、本来数量修飾を受けない事象にも数量修飾を受けられるようになる。(29)(30)は同じく変化事象であり、量副詞は不自然だが、数量詞なら自然に共起する。

(29) 髪の長さが3cm／?たくさん／かなり変わった
(30) 売上が3%／?たくさん／かなりよくなった

(29)(30)にみられる共起の相違は、数値化の機能を持つか否かによるものである。数量詞は状態のスケールを数値化し、状態変化の隔たりを値で表す。一方、量副詞の「たくさん」はこれらの例と共起しにくい。開始限界点と終了限界点は「変わった」「よくなった」によって規定されているものの、変化開始時と変化終了時の間の幅が何単位になるのかが把握できない。この点からみれば、量副詞は数量修飾をするが、開始限界点・終了限界点と単位が揃う環境でしか用いられないと考えていいようである。これに対して、量程度副詞は(29)(30)と容易に共起する。したがって、量程度副詞は開始限界点と終了限界点が規定され、状態変化の隔たりが把握できる環境であれば使えて、単位が規定されていなくてもいいということが分かる。

3.2節は、変化事象にみられる両面性と程度修飾・数量修飾の関係を取り上げた。述べたことを次のようにまとめる。

(31) 変化事象には状態的な側面と、動き・動作の側面がある。前者は程度

修飾を受け、後者は数量修飾を受ける。この特徴を反映して、変化事象のスケールは開始限界点を有する閉鎖スケールである。開始限界点を有する点で動作事象と共通する。その一方で、状態変化の段階性は状態の連なりである点で状態事象と共通する。

(32) 変化事象における数量修飾は、量副詞・数量詞・量程度副詞によって行われ、それぞれに使用環境が異なる。

(33) 数量詞は状態のスケールを数値化することができる。数量詞はスケール上の幅を明確に示すが、それによって、開始時点および終了時点のスケールにおける位置が把握でき、両時点に極点の性質を持たせる。

(34) 量副詞はスケールを数値化することができない。開始限界点と終了限界点と単位が揃う環境でしか用いられない。

(35) 量程度副詞は開始限界点と終了限界点が規定されている環境であれば用いられる。これは二つの極点によって状態変化の隔たりを把握できるためである。単位はなくてもよい。

4. 数量修飾に関連する課題

4.1. 二種類の量：外延量と内包量

数量は加法性を持つか否かによって区別されるが、加法性を持つ量は「外延量」と、持たない量は「内包量」と呼ばれている。内包量と外延量の相違について辻ほか（2010:97）では次のように説明している。

(36) 量は、大きく「外延量」と「内包量」の2つに分けることができる。外延量は、長さや重さ、面積、時間などのように空間的時間的「広がりのある量」で、一般的には加法性をもつ。これに対し、内包量は、速度や密度、温度などのように物の「強さを表す量」で、通常は加法性をもたない。外延量が、大局的・グローバルな量だとすれば、内包量の方は、局所的・ローカルに定まる量と言える。（辻ほか 2010:97）

加算できる外延量は日常生活によくみられるもので、例えば「ミカンが50個ある」や、「ミカンが5kgある」など下線部が外延量である。同じミカンに対しても数え方が異なるが、この違いについて鶴田(1953:10-25)や北原(1998b)に言及がある。以下に鶴田(1953:10-25)の記述をまとめる。

(37) 分離量：
　　・例えば：梨一個
　　・物自体は本来ひとまとまりとして存在している。
　　・どんな社会でも共通する。
(38) 連続量：
　　・例えば：酒一升
　　・そのものの形状と無関係にただその物の分量測定の便宜のため、人為的に設定した。
　　・社会によって約束が異なる。

　一方、内包量は少し複雑で、外延量のように直観的に捉えられるものではない。例えば、速度（距離を時間で割る時の値）や人口密度（人口を面積で割る時の値）など二つの外延量によって構成されるものや、明るさの指標のひとつの照度（ルクスという単位を用いるが、平方メートルごとに当てられた光の量）や糖度（ブリックス値という単位を用いるが、20度の水溶液100グラムにショ糖が溶けている量）などがある。
　内包量の特徴は加算できない点である。例えば、水Aは50度で100cc、水Bは100度で100ccの場合、水Aに水Bを入れても、150度にはならない。温度は内包量であり、加算できないとはこういうことである。一方、入れたら200ccになる容積は外延量であり、加算できる量である。
　外延量・内包量の違いによって、数量修飾のあり方も変わってくる。これまでの議論では、数量標識が動作事象と変化事象に係ることと、数量標識が内項の数量または動作量を表すことを述べた。以下では表された数量が外延量であるか、内包量であるかについて確認する。理論的に検証する組み合わせは8通りある。

第三章

(39) A. 動作事象の内項の数量を外延量で表す場合
　　 B. 動作事象の内項の数量を内包量で表す場合
　　 C. 動作事象の動作量を外延量で表す場合
　　 D. 動作事象の動作量を内包量で表す場合
　　 E. 変化事象の内項の数量を外延量で表す場合
　　 F. 変化事象の内項の数量を内包量で表す場合
　　 G. 変化事象の動作量を外延量で表す場合
　　 H. 変化事象の動作量を内包量で表す場合

それぞれの例文は次に示す。

(40) A. 動作事象の内項の数量を外延量で表す場合
　　 太郎はご飯を<u>3杯</u>／<u>たくさん</u>食べた。

(41) B. 動作事象の内項の数量を内包量で表す場合
　　 「スープを加熱した」「ご飯を食べた」などの内項「スープ」「ご飯」の量は、加法性の持たない内包量では言い表せない。

(42) C. 動作事象の動作量を外延量で表す場合
　　 太郎は<u>3km</u>／<u>たくさん</u>走った。

(43) D. 動作事象の動作量を内包量で表す場合
　　 車は*<u>30キロメートル</u>／#<u>たくさん</u>走った。
　　 （ここの「たくさん」は動作量ではなく車の量を示す。）

(44) E. 変化事象の内項の数量を外延量で表す場合
　　 料理を<u>3皿</u>／<u>たくさん</u>温めた。
　　 お湯を<u>3リットル</u>／<u>たくさん</u>沸かした。

(45) F. 変化事象の内項の数量を内包量で表す場合
　　 スピードが?<u>3キロメートル</u>／?<u>たくさん</u>下がった。

(46) G. 変化事象の動作量を外延量で表す場合
　　 太郎が<u>3歩</u>／?<u>たくさん</u>離れた。

(47) H. 変化事象の動作量を内包量で表す場合

身体が3度／?たくさん温まった。

　結果から言うと、問題なく数量詞と量副詞の「たくさん」のいずれとも共起できるのは (40) の A、(42) の C、(44) の E、三つの場合しかない。A、C、E はいずれも外延量であることを注意されたい。このことから、数量修飾は原則的に外延量で示すと言えよう。

　問題は変化事象の動作量を示す (46) と (47) である。これらは数量詞とは共起ができるが、「たくさん」だと座りが悪い。これは 3.2 節で検討した数量詞による数値化の例である。つまり、変化事象の動作量を示すスケールは本来、状態変化のスケールであるため、数量修飾を受けないが、数量詞を用いることで状態変化のスケールを数値化し、数量修飾を受けるのである。その一方で、量副詞はスケールを数値化することができないため、座りが悪くなる。

　そして、(40) の A、(42) の C、(44) の E は外延量の場合であるが、いずれも数量詞と「たくさん」と共起できる。しかも、「たくさん」はこれらの場合においては数量詞と同様に機能し、内項の数量または動作量を示す。一方、内包量で表す (45)(47) は「たくさん」に置き換えにくい。この相違から考えれば、「たくさん」は外延量しか言い表せないと考えられる。

　外延量は加法性があるため、外延量のスケールは、開始限界点と単位があると思われる。例えば、移動距離を表す図 4 はそうである。そして、このようなスケールでは、当該事象の量は事象の終了によって決まるため、終了限界点もある。要するに、加法性のある外延量のスケールには、開始限界点と単位だけではなくて、終了限界点もある。これは (34) で示した、「量副詞はスケールを数値化することができない。開始限界点と終了限界点と単位が揃う環境でしか用いられない」ということの裏づけとなる。

　4.1 節では外延量と内包量の文中における振る舞いを考察した。数量を外延量で表すか、内包量で表すかは動詞の意味によるが、数量詞や量副詞による数量修飾ができるのは原則的に加法性を持つ外延量であることが分かった。

4.2. 事象の回数

これまでは内項（目的格）の数量と動作量を中心に検討してきたが、ほかには主格の数量を表す場合と、事象の回数を表す場合がある。

(48) 戦争で軍人がたくさん／3万人死んだ。（主格の数量）

井本(1999,2000)が指摘しているとおり、主格が複数の解釈を許すか否かによって数量標識の解釈が変わってくる。例えば、(48)では数量標識は主格の数量を表すが、主格の「軍人」は不特定多数を指し示す語で複数の解釈を許す。また、一人の軍人は一回しか死なないので、複数の軍人がいることで主格の数量が大量という解釈がありうる。(49)のように主格を固有名詞に置き換えると、主格は複数の解釈を許さないため、数量標識と共起せず、主格が大量との解釈が得られない。ちなみに、アスペクトを議論する研究においても、ここで述べたことと近い見解が言われている。

(49) 戦争で太郎が*たくさん／*3万人死んだ。

一方、(50)の主格は固有名詞であり、複数の解釈は許さないが、事象が多回的に生起されると理解される。

(50) 太郎はたくさん／30回失敗した。（事象の回数）

(50)を事象が多回的に行われる例としてあげたが、前掲の(48)の「3万人死んだ」というのは、同じ戦争で「死ぬ」という事象が3万回起きたというふうに理解することもできる。このように考えると、「主格の数量」は「事象の回数」の解釈と関係していると思われる。

もうひとつ注意されたいのは、事象の回数という解釈を許容する「死ぬ」「失敗する」などは非意志動詞であるということである。第2節では数量標識が、動作主が意志的に動作を行う動作事象に係ると述べたが、これは数量標識が非意志の動作動詞には係らないという意味ではない。ここでみたとおり、非意志動作動詞と共起する数量標識は、内項の数量や動作量の解釈ではなく、

主格の数量や事象の回数の解釈になるようである。先ほど述べたように、主格の数量も事象の回数も、事象が多回的に行われるという意味を背景に持つ。そういった意味で、いずれも事象の回数を量る解釈と言えよう。通常、数量修飾は一回限り生起した事象を対象にする。内項の数量や動作量などがそれに当たる。このように考えれば、事象の回数ひいては主格の数量は周辺的な数量修飾に位置づけられる。本書は主に内項の数量や動作量を表す場合を扱うこととする。

 4.2節は、主格の数量や事象の回数を表す数量修飾を検討した。この二者の解釈になる数量修飾は主に非意志動作動詞にみられることを述べた。また、両者ともに事象の回数を量る意味を持つが、事象の回数は周辺的な数量修飾であると位置づけた。

5. まとめ

 本章は、数量修飾を受ける動作事象と変化事象を対象に考察し、単文における数量修飾を明らかにした。考察の結果は以下のようになる。

(51) 動作事象のスケールは開始限界点を有し、単位に区切られている閉鎖スケールであるが、内項の数量を表すものと、動作量を表すものがある。変化事象も閉鎖スケールを有するが、状態変化の段階性を示すもので、開始限界点はあるが、単位に区切られていない。

(52) 動作事象と変化事象のスケール構造が異なるものの、いずれも開始限界点を有する点で共通する。このことから、数量標識は「スケール上の開始限界点から終了限界点までの幅」を示すことによって、事象の数量を表すと考えられる。

第四章
単文における程度修飾・数量修飾の体系と移行

1. はじめに

　これまで、第二章で単文の程度修飾、第三章で単文の数量修飾をそれぞれ検討した。この検討自体は、程度修飾は状態事象・変化事象にみられ、数量修飾は動作事象・変化事象にみられるという先行研究の結果に基づいているが、いわば序章で提起した問題意識の (1) に基づいた検討である。このほか、序章で提起した問題意識は (2)(3) がある。

(1) 程度標識・数量標識がどのような述語と共起するか。
(2) いくつかある程度標識・数量標識同士には、どのような共通点・相違点があるか。
(3) 程度修飾と数量修飾の重なりがどのような仕組みによって実現されるのか。

　本章では、これまでの検討を踏まえて (2)(3) の問題意識に答えていく。検討に入る前に、第二章、第三章で明らかになったことを第 2 節でおさらいしながら、程度修飾と数量修飾の類似点・相違点をまとめる。順番が前後するが、まずは (3) で提起した程度と数量の重なりを第 3 節と第 4 節で論じ、続く第 5 節と第 6 節で (2) を検討する。

第四章

2. スケール構造からみた程度修飾と数量修飾

　第二章では、状態事象と変化事象にみられる程度修飾について次のように述べた。

(4) 程度修飾は状態または状態変化の程度を表すが、状態または状態変化は計測できない性質を持つ。
(5) 状態事象は開放スケールを有するが、変化事象は開始限界点のある閉鎖スケールを有する。ただし、両者は状態の連なりによる段階性という点で共通している。
(6) 程度標識は、スケール上の「位置」を差し出すことによって事象の程度を示す。しかし、その位置は極点ではない。

　そして、第三章では動作事象と変化事象にみられる数量修飾について次のように述べた。

(7) 数量修飾は動きや動作の進行によって発生する「内項の数量」または「動作量」を表すが、「内項の数量」または「動作量」は計測できる性質を持つ。また、計測するためには、基準と単位が必要である。
(8) 動作事象のスケールは開始限界点を有し、単位に区切られている閉鎖スケールであるが、内項の数量を表すものと、動作量を表すものがある。変化事象も閉鎖スケールを有するが、状態変化の段階性を示すもので、開始限界点はあるが、単位に区切られていない。
(9) 動作事象と変化事象のスケール構造は異なるものの、いずれも開始限界点を有する点で共通する。このことから、数量標識は「スケール上の開始限界点から終了限界点までの幅」を示すことによって、事象の数量を表すと考えられる。

　程度修飾と数量修飾の類似点と相違点を次の表1に整理するが、有する項目を「○」、有しない項目を「×」と示し、ある場合とない場合両方ある項目は「△」と示す。

80

表1 程度修飾と数量修飾の類似点と相違点

	状態事象（状態）	変化事象の状態変化	変化事象の動き・動作	動作事象（動作）
段階性(スケール)	○	○	○	○
極点（開始限界点）	×	○	○	○
計測できる	×	△	△	○
単位	×	△	△	○
スケール構造	開放スケール	閉鎖スケール	閉鎖スケール	閉鎖スケール
受ける修飾	程度修飾	程度修飾	数量修飾	数量修飾
程度標識または数量標識の種類	純粋程度副詞 量程度副詞	純粋程度副詞 量程度副詞	量程度副詞 数量詞	量程度副詞 量副詞 数量詞
程度標識の機能	スケール上の「位置」を差し出す			
数量標識の機能			「スケール上の開始限界点から終了限界点までの幅」を示す	

　表1の「受ける修飾」の行をみると、状態事象は状態の段階性(スケール)を有するために程度修飾を受けるのに対して、動作事象は単位のある数量的段階性(スケール)を有するために数量修飾を受けるということを示している。この点から、事象は原則的に決まった修飾を受けることが言える。また、程度修飾と数量修飾が変化事象において交差することが分かる。これは、変化事象が状態変化と動き・動作という側面を併せ持つことに起因すると思われる。第十章では、状態事象・変化事象・動作事象三者を含めてみるときに、変化事象において程度修飾と数量修飾が交差する現象を検討する。本章では、第十章と異なる視点から程度修飾と数量修飾の重なりを考察したい。

　前述したように、それぞれの事象は原則的に決まった修飾を受ける。例えば、状態事象は状態の段階性(スケール)を有するために程度修飾を受ける。しかし、状態事象の状態の段階性(スケール)を数量的に把握し、程度を数量で示す場合がある。その一方で、動作事象の動作量や内項の量の段階性(スケール)を程度的に把握し、数量を程度で示す場合もある。

　表1からも分かるように、状態事象の段階性(スケール)と動作事象の段階性(スケール)は、「極

第四章

点の有無」・「計測できるか否か」・「単位の有無」という三点で異なっている。これらの相違点に反映して、状態事象と動作事象のスケール構造が異なってくるわけである。

　状態の段階性(スケール)は、程度が少しずつ異なる状態が連なることで形成されるものであり、開始限界点や終了限界点といった極点もなければ、単位もない。そこで、状態のスケールに極点を付け、計測できるように単位を設定すれば、状態のスケールが動作事象のスケールに変わることになるだろう。要するに、一定の操作を加えることによって、状態の段階性(スケール)を数量の段階性(スケール)へと変化させることが可能だと考えられる。

　一方で、動作事象の動作量や内項の量の段階性(スケール)は開始限界点から始まり、値が次第に増加していくため、片方が開かれる形である。また、値を示す単位を設定することができる。このような数量のスケールから、極点の開始限界点と単位を取ってしまえば、状態の開放スケールに変わると予想される。このような段階性の変化を「移行」(スケール)と呼ぶ。本章では「移行」という視点から、それぞれの事象における程度修飾と数量修飾の重なりを掘り下げる。

　移行を扱うに当たって程度と数量の連続性を再確認したい。第一章で整理したように、程度と数量は相互に関連し合う。仁田 (2002) によれば程度と数量の連続性を図1のように提示することができる。

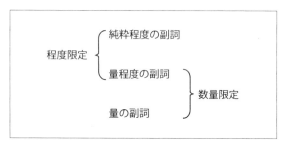

　図1　仁田 (2002:164) による「程度量の副詞の機能分担」

　図1に示したとおり、程度と数量は「純粋程度・量程度・量」という順で連続している。さらに、数量詞も量副詞と同様に数量修飾を行うことを考え

れば、修飾は「純粋程度・量程度・量・数」という順で連続していることが分かる。量と数の違いを明示するために移行を検討する第3節と第4節では、「数量」という言い方ではなく、「量・数」という言い方をすることがある。以下、第3節で状態事象を対象に程度から量・数への移行を検討する。続く第4節で動作事象を対象に量・数から程度への移行をみた上で、変化事象を取り上げる。

3. 程度から量・数への移行

　この節の目的は状態事象における「移行」の仕組みを明らかにすることである。移行を通して、状態事象における程度修飾と数量修飾の重なりを考察していく。なお、移行を段階性(スケール)の変化としたが、移行の検討においては、表1にまとめた「極点の有無」「計測できるか否か」「単位の有無」という三点が分析のポイントになる。

　(10)のような状態事象の例に対して、(11)のように「非常に」を用いてスケールにおける位置を示し、事象の程度を明示することができる。これはいわゆる程度修飾である。

　(10) 今日は明るい。
　(11) 今日は<u>非常に</u>明るい。

明るさのスケールは単位も極点もない開放スケールである。そこで、(12)のように「～より」を挿入して、基準を提示することもできる。

　(12) 今日は<u>昨日より</u>明るい。

　比較表現は何かを基準に対象事象の程度を表すものであるから、「～より」「～に比べて」などの形式は基準を提示するものだと考えられる。基準の提示は、スケール構造では開始限界点、つまり極点とみなされる。(12)が文法的であることは、明るさの開放スケールに極点を付けられることを意味する。ただし、明るさのスケールでいうと、(12)のスケールは、(10)のスケール（ま

第四章

たは (11) のスケール）と大きな違いはないように思われる。相違点と言えば、単に (12) のスケールに (10)(11) にない基準（昨日の明るさ）が示されていることのみである。明るさのスケールの性格は (10)(11)(12) では異なっておらず、いずれも計測できないものだと考えられる。

　まとめれば、(12) のスケールは極点が付与されているが、計測できない性格を有し、単位に区切られていないということである。極点が付与されていることによって、純粋な程度からやや逸脱して数量に近づくと考えられる。例えば、以下に示すように共起する副詞が (11) と異なる。

(13) 今日は昨日よりかなり明るい。
(14) *今日は昨日より非常に明るい。

　(13) と (14) では座りの良さが異なる。既述したように、「純粋程度・量程度・量・数」というふうに連続していると考えられているが、そのように考えると (12) は程度と量が入り混じる境界であり、いわゆる「量程度」という段階に当たるだろう。その証拠のひとつとして、(12) のスケールは量程度副詞としか共起できず (cf. (13))、純粋程度副詞と共起できないことがあげられる (cf. (14))。

　要するに、極点が付与されると、プロトタイプの程度から一歩離れて量のほうへ近づくと考えられる。量程度の位置づけについては第 5 節で改めて検討するが、この節は議論の重心を移行に置く。さらに、本来ならば明るさのスケールは異なる明るさが非離散的に連なるもので計測できない性格を有するが、人為的に単位を付けて量・数のスケールにもっと近づけることができる。

(15) この部屋はあの部屋より 300 ルクス明るい。

　明るさを計測する単位はルクスというが、(15) が示すとおり、極点（「あの部屋より」）と単位（ルクス）が両方存在すると文法的な文が作れる。極点だけではなく単位も付与するように操作すれば、本来計測できない明るさのスケールは、数値（300 ルクス）を表すようになり、数へと変わるのである。

ただし、(16)のように、極点を取り除くと座りが悪くなる。

(16) *この部屋は300ルクス明るい。

(16)から、程度から量・数への移行において、極点は必須であり単位より優位性を有することが言えよう。ただし、操作によって量・数へ移行ができても、「明るさのスケール」の計測できないという本質は変わらないと思われる。(17)に示すように量副詞とは相容れないことは本質が変わっていないことを物語っている。

(17) *この部屋はあの部屋よりたくさん明るい。

　第2節でも述べたが、程度標識と数量標識は、程度・量程度・量・数という順で関係している。この順番を踏まえてこれまでの考察を整理すると、(10)は事象の状態を表すだけの文で、(11)は「非常に」を付与することで状態の程度が表される。つまり、程度修飾を受ける状態事象文である。次に、(12)は極点が付与され、程度から量程度へと一歩移行しているが、(15)は極点のほかに単位も付与され、量程度からさらに数へと移行していることが言える。また、表現は程度・量程度・量・数という順で連続すると考えれば、このプロセスでは量程度から直接に数へと移行して量の段階を経ていないということになる。

　ここの検討でみられた、量の段階が飛び越されるという現象は状態のスケールの性格に起因するものだと思われる。現代社会では、機材を使って明るさを量ることが実現されているが、そのような機材あるいは計測法が開発されていない時代では、人間が自身の五感や身体能力だけを頼りに明るさを計測するのが大変困難だと思われる。五感や身体能力を駆使しても300ルクスという数的表現ができないということである。このように考えると「明るさ」「明るい状態」というのは、計測できないものとして捉えられていると言えよう。これは状態・属性一般の性質である。要するに、状態・属性のスケールは本質的に計測できないが、この性質によって状態事象は量副詞や数量詞と意味的に齟齬が生じてしまう。このことは(16)(17)が非文法的であること

第四章

から確認される。(16)は「明るさ」のスケールが数量詞と共起しないことを示し、(17)は程度から量・数への移行において量副詞が共起できない現象を示すことで「明るさ」のスケールが計測できないものであることを物語っている。第三章でも述べたが、「たくさん」などの量副詞は基準点も単位も問題にしていない。しかし、計測できない状態・属性のスケールを計測できるようにさせるために、基準と単位を付与して数値化させる必要がある。基準は「～より」「～に比べて」という比較マーカーで付与するが、単位の付与ができるのは数量詞のみである。よって、単位の付与ができない量副詞と共起できないのである。結果として、(17)にみられるように量の段階が飛び越されるのである。移行を完成させるために、(15)のように極点と単位の両方ともに提示しなければならず、かなり明示的な手段が必要である。

　この節は程度から量・数への移行の仕組みを中心に述べてきた。要点を次のようにまとめる。

(18) 程度修飾を受ける状態の開放スケールを移行させるために、極点も単位も明確に提示しなければならない。

(19) 状態の開放スケールに極点を付けるように操作すれば、程度の表現は量程度の表現へと移行し、さらに極点と単位両方を付けるように操作すれば、量程度の表現は数の表現へと移行する。

4. 量・数から程度への移行

　前節では程度が量（程度）・数へと移行する過程をみたが、それと同じように極点や単位を取り除くことによって量・数も程度のほうへ移行することが可能である。以下では動作事象を例に量・数から程度のほうへの移行についてみてみる。

　以下にあげる(20)は「歩く」という動作事象の文である。この文は、(21)のように極点や単位を付与し、走行距離を量ることができる。また、(22)のように極点を省略してもよい。

(20) 太郎が歩いた。
(21) 太郎が駅から 10 キロ歩いた。
(22) 太郎が 10 キロ歩いた。

(21)(22) は数量詞を用いて、値を提示する数の表現である。第3節では、程度修飾の場合に極点は単位より優位性を持つことを述べたが、動作のスケールでは極点を取り除いても文法的なのは、計測できることが本質だからである。

数の表現から量の表現へと移行する例は (23) である。

(23) 太郎がたくさん歩いた。

(23) は (21) の「駅から」という極点を取り除き、さらに「10 キロ」で示された単位を背景化したものである。結果として、「たくさん」を用いて極点から遠く離れることを表すが、(23) は数から一段と不明瞭化し、量へ移行したとみなすことができる。しかし、第三章で述べたように、極点と単位が背景化されることがあっても、量副詞は数量詞と同様に極点と単位を必要とする。また、量は計測できるものに依存する概念である。そして、単位をなくして数えることができない。このように考えれば、量は単位を問題にせず、明示していないが、単位が設けられる環境にあることが分かる。さらに、量は極点を必要とすることは (24) から観察される。

(24) 太郎が駅からたくさん歩いた。

(24) のように「駅から」を付け加えても文法的であることは、量副詞に限界点が必要な証拠になろう。次に、量から量程度へと移行する例は (25) である。

(25) 太郎がかなり歩いた。

量副詞「たくさん」の代わりに量程度副詞「かなり」を用いた (25) も文法的である。また、(23) と (25) は大きく違わないように思われる。(23) から (25) は、

第四章

量から量程度への移行だと理解される。ただし、純粋程度副詞を用いる (26) は非文である。

(26) *太郎が非常に歩いた。

(25) と (26) は量程度から純粋程度へ移行できないことを示している。(23) から (26) を合わせて考えると、動作事象では、数から量、あるいは数から量程度への移行はありえても、プロトタイプの程度のほうまでは移行しないと言わざるをえない。以上より、動作事象では、程度まで移行しないということが分かった。

程度まで移行させるには「変化」の要素を介入させる必要がある。以下に、数の表現を伴う変化事象文を提示する。

(27) 人数が増えた。
(28) 人数が昨日より 10 人増えた。
(29) 人数が 10 人増えた。

(27) は「増える」を述語に取る変化事象であるが、(28) のように極点と単位を付けて数を表すことができる。また、(29) のように、極点を省略しても数を提示することができる。この点でいうと、変化のスケールは動作のスケールと同じ振る舞いを示すと考えられる (cf.(20) 〜 (22))。

さらに、以下に示すように、変化事象では数から量、程度量、純粋程度へ移行することができる。

(30) 人数はたくさん増えた。
(31) 人数はかなり増えた。
(32) 人数は非常に増えた。
(33) ?人数は昨日より非常に増えた。

(30) のように、極点も単位も背景化され、「たくさん」を用いると量の表現となる。つまり、(28)(29) の数から (30) の量へと移行したことになる。次に、量程度副詞「かなり」に置き換える (31) も文法的であるため、これで量

88

から量程度へと移行したとみなせる。最後に、程度修飾しかできない純粋程度副詞「非常に」に置き換えた(32)も文法的であり、これは量程度から程度へと移行したことを示す。また(33)に示されているように、極点に相当する「昨日より」を挿入すると座りが悪くなる。つまり、程度標識を付与された(32)は状態・属性のスケールと同じ振る舞いをする。

　程度標識や数量標識などとの共起から分かるように、変化事象の「増える」は(28)(29)(30)で、数量標識が存在する動作のスケールと同じ特徴をみせ、(32)(33)では程度標識が存在する状態のスケールと同じ特徴をみせる。これは変化事象が動作と状態・属性双方の特徴を併せ持つことを示唆する。「変化」というのは、動きがあり、その動きによって状態が変わるということであるが、そう考えると、双方の特徴を併せ持つのは当然かもしれない。ただし、動作の特徴を前面に出すか、状態・属性の特徴を前面に出すかは数量標識を付与するか、程度標識を付与するかによって決められるようである。数量標識や程度標識の選択は話し手がどのように事象を把握するかを間接的に伝える機能があると言えよう。

　第4節では量・数から程度への移行を検討した。その結果は次のようにまとめられる。

(34) 数・量から程度へと移行するには、計測できるスケールに本来存在する極点を省き、単位を背景化させる作業が必要である。しかし、動作のスケールは計測できることを本質とするため、極点を省き、数の表現から量の表現（もしくは量程度の表現）へと移行することは可能であるが、さらに程度へと移行することまではできない。

(35) 変化のスケールは動作のスケールと状態のスケール双方の特徴を併せ持っている。そのために、数・量から程度へと移行することができる。

移行は段階性(スケール)の移り変わりだと第2節で述べたが、段階性(スケール)の移り変わりに応じて修飾語も変わるわけである。第3節と第4節では、段階性の移り変わり（＝移行）と修飾の関係を考察した。状態の段階性(スケール)に極点と単位を付けて数値化することができる。また、そうすることによって、程度から量程度を

第四章

経て数へと修飾語が変わる。一方、動作事象では、動作量や内項の数量の段階性(スケール)がある。そういった数量の段階性から極点と単位を取り除くように操作すると、数・量から量程度へと修飾語が変わることを述べた。

5. 程度修飾にみられる量程度副詞と純粋程度副詞の相違

第3節と第4節で移行を検討し、程度修飾と数量修飾は「(純粋)程度・量程度・量・数」という順番で連続性を持つことを論証した。ここでひとつの課題が浮き上がる。量程度 (cf. (25)) と量 (cf. (23)) の違いは何かということである。

(25) 太郎がかなり歩いた。
(23) 太郎がたくさん歩いた。

また、これに関連して程度 (cf.(36)) と量程度 (cf. (37)) の違いは何か、これらについての説明が求められる。

(36) 今日はとても明るい。
(37) 今日はかなり明るい。

この節では、程度・量程度・量の境界性を巡るさまざまの要素の入り混じり具合を描きながら、量程度副詞の内実を明らかにし、その位置づけを明示する。従来、量程度副詞は程度修飾も数量修飾もできるとされ、量程度副詞による程度修飾(かなり明るい)と純粋程度副詞による程度修飾(とても明るい)が特に区別されてこなかったようである。同じように、量程度副詞による数量修飾(かなり歩いた)と量副詞による数量修飾(たくさん歩いた)もまた、区別されていないようである。第5節は程度修飾を中心に、「かなり明るい」と「とても明るい」の相違点を、調査データに基づき示していくことにする。量程度副詞による数量修飾と、量副詞による数量修飾の相違については第6節で取り上げる。

(13)(14) で示したように、量程度と程度の違いは極点の有無にある。

(13) 今日は昨日よりかなり明るい。
(14) *今日は昨日よりとても明るい。

　状態のスケールに極点を付与することで程度から量程度に移行するが、その際に極点を付与する手段のひとつとして「〜より」「〜に比べて」などの形式を挿入することである。以下これらの形式を「比較マーカー」と呼ぶ。ただし、比較マーカーが明示されていなくても、文脈から比較のニュアンスがあれば、何かを基準にして比べることになるので、このような文も極点を有するとみなしてよいだろう。

　そこで、国立国語研究所による「現代日本語書き言葉均衡コーパス（以下BCCWJ）」から、量程度副詞「かなり」と純粋程度副詞「とても」が用いられた形容詞文を収集し[1]、それぞれ400例を分析したところ、「かなり」のほうが比較マーカーが現れやすく、比較の文脈にあるケースも多いことが分かった。具体的には「かなり」の場合、400例のうち75例は比較マーカーがある、あるいは文脈から比較の意味が読み取れるが、「とても」の場合、比較マーカーがある、あるいは文脈から比較の意味が読み取れるものは400例のうちわずかに6例である。まず、量程度副詞「かなり」から検討する。

　(38)(39)は「かなり」と比較マーカーが共起する例である。

(38) ナイトメアフレームはパワーアップしているよね？以前のよりもかなり強い〜〜〜〜〜〜〜！（Yahoo! 知恵袋／BCCWJ）

(39) 子ども同士でも、知識、技能、力関係にちがいがないわけではないが、その差は大人と子どもの間の圧倒的な差に比べるとかなり小さく、流動的である。（『発達と教育の心理学的基盤』／BCCWJ）

(38)は「より」、(39)は「に比べる」を用いて、比較の基準を示している

---

[1] 蔡(2015)の調査結果から純粋程度副詞は比較マーカーと共起しない傾向が強くて、共起するもののうち、最も多いのは「大変」で、続いて二位は「とても」であることが分かった。ただ、このうち「大変」は比較マーカーと共起する場合、副詞的に用いられる用例がほぼなく、「今日は明日より大変だ」というように文末にきて述語として使われるものであった。したがって、本章では二位の「とても」を対象にした。

第四章

が、比較マーカーが明確に現れていなくても、文脈からは比較の意味が読み取れるケースも多い。以下の (40) は低コスト農家と高コスト農家を対比させる文脈であるし、(41) は州全体の成績からみると低いということなので、不特定多数の他者の存在が認められる。また、(42) は「この種の人」が話題になっているが、それは暗黙的に「この種ではない人」が存在することである。(43) は研究論文と日常エッセイの対比が読み取れる。

(40) 肥育牛経営では、肉専用種、乳用種ともに、低コスト農家、高コスト農家それぞれの間でもと畜費、主産物である肥育牛販売価格等については大きな差はないが、低コスト農家は、飼養頭数が<u>かなり</u>多く、労働時間、生産資材等についてもスケールメリットを生かして低コスト化を図っていることがうかがえる。(『農業白書』／BCCWJ[2])

(41) 千九百八十年代の終わり、ここの生徒の標準テストの成績は州の中でも<u>かなり</u>低く、学区の子どもたちの登校拒否や中途退学の率も非常に高かったため、州政府はなんとかしなくてはと考えた。(『ビル・ゲイツ未来を語る』／BCCWJ)

(42) この種の人からすると、家庭の中も陰謀と裏切りの満ちた世界ということになる。この種の人が言うことが常に間違っているとは言えないが、その確率は<u>かなり</u>低い。この種の人は他人の話を聞こうとしない。(『頭がいい人、悪い人の話し方』／BCCWJ)

(43) 『国富論』の「見えざる手」 この「見えざる手」が、「神の見えざる手」と引用されることがしばしばある。研究文献の場合にはそう多くないが、日常のエッセイの類の文中に『国富論』を引いた形の場合には<u>かなり</u>多い。(『マルクス経済学の活き方』／BCCWJ)

これらの例では、他者と比べることによって形容詞述語の程度を描き出す特徴がある。以下は (43) を例にスケールで分析してみる。

2 　誤植があるように思われるが、原文のままに引用する。

単文における程度修飾・数量修飾の体系と移行

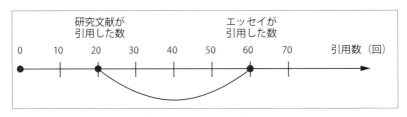

図2 引用回数のスケール

　(43) の文脈から、研究文献の引用数に比べてエッセイの引用数が多いということが分かる。ほかの言い方にすれば、つまり研究文献での引用数を基準にしてエッセイでの引用数の多少を判断しているのである。スケールでは基準は極点になるので、図2は仮に研究文献には20回引用され、エッセイには60回引用されたとする。そして、研究文献の引用数を極点に見立てて、それに比べてエッセイの引用数が多い方に位置することを示している。(43) でいうと、「かなり多い」というのは二つの引用数の隔たりが広いということなので、つまり、量程度副詞「かなり」は極点との距離（幅）を指し示すのである。スケール上の幅を示すというような描写の仕方は第三章でみた量の表現と共通している。

　一方、純粋程度副詞「とても」のほうは何かと対比させているわけではなく単純に対象となる事柄の程度を評価している。

(44) なぜ、のり巻きを作ろうと思ったかというと・・・・・中の具に最適な、「牛肉しぐれ煮」をいただいたから。最初は、おにぎりの中にいれようかな〜〜って思ったんだけど、やっぱり、牛肉がみえるほうがいいかな？って思って。このしぐれ煮の味、<u>とっても</u>美味しい〜〜絶品！！（Yahoo! 知恵袋／BCCWJ）

(45) 旧白州邸は白洲次郎・正子夫妻が昭和十八年に移ってきた住まいで、武蔵と相模の間に位置したことと、無愛想をかけて「武相荘」と名づけられました。わらぶき屋根の母屋は建物としても<u>とても</u>美しく、お部屋の作りもほとんど変わらず残っているので、当時の彼等の生活を

第四章

思い浮かべることができます。(『ていねいな暮らし』／BCCWJ)

(44)(45)に共通する特徴は、ひとつの話題が取り上げられてそれをめぐる話が続いている中、対象となる事柄を描写しているという点である。同じ特徴は(46)にもみられる。

(46) 奈良の都のさかえていた八世紀のころ、東北地方には、日本人とちがう民族がいました。エゾ（蝦夷）とかエミシとかよばれ、農業をしらないで、おもに山でけだものをおいかけたり、魚をとったりして生活していた民族です。このエゾは、ちょうどアメリカの西部劇にでてくるインディアンのように、とてもつよい、いくさのじょうずな民族で、大むかしには東日本に大きな勢力をふるっていたのですが、日本民族のために、しだいに東北のほうにおわれていったのです。(『私たちの日本史』／BCCWJ)

文脈から話題の蝦夷とは別に、日本人が存在するという情報が提供されているものの、日本人と蝦夷を対比させるわけでもなく、単に蝦夷の人たちの佇まいを描き出している。ここでは日本人の存在が前提ではあるが、それを問題にしていない。日本人に比べて蝦夷のほうが強いというわけではなく、蝦夷にフォーカスして民族性が強いと書き手がそう評価している。日本人の民族性が強いかどうかはこの文章では関心事ではない。これをスケールで分析したものが図3である。

図3 （民族性の）強さのスケール

純粋程度副詞「とても」はあくまでもスケールにおいて、対象の事柄「蝦

夷の民族性」がどこに位置するのかをマークするだけである。改めて整理すると純粋程度副詞「とても」は計測できないスケールにおいての位置を指し示すことで対象の程度を表すのである。これまでみてきた(38)〜(46)では、比較のニュアンスがあるか否かによって純粋程度副詞と量程度副詞のどちらを使用するかが変わることが窺える結果を得た。

　先行研究では程度修飾を行う副詞として一括されることが多い「純粋程度副詞」と「量程度副詞」であるが、どちらも程度を表すとはいうものの、以上の調査結果から修飾の仕方が異なることが言える。「かなり明るい」は比較のニュアンスが読み取りやすく、「とても明るい」は比較のニュアンスがほとんどない。この相違は、量と程度の違いに還元できるものである。第3節と第4節で述べたように、量は極点までの幅であるが、程度はスケールにおける位置である。したがって、量程度副詞「かなり」はより量の表現に近くて、純粋程度副詞「とても」は程度の表現であると言える。ただし、すべての量程度副詞が極点となる比較マーカーと共起しているわけではないので、上記の指摘はあくまでも傾向として理解される。量程度副詞は極点を要する傾向にあることで純粋程度副詞と区別されると言えよう。

6. 数量修飾にみられる数量詞・量副詞・量程度副詞の相違

　第三章では、変化事象の数量修飾を検討する際に、数量詞・量副詞・量程度副詞の相違点について次のように述べた。

(47) 変化事象における数量修飾は、数量詞・量副詞・量程度副詞によって行われ、それぞれに使用環境が異なることが分かった。

(48) 数量詞は状態のスケールを数値化することができる。数量詞はスケール上の幅を明確に示すが、それによって、開始時点および終了時点のスケールにおける位置が把握でき、両時点に極点の性質を持たせる。

(49) 量副詞はスケールを数値化することができない。開始限界点と終了限界点と単位が揃う環境でしか用いられない。

第四章

(50) 量程度副詞は開始限界点と終了限界点が規定されている環境であれば用いられる。二つの極点によって状態変化の隔たりを把握できるためである。単位がなくてもよいようである。

(47)～(50)で述べたことと、本章の第5節でみた純粋程度副詞と量程度副詞の相違点と併せてこれまで述べたことを表2のように整理することができる。必要の項目を「○」で、必要がない項目を「×」と示す。「△」はあってもなくても当該の副詞が使えるという意味である。

表2 単文における程度標識・数量標識とスケール構造の関係

機　能	純粋程度副詞 程度修飾	量程度副詞 程度修飾	量程度副詞 数量修飾	量副詞 数量修飾	数量詞 数量修飾
極　点 (開始限界点)	×	△	○	○	○
極　点 (終了限界点)	×	△	○	○	○
単　位	×	×	△	○	○

　表2から分かるように、それぞれの副詞が要求する項目はスケールの性格を忠実に反映している。状態事象の開放スケールに、極点や単位がないが、これを修飾できる純粋程度副詞は極点も単位も必要としない。また、量程度副詞は極点と単位があってもなくてもいいため、開放スケールを修飾することができる。一方、動作事象の閉鎖スケールは、開始限界点を有し、単位に区切られているものである。このような閉鎖スケールを修飾できる量副詞と数量詞はいずれも極点と単位を必要とする。

　数（値）を明示できるのは数量詞のみであるため、数を表す数量詞と量を表す量副詞・量程度副詞が区別される。量程度副詞も量副詞も量を表すが、表2に示しているように両者の相違点は単位を要求するか否かにある。ただし、いずれも単位と高い親和性を持つため、大きな相違ではない。これに関連してか、量程度副詞による数量修飾（かなり歩いた）と、量副詞による数量修飾（たくさん歩いた）とでは、ニュアンスに大きく違わないと思われる。

7. まとめ

　本章はこれまでの検討を踏まえて、(2)(3)について論じた。(2)については、第5節と第6節で議論した。程度標識同士と数量標識同士の共通点と相違点は前掲の表2にまとめられるとおりである。また、(3)については、第3節と第4節で議論した。移行の現象は極点と単位の操作によって引き起こすことが可能である点を指摘した。極点と単位を有しない状態事象の開放スケールに、それらを付けることで程度から数へと移行させることができるし、極点と単位を有する動作事象の閉鎖スケールから、それらを取り除くことで数量から量程度へと移行させることができる。ただし、状態事象は計測できないという性質を、動作事象は計測できるという性質を有するため、相互の完全な移行は難しいことが分かった。一方、変化事象は状態変化と動き・動作の両面性を有するために、完全な移行がみられることも指摘した。

【第二部】
複文における程度修飾と数量修飾の体系

第五章
複文における程度修飾・数量修飾について

1. はじめに

　第二部では「ほど」、「くらい」、「分」、「だけ」、「ばかり」を取り上げ、複文における程度修飾・数量修飾について検討する。以下に一例ずつあげる。

(1) 顔が映る<u>ほど</u>窓を磨き上げた。
(2) 時が経つのを忘れる<u>くらい</u>楽しかった。
(3) コストがかかる<u>分</u>、売値も高い。
(4) 欲しい<u>だけ</u>もらっていい。
(5) 真夏の日差しは眩い<u>ばかり</u>輝いている。

　(1)〜(5)は、下線部の形式が前件を受けてひとつの副詞節を構成し、副詞節全体で後件を修飾する用法であるが、これらの形式は「酔っ払って自分がどこにいるのも分からない<u>ほどだ</u>」というように述語を形成する用法もある。詳しくは後に説明するが、文中に出現する位置が異なれば、意味も変わることが知られている。したがって、本書では後件の程度また数量を修飾する用法を扱い、つまり(1)〜(5)のような従属節の末尾にくる用法を扱う。もう少し明確に言うと、第二部は(6)の構文を取るものを対象とする。

第五章

(6)　［前件＋X、後件］

前件とXは連体修飾の関係にあるが、便宜上［前件＋X］を「X節」と呼ぶ。「X節」で後件の程度または数量を修飾する。また、(1)～(5)の下線部は先行研究ごとに表記が異なり、「ほど」を例に言えば、「ほど」や「ホド」の表記がみられるが、本書では、平仮名表記に統一する。ただし、「X節」のような場合は、分かりやすいようにカタカナ表記で「ホド節」とする。

複文を検討する第二部も序章で提示した(7)(8)(9)の視点から程度修飾と数量修飾を考察する。

(7)　程度標識・数量標識がどのような述語と共起するか。
(8)　いくつかある程度標識・数量標識同士にどのような共通点・相違点があるか。
(9)　程度修飾と数量修飾の重なりがどのような仕組みによって実現されるのか。

本章は複文を考察する第二部の導入であるが、第2節では、先行研究を(7)(8)(9)と関連づけながら整理し、第3節では、スケール構造を複文に応用する際の課題について述べる。

2. 複文を対象とした先行研究の概観

複文においては、程度修飾・数量修飾は「ほど」「くらい」「だけ」などの形式を用いて行うが、これらの形式を扱う研究は概ね二種類に分けられる。ひとつは、個々の形式の意味用法を記述するものである。もうひとつは、これらの形式の統語的性質に基づいて品詞論的な位置づけを論じるものである。この節は主に前者を中心に先行研究を整理していくが、2.4節で先行研究を踏まえながら、本書で取り扱う形式の品詞論的位置づけについて検討する。意味用法を記述する研究には興味関心の偏りがみられ、「ほど」「くらい」「だけ」「ばかり」などを取り上げる研究は多くあるが、「分」「かぎり」「以上」

「わりに」「あまり」などを取り上げる研究は非常に少ない。本書では、程度標識と数量標識の対立を意識して、「ほど」「くらい」「分」「だけ」「ばかり」を取り上げる。また、以下に関連する研究をまとめるが、調べたかぎり、「分」を主に取り上げ、詳しく分析する先行研究はないようである[1]。

2.1.「ほど」の先行研究

「ほど」を取り上げる研究は数多く存在している。例えば、奥津 (1986) では、「ほど」の用法を次のように整理する。

(10) 非常の程度：弾丸が6発あたっても死なないほど頑健だった。(奥津 1986:56(12))
(11) 通常の程度：病気になるほど勉強した。(奥津 1986:57(15-2))
(12) 同程度：私は一休ほど人が悪くない。(奥津 1986:57(18-1))
(13) 比例：争えば争うほど二人の孤独は深まった。(奥津 1986:60(27-2))

(10)～(13) から、「ほど」が程度修飾を行うことが分かる。また、奥津 (1986) の「ほど」に関する記述は奥津 (1975b) と奥津 (1980) をベースにしているが、後の研究では、奥津 (1986) の「ほど」の用法整理を踏まえるものも多い。しかし、同論文でいう「非常の程度」、「通常の程度」と「同程度」はどのような基準でもって区別するかについては不明であるし、「ほど」は程度修飾だけではなく、数量修飾も行うという点についての言及はない。

「ほど」の程度修飾用法と数量修飾用法を区別しながらまとめて提示した研究として井本 (1999) があげられる。井本 (1999) はホド節の解釈を六つに整理した。以下に井本 (1999:45-46) から解釈ごとの例文を引用する。

(14) 目的語が大量：「お腹を壊すほどアイスクリームを食べた。」

---

[1] 本章を執筆した 2016 年の時点では、副詞節を形成する「分」について簡単な記述は散見されるものの、主として取り上げる文献はないようである。ただし、江口 (2018) は副詞節を形成する「分」を取り上げており、こちらを合わせて参照されたい。また、名詞節を形成する「分」については、江口 (2008) を参照されたい。

第五章

(15) 主語が大量：「庭を埋め尽くすほど花が咲いた。」
(16) 事象回数が大量：「背中が赤くなるほど次郎を叩いた。」
(17) 行為の量が大量：「足がつるほど泳いだ。」
(18) 非常の程度：「見違えるほど、痩せた。」
(19) １回の強いウゴキ：「軒先に届くほどジャンプした。」

井本(1999)では(14)～(17)は数量修飾で、(18)は程度修飾で、(19)は様態修飾としている。井本(1999)にしたがえば、興味深いことに「ほど」は程度用法よりも数量用法のほうが多いことになる。なお、井本(1999)は「ほど」節が程度副詞句なのか量副詞句なのか、あるいは様態副詞句なのかという分類法的考察は、結局のところ、「主文の述部に現れた要素がどのような性質を含意しているか」という問題に帰着する。(p.43)」と指摘する。この指摘の裏づけになるのは井本(1999)が行ったホド節の解釈がどのような動詞と対応するかという調査である。

以下に井本(1999:64)の調査結果を示す表を表１として引用し、そこに動詞の実例を付け加える。動詞の実例は井本(1999:54)から引用したものである。

表1　動詞クラスとホド節の解釈[2]

		数量性（モノ）		数量性（事象）		程度性	情態性
		目的語が大量	主語が大量	事象回数が大量	行為の量が大量	非常の程度	一回の強いウゴキ
所有変化動詞	買う、売る、与える、もらう、借りる、貸す、集める、配るなど	○					
創作変形動詞	作る、建てる、働く、歌う、書く、洗う、料理する、縮む、建設するなど	○					
摂取動詞	食べる、飲む、噛む、呑み込む、摂取するなど	○					
消滅動詞	死ぬ、消える、減る、なくなるなど		○				
生来的方向性動詞	行く、来る、入る、出る、落ちる、乗る、去る、戻る、上がるなど		○	▲			
存在出現動詞	いる、ある、存在する、伸びる、生きる、留まる、待つ、残る、生き残るなど		○		△▲		
接触動詞	触る、かする、キスする、なめる、なでるなど			○			
外的作用状態変化動詞	壊す、裂く、割る、曲げる、折りたたむ、焼く、燃やす、ゆでる、伸ばす、変える、閉める、開ける、満たす、増やす、減らす、固める、溶かす、沈めるなど			○			
身体関与動詞	げっぷする、しゃっくりする、くしゃみする、あくびする、いびきをかく、血が出る、笑う、泣くなど			○			△
運動様態動詞	はずむ、浮かぶ、滑る、転がる、回る、スピンするんど			○			△
接触衝撃動詞	ぶつ、叩く、蹴る、打つ、当たる、噛む、殴る、掻く、撃つなど			○			△
主体的運動様態動詞	走る、歩く、滑る、泳ぐ、勉強する、働く、ジャンプする、登る、這うなど			▲	○		△
内的作用状態変化動詞	燃える、咲く、腐る、痩せる、太る、疲れる、固まる、溶ける、沈む、伸びる、膨らむ、発酵する、生え変わるなど		△			○	
心理動詞	喜ぶ、怒る、退屈する、楽しむ、怖がる、心配する、好く、愛する、軽減する、羨む、怖れる、悔やむ、驚くなど			△		○	

表1の表記には、「○はその解釈を許すもの、△は動詞の個別的な語彙的意味によって許されるもの、▲は名詞句の性質から許されるものをそれぞれ示す(井本 1999:64)」としている。

○で示された欄に注目してみると、解釈に対応して動詞がキレイに分けら

---

[2]　井本(1999)では、「非常の程度」の欄は「情態性」、「1回の強いウゴキ」の欄は「程度性」と表示されているが、論文の内容からして誤植だと思われるため、表1のように修正した。また、井本(1999)は「Liven and Rappaport Hovav. (1995) Unaccusativity At the Syntax-Lexical Semantics Interface. MIT Press.」による動詞の意味クラスを採用しているが、採用する理由は動詞を網羅しているからである。

第五章

れていることが分かる。例えば、目的語が大量であるという解釈が許されるのは、所有変化動詞、創作変形動詞、摂取動詞の三つである。所有変化動詞を例に言えば、「一度に運べないほど本を買った（井本1999:59:(56))」というときに、ホド節は目的語の本が大量であるという解釈を許容するということである。目的語が大量という解釈を許容する所有変化動詞、創作変形動詞、摂取動詞は第一部で動作動詞として扱ったものである。行為量が大量という解釈が許される存在出現動詞は第一部で移動動詞として扱ったものである。つまり、本書の分類で整理しなおせば、数量修飾に関しては、本書でいう動作動詞と共起する場合、ホド節は内項の数量または事象回数を表す傾向にあり、移動動詞と共起する場合、ホド節は動作量を表す傾向にある。また、内的作用状態変化動詞、つまり本書でいう変化動詞と共起する場合、ホド節は事象の程度を表す傾向にあることが明らかになっている。このように、井本(1999)の調査はホド節の解釈が文末の述語の語彙的意味と直結することを示した結果と言えて、前掲の(7)に示した問題に答えるものだと考えることができる。

また、井本(1999)に指摘されたように、ホド節ひとつで程度修飾も数量修飾も行う。この点から考えれば、ホド節において程度修飾と数量修飾が重なり合うということが言える。この重なりは述語の意味によるものということが井本(1999)によって明らかになった。また、この帰結は間接的に(9)を解明する際のヒントを与えてくれる。(9)に関しては、井本(2000b)および井本(2004)の指摘も重要である。井本(2000b)は「数量詞遊離」の現象がホド節にもみられることや、「たくさん」と同様な共起の仕方をみせるということから、ホド節が数量詞の性質を有することを論証した上で、ホド節の数量用法としてあげられる「事象の回数用法」・「事物の数量用法」・「動作数量用法」の解釈原理を明らかにする。結論の部分を以下に引用する(井本2000b:22(40))。

(20) 数量概念に関わる解釈原理は一般数量詞の性質・機能から説明できる。
　　a.事象回数用法：事象回数を指示し、事象の回数が非常に多いことを

表す。多回的に解釈された限界的事象の個別的計量。また、名詞句の数性によって、事物数量解釈が阻止されたときの二次的解釈。
b. 事物数量用法：文中の名詞句の数量概念を指示し、その数量が非常に多いことを表す。主文が非対格自動詞述語文のときには主語位置名詞句の数量を指示し（主語指向タイプ）、他動詞述語文のときには目的語位置名詞句の数量を指示する（目的語指向タイプ）。ただし、このときの指示名詞句は複数解釈を許すものに限る。
c. 動作量用法：述語動詞句の表す単位動作の数量概念（時間・距離）を指示し、それが非常に長いことを表す。主文が非能格自動詞述語文で、非限界的事象を表すときに導出される。

　この結論から分かるように、動詞の語彙的意味、項構造のほか、名詞句の数性もホド節の解釈に影響を与える要因である。井本 (1999)(2000b) の調査から分かるように、ホド節の意味解釈は、それ自体だけでは意味の解釈ができず、述語の意味に強く影響される。「死ぬほど寒い」が程度修飾とすれば、「死ぬほど歩いた」は数量修飾である。つまり、同じホド節でも程度修飾をする場合と数量修飾をする場合がある。よって、(9) で問題にしているホド節における移行を掘り下げる際に、ホド節以外に、文末述語の語彙的意味、項構造のほか、名詞句の数性なども合わせて考察する必要があり、総合的な分析が求められることが分かる。さらに、以下述べるように前後件の関係も重要な考察ポイントになる。
　例えば、井本 (2004) では、「死ぬほど疲れた」というような誇張表現のホド構文を対象に、その「用法の背景にある構文的性質を明らかにすることを目標 (p.1)」とし、次の (21) を提示した。

(21) a.　冬美$_i$が声$_i$が嗄れるほど叫んだ
　　 b.?? 冬美$_i$が足首$_i$を骨折するほど叫んだ

（井本 2004:3(5)　文法性判断も井本氏による）

井本 (2004) では、後件のことを E1、前件のことを E2 と呼び、「主節が表

す事態 E1 とホド節が表す事態 E2 との間に [E1 のあり方が非常であることが結果的に E2 を引き起こす] という連鎖関係が認められる (p.5)」と主張する。前述した連鎖関係が認められる (21)a が文法的であるが、認められない (21)b の座りがかなり悪い。この考察から、複文における程度修飾・数量修飾の内実を明らかにしようとする場合、後件のあり方だけではなく、前後件の関係性も考慮しなければならないことが分かる。

　2.1 節では、「ほど」を取り上げる先行研究を概観した。(7) に示した視点から考察を行った井本氏の一連の研究によって、どのような文末述語の意味と共起すれば程度修飾または数量修飾になるかが明らかになってきている。また、井本 (1999) の調査結果は第一章で整理した単文における程度修飾の先行研究と概ね一致したことを注意されたい。このことを受けて、第二部においても状態事象・変化事象を対象に程度修飾を考察し、動作事象・変化事象を対象に数量修飾を考察することとする。また、(9) に関しては、前後件の関係や、文末述語の性格を含めた検討を要するという示唆を先行研究から得られた。

2.2.　「くらい」の先行研究

「くらい」を単独で取り上げる研究は少なく、多くは「ほど」などの形式とともに検討するものである。例えば、丸山 (2001) では、「くらい」「だけ」「ばかり」「まで」を扱い、これらの形式の程度用法と、とりたて用法を検討している。結論としては、「程度用法」と「とりたて用法」の相違が構文の相違に還元できることを立証した。「くらい」に関して言えば、次のような相違がみられる。

(22) 大阪は中小企業のメッカといわれる<u>くらい</u>中小企業の比率は高い。
　　（丸山 2001:145(1)）
(23) 堅調な伸びを示しているのは石油開発業界<u>ぐらい</u>だ。（丸山 2001:146(7)）

(22) は程度用法の例であるが、クライ節は構文上、副詞的修飾成分になっ

ている。これに対して、(23)はとりたて用法の例であるが、クライ節は構文上、述語成分になっている。程度用法に関しては、「「くらい」が〈程度用法〉になるのは、副詞的修飾成分の場合が中心であり、しかも副詞的修飾成分の場合は、〈高程度〉を表すことが多い。」と丸山 (2001:148) は指摘する。また、BCCWJ を利用して「くらい」の構文と用法の関係を調査した川崎 (2012) は丸山 (2001) と同様な結論を示している。「成分ごとに見直し検証したことによって、連体修飾成分、述語成分の「X くらいの Y」、「《Y》＋ X くらいだ」は様々な程度を表すことができるのに対し、「X くらい Y」は高程度に偏る (川崎 2012:115)」ということを述べている。したがって、「くらい」が程度を表す場合、原則的に前掲の (6) の構文を取ることが明らかになった。

　ただし、程度用法ととりたて用法は構文も意味も異なるが、「〈とりたて用法〉は〈程度用法〉の〈低程度〉と連続的」であると丸山 (2001:148) が指摘している。同様の指摘は安倍 (1999) にもみられる。安倍 (1999) は「「最低限」を表す「とりたて」のクライ（グライ）について、「最低限」の意味をより分析的に捉え、記述し直すことを目的とする (p.1)」ものである。安倍 (1999) が検討しているとりたての「くらい」は、「名詞＋クライ」または「名詞＋助詞＋クライ」という構文を取るものである。しかし、「くらい」の前には名詞がくるとは言え、この名詞は命題を表わしているという。

(24) X　君はビールも何も、酒は一切飲まないだろう。
　　 Y a. いや、ビールクライ飲むよ。
　　　 b. いや、ビールを飲むクライするよ。

（安倍 1999:5(32)　下線は引用者による）

　(24)a と (24)b はほぼ同義であることから分かるように、(24)a のように「名詞＋クライ」の形で示されている部分は、「命題＋クライ」と相当する。また、「命題＋クライ」という構文は、(6) に示した〔前件＋ X、後件〕と同様に考えてよいため、とりたて詞として最低限を示す「くらい」は本書で検討する「くらい」と関連性を持つと考えられる。

　以上に示したように「くらい」においては、「低程度」を示す場合、程度

第五章

用法ととりたて用法の連続性がみられることが分かったが、丸山 (2001) によれば、「くらい」の程度用法には、低程度の他に、「高程度」「同程度」「概量」を示す用法がある。「概量」は数量修飾の用法に当たると思われる。「くらい」が「高程度」「同程度」「低程度」を示すということに関して、森田 (1968) にも同じ趣旨の記述がみられる。森田 (1968) は「ぐらい」、「ほど」、「ばかり」の用法を、大正・昭和における短編小説のほか、新聞・雑誌なども用いて網羅的に調査したものである[3]。

森田 (1968) はこの調査により、「ぐらい」、「ほど」、「ばかり」の用法と、用法ごとの意味、そしてそれぞれの形式の意味を分類する基準を明らかにすることを目的としている。用言および文に接続する場合（つまり (6) の構文を取る場合）の異同を調査した森田 (1968) の結果を次のようにまとめて示す。

表2　森田 (1968) の「ぐらい」「ほど」「ばかり」の用法分類[4]

用法	例	ぐらい	ほど	ばかり
④最低の程度	それ〜のことはできる	○		
⑥程度（基準）	私〜の大きさ	○	○	
⑩限定	これ〜は確かだ			○
⑪限定（しきりに）	泣いて〜いる／酒〜飲む			○
⑭例示による状態の程度	心配した〜のことはない		○	
⑮例示による状態の程度	憎らしい〜きれいだ	○	○	○
⑯例示（強調）	そんなことを言う〜だから……	○	○	
⑰一方をきらう	降参する〜なら……	○	○	
⑱比例	読めば読む〜おもしろくなる		○	
⑲原因	腹を立てた〜に損をした			○
⑳完了に近い状態	運び出す〜になっている			○
㉑今にも……しそう	泣かん〜にたのむ			○
㉒するのと同じ	いやだと言わん〜の顔			○
㉓直後	いま出発した〜のところだ			○

3　「ぐらい」と「くらい」は互換性が高いため、本書では、両者の区別を考慮しない。
4　森田 (1968) の p.68 では、「ぐらい」、「ほど」、「ばかり」の用例がある用法を表に示しており、添付された別表に用法の例を示している。ここでは、両者をまとめて表2に示した。

110

表2から分かるように、「ぐらい」は「ほど」と共通する用法が多く、「ぐらい」・「ほど」と「ばかり」の使い分けが観察される。また、(6)に示した〔前件＋X、後件〕という構文を取るものは、⑮の「例示による状態の程度」と⑱の「比例」のみである。このうち、「ぐらい」、「ほど」、「ばかり」が共通して持つ用法は⑮の「例示による状態の程度」である。これについて、森田(1968)はこう述べている。「ある動作や状態がどのようであるか、その程度を例示（動詞に付く場合）や形容（形容詞に付く場合）によって表現するもので、表現意識の差はあっても「ぐらい、ほど、ばかり」のいずれも使える(p.69)」。この記述は、程度を示す場合、「ほど」「くらい」また「ばかり」は意味的に大きな差がないというふうに理解できる。

　表現意識の差に関しては、森田(1968)によれば「「ぐらい」は評価や比較の基準を問題とし、一定レベルの基準点を示す意識を持つ。それは「ぐらい」の語源が「位」であるところから来ているのであろう(p.74)」といい、一方「「ほど」は一定の幅をもった分量や範囲の大きさ・広さ等を問題とし、その幅の限界をばくぜんと示す意識である(p.74)」。また、「「ばかり」が程度表現に用いられるときは、数量や範囲等の幅を話し手がおしはかり、また予測する気持ちを表わしている。推量・予測ゆえ、その幅の認定はかなりあいまいなばくぜんたるものとなる(p.74-75)」と述べられている。

　これらの先行研究を概観した限り、程度修飾を行う「くらい」は(6)の構文を取ることと、「ほど」と意味的に大きな違いがないこと、そして低限度を表す「とりたて用法」と連続的であることが分かった。ただし、「くらい」の数量修飾の機能についての言及があまりないことを言わざるを得ない。丸山(2001)には「概量」を示すという記述があるが、詳しく検討されていなかった。また、程度修飾をする場合に、ほかの形式との類似点・相違点の検討は丸山(2001)や森田(1968)にみられるが、程度修飾と数量修飾の対立を意識したものではないであろう。この意味で、これらは本研究で掲げた(8)について検討した研究ではあるが、目標や立場は本書と異なる。

第五章

2.3.「だけ」「ばかり」の先行研究

「だけ」「ばかり」の研究は長い歴史があるが、先行研究の多くはとりたて詞として働くものを対象とする。(6) の構文を取り、後件の程度を示す「だけ」「ばかり」を対象とする研究は少ない。また、比例を表す「だけ」や、原因理由を表す「だけに」「ばかりに」などを言及する研究もあるが、比例に関しては第十一章で、原因理由用法に関しては第十二章で論じるとして、この節では主に程度修飾・数量修飾に関する研究を概観する。なお、「だけ」と「ばかり」は同時に取り上げられることが多いため、この節でまとめて紹介する。

奥津 (1975b) では、「ほど」「ばかり」「だけ」「かぎり」を検討し、それぞれの特徴に触れている。「ばかり」については、次の例をあげ、「ほど」との近似性を説明している。

(25) 胸が　ハリサケル　バカリ　(ニ)　悲シイ　(奥津 1975b:94(22-1))

(25) のような「ばかり」について、「「ホド」と置きかえても意味は変らないし、(中略)「ニ」を任意にとる点でも「ホド」と同じであり、また補文にも未完了時制をとる以外に特に制限はない (p.94)」と述べている。「ばかり」と「ほど」の類似性については、森田 (1968) にも記述がみられ、「ばかり」、「ほど」、「くらい」の三形式が共通して「例示による状態を示す」用法を持つとしている。ただし、森田 (1968) によれば、「ほど」と「ばかり」では表現意識の相違があるという。「ばかり」は「ほど」や「くらい」に認められない「限定」の用法があることである。

一方、「だけ」については、奥津 (1975b) では次のような例をあげ、意味上の特徴を説明している。

(26) 仕事ニ　見合ウ　ダケ　人員が欲シイ　(奥津 1975b:95(25-1))

(26) にある「だけ」は「程度を示すものとみてよいが、「ホド」と置きかえてみると、やや意味のちがいがあることが分かる。つまりただの程度を示すだけでなく、或る限度があって、その限度までという上限を示す特殊な程

度を表わしているようである (p.95)」と述べられている。奥津 (1975b:95) と前述の森田 (1968) の記述を合わせてみると、程度修飾においては、「ばかり」は「ほど」に近いが、「だけ」はそれらと性格が異なることが分かる。

「だけ」の程度修飾について、丸山 (2001) では「ばかり」と合わせて検討し、「だけ」が連体修飾成分・副詞的修飾成分の一部として用いられる場合、程度用法になりやすいと指摘する。連体修飾成分の例は (27) で、副詞的修飾成分の例は (28) である。

(27) ただ相場を押し上げる<u>だけの</u>材料には乏しく、上げも一時的なものになろう。(丸山 2001:150(21))

(28) これ<u>だけ</u>待たされたので、地元に歓迎ムードはないよ。(丸山 2001:150(24))

(27)(28) は (6) の構文を取っていないので、本書で扱うものとは異なるが、近い表現だと思われる。そして、丸山 (2001) は「〈程度〉と〈限定〉は連続的で (p.150)」あるといい、「結局、「だけ」においては、どの構文的位置にも〈限定〉(〈とりたて用法〉) の意味がある。〈程度〉の意味になりやすいのは、副詞的修飾成分の場合と連体修飾成分の場合である。格助詞のうしろに現れる場合は、〈程度〉の意味がない。また、「〜だけに」の形になると、派生的用法として〈理由〉を表す場合がある (p.151)」とまとめている。

一方、「ばかり」については、「副詞的修飾成分においては、〈程度用法〉が主流となる (丸山 2001:153)」といい、次のような例をあげている。

(29) まばゆい<u>ばかりに</u>きらきらと川水に照返して居た。(丸山 2001:153(42))

そして、「「ばかり」は、「だけ」同様、すべての構文的位置に〈限定〉(〈とりたて〉) の用法がある。但し、副詞的修飾成分の場合は、〈程度〉の用法が主となる (p.153)」と結論づける。

丸山 (2001) の考察から、「だけ」「ばかり」は「限定」の意味を表す「とりたて用法」のほうが主流であるが、本書で検討する (6) の構文を取る「だけ」「ばかり」は、丸山 (2001) のいう副詞的修飾成分に位置するものに相当し、この場合は「程度」を示すことが確認できた。

第五章

 2.3節では、「だけ」と「ばかり」の程度用法を取り上げる先行研究を概観した。「だけ」「ばかり」はとりわけ「限定」の側面が強いことと、程度を修飾する場合基本的に(6)の構文を取ること、そして「ばかり」は「ほど」に近いが、「だけ」はそうではないということとが先行研究によって明らかになった。ただし、研究の蓄積がまだ少ないことに関連して、(7)(8)(9)について詳しい知見が得られたとは言いがたい状況である。

2.4. 品詞論的位置づけ

 本書で取り上げる形式は、さまざまな名称で呼ばれている。例えば、「副助詞」「複合辞」「形式副詞」「形式名詞」「従属接続詞」などである。用語によって定義や扱いが異なるが、本書と比較的に関係が深いのは「形式副詞」と「従属接続詞」である。また、これらの用語に関する先行研究の整理は松木(2006)と前田(2009)が詳しい。
 「形式副詞」という用語は山田(1908)に始まるとされるが、奥津(1986)は統語的特徴を根拠に形式副詞というカテゴリを再構築した。奥津氏のいう形式副詞は統語的に二つの特徴を有する。ひとつは、自立した副詞と同等の機能を持つことである。もうひとつは補足成分を取るがひとつしか取らないことである。また、形式副詞と自立副詞との対比を表3のように提示している(cf. 奥津1986:35)。

表3　奥津(1986:35)における形式副詞と自立副詞のリスト

副詞	自立副詞	形式副詞
様態	ゆっくり、さっと、etc	そうに、みたいに、とうりに[5]、なり、まま、ように、etc
程度	たいへん、とても、etc	ほど、ぐらいに、だけ、ばかり、etc
頻度	いつも、ときどき、etc	たび、ごとに、つど、etc
理由		ため、ゆえ、から、ので、せいで、もので、ばかりに、だけに、あまりに、etc
目的		ため、etc
条件		と、ば、たら、なら、etc
逆接		のに、ものの、けれど、が、くせに、ところで、ところが、etc
順接		うえ、あげく、きり、かたわら、etc

　表3からも分かるように、実に多様なものが形式副詞としてまとめられている。「ほど」「だけ」など名詞由来のものもあれば、「ば」「たら」など動詞の活用形もある。動詞の活用形は(6)の構文をとっていないし、前件と「ば」「たら」などの形式とは連体修飾の関係を有していない。この点から言えば、統語的性質が異なるものも混在していると言わざるをえない。ちなみに、奥津(1986)は副詞節をつくる「ほど」を形式副詞、名詞節を作る「ほど」を形式名詞とし、両者を区別している[6]。

　一方、村木(2012)では、従属節の分類としていわゆる連体修飾節というものを真性連体修飾節と擬似連体修飾節に分けることを提案している。真性連体修飾節とは「後続の自立的な名詞に接続する節(p.266)」である。例えば、「女性が読む雑誌」の「女性が読む」はこれに当たる。一方、擬似連体修飾とは「後続自立的な名詞以外の形式に接続する節(p.266)」である。「顔が映るほど」の「顔が映る」がこれに当たる。「ほど」は名詞由来ではあるものの、自立した名詞ではない。よって、「ほど」のようなものに前接される修飾節を擬似連体修飾節と呼ぶわけである。

5　原文ママ
6　形式名詞・形式副詞・取り立て詞の関係について宮地(2005)が詳しい。そちらを参照されたい。

第五章

　擬似連体修飾を受けて形容詞節を作るものを「形容詞化指標」と呼び、副詞節を作るものを「従属接続詞」と呼ぶ。村木(2012:269)では、本書で扱う「ほど」「くらい」「ばかり」を「形容詞化指標」として位置づけている。つまり、村木(2012)にしたがえば、ホド節・クライ節・バカリ節は形容詞節となる。

　通常、ホド節・クライ節・バカリ節が述語に対して程度修飾・数量修飾をする場合、連用修飾であるため、副詞節と認識される。しかし、村木(2012)がこれらのホド節、クライ節、バカリ節を形容詞節とする。この三つの従属節は、村木(2012)の提案した第三形容詞と相当する機能を果たすからである。第三形容詞としてあげられたものは「抜群―」「特製―」「逃げ腰―」などである。第三形容詞は統語的に四つの特徴を持つというが、以下(30)～(33)に引用する(cf. 木村(2012:190))。

(30)「―が」「―を」の形式で用いられた例がない。もしくは稀である。
(31)「―の」の形式で、後続の名詞を修飾限定する連体用法が多い。
(32)「―だ」「―だった」「―です」「―でした」といった形式で、述語としての用法がみられる。
(33)「―に」の形式で後続の動詞・形容詞を修飾する用法がみられる。

　本書が扱うホド節、クライ節、バカリ節は(30)～(32)の特徴を持つが、(33)に関して「―に」の後続は自由である。そして、BCCWJで確認したところ、村木(2012)に言及がない「だけ」もこれらの特徴を有しているため、同じく形容詞化指標として考えてよさそうである[7]。

　しかし、「分」は(30)に反する振る舞いをする。(30)は「これらの単語が補語（主語・目的語）になれないか、なりにくいものであることを意味する。つまり、これらの単語は、名詞の本務である格のシステムを持っていないのである。当該の単語が格の体系を持たないならば、それは名詞ではない。(p.190)」。

　この点から言えば、「分」にはまだ名詞の性格が色濃く残っている。そして、

7　本書では扱わないが、調べた結果、「かぎり」「以上」も同じく形容詞化指標の特徴を有する。ただし、「あまり」は村木(2012)では副詞節を作る従属接続詞としている。

(33) に関しては、「分」は「分に」の形で使われることもあるが、多くはみられない。その代わりに「〜分だけ」の形が非常に多くみられる。以上述べたように、(30)(33) の特徴を持たないということから、「分」を本書が扱うほかの形式と同様に形容詞化指標とするのが難しいようである。しかし、その一方で「分」が用いられた例の多くは、「分」を「だけ」に置き換えることができる。

 (34) a. コストがかかる<u>分</u>、売値も高い。((3) を再掲)
   b. コストがかかる<u>だけ</u>、売値も高い。

(34) に示すように、「分」と「だけ」を置き換えても文法性が落ちないだけではなく、意味も大きく変わらない。つまり、「分」と「だけ」は同質性が高い。この点から言えば、「だけ」を形容詞化指標とするなら、「分」も同様に形容詞化指標として位置づけられるかもしれない。

「ほど」「くらい」「だけ」を村木 (2012) のいう副詞節を作る「従属接続詞」というカテゴリに位置づけることも検討したが、これも難しいようである。従属接続詞は「以下のような特徴がある。①語彙的意味をもたず、文法的な意味をもっている。②格の体系をもたない。語形が固定している。③（擬似）連体修飾節をうける。④時間・原因・理由・目的などの状況成分としてもちいられる (p.136-137)」。②の格の体系を持たないという点で、やはり「分」の位置づけが問題になる。

この節でみたように、本書が取り扱う形式を品詞論的に同じカテゴリでまとめるのは難しいようである。しかし、本書の目的は、これらの形式を品詞論的に位置づけることではない。これらの形式を通して表現される程度性と数量性を明らかにすることが目的である。品詞的位置づけはさらなる検討を要するが、敢えてこれ以上深入りしないでおく。

3. スケール構造の応用と課題

複文を取り上げる際に考えるべき問題についてこの節で論じておきたい。

第五章

　第一部の単文の検討でみてきたとおり、ひとつのスケールはひとつの事象を描く。単文においてこれは特に問題にならないが、複文では考慮しなければならない問題である。複文では前件と後件二つの事象が存在するため、単純に考えればスケールが二つ存在するように思われるからである。しかし、これまでの研究では、スケール構造の応用が単文に限られており、それを複文に応用した研究は管見のかぎりないようである。二つのスケールがあるなら、それらがどう関わるかを論じるべきである。しかし、その前に、実際には二つのスケールがあるのかを確認しておきたい。

　程度修飾・数量修飾を問題にするというのは、そういった修飾を受ける事象のスケールを問題にするということである。単文においては当然述語のスケールが検討の対象になるが、複文においては修飾を受けるのは後件である。つまり、後件のスケールを描くことが妥当であると思われる。そもそも事象に段階性(スケール)がなければ、程度修飾や数量修飾を受けられないから、後件に段階性(スケール)を有するのは確かである。ただ、注目すべきは前件にスケールがあるか否かである。ないのであれば、単文と同じように分析できるが、もし前件にスケールがあるならば、それが後件のスケールとどう関わるかが問題になる。

　すべての事象にスケールが存在しうるかというと、そうではない。例えば、存在動詞の「いる」「ある」は、「庭に知らない人がいるよ」というような場合において、人が存在しているか否かという意味で使われており、段階性を問わない事象であると考えられる。これがもし、「会場にお客さんが300人いる」あるいは「会場にお客さんがたくさんいる」となった場合、そこには人数という数量的段階性が認められる。つまり、何らかの段階性を有していても、文脈によってその段階性を問わない場合もある。これにより、前件のスケールが問われる場合と問われない場合に分けられる。詳細は後に述べるが、結論を言っておくと、「ほど」「くらい」は前件のスケールが問題にならない場合で、「分」「だけ」「ばかり」は前件のスケールが問題になる場合である。

4. まとめ

　第2節では複文における程度修飾・数量修飾と関連する先行研究を概観した。取り上げる形式は「ほど」「くらい」「だけ」「ばかり」の四つであるが、(6)の構文を取る際に「ほど」と「くらい」は程度を示すことが分かり、「だけ」「ばかり」は限定の意味合いが残ってはいるものの、程度を示すことが分かった。

　そして、先行研究では、いくつかの形式をともに取り上げていることがあり、そのような研究の恩恵を受けて、(8)の問題意識に関しては第2節で紹介したとおり、ある程度分かったと言えよう。また、(7)に関しては、井本(1999、2000)によるホド節の検討しか見当たらなかったが、これらの検討結果は第一部の第一章で言及した新川(1979)や佐野(1998a)などの考察とおおよそ共通する。新川(1979)や佐野(1998a)などは副詞と述語との共起関係を検討するものであり、ホド節を対象とした井本(1999、2000)とは対象が異なるが、共通する見解を示している。この点から、程度修飾は状態事象・変化事象にみられ、数量修飾は変化事象・動作事象にみられるという傾向は、概ね正しいと考えられる。よって、第二部は第一部と同様に、程度修飾に関しては状態事象・変化事象を対象にし、数量修飾は動作事象・変化事象を対象にし、検討する。

　ただし、副詞節が程度修飾も数量修飾もできるという点から、第二部は第一部と違う構成を取る。まず、「ほど」「くらい」による程度修飾・数量修飾を第六章で考察し、「分」「だけ」「ばかり」による程度修飾・数量修飾を第七章で考察する。

　このような章立てにした理由は、第3節で言及したスケール構造の問題があるからである。よって、前件のスケールが問題にならない「ほど」・「くらい」と、前件のスケールが問題になる「分」・「だけ」・「ばかり」を分けて考察する。前件のスケールが問題になるか否かは程度修飾や数量修飾のあり方にも影響を与えるが、詳細は各章で説明したい。

　(9)に関しては、副詞節が程度修飾も数量修飾も行うことを述べた。この

第五章

点は修飾によって副詞を使い分ける単文とは大きく異なる。副詞節という形に程度修飾と数量修飾の二つの修飾機能が集約されているという点から言えば、複文における程度修飾と数量修飾は単文のそれより未分化である。この点について第八章で検討する。

第六章

「ほど」「くらい」による程度修飾と数量修飾

1. はじめに

　本章では、「ほど」と「くらい」による程度修飾と数量修飾を考察する。「ほど」や「くらい」の用法のうち、次の (1) の構文を取り、「前件 + X」で後件の程度または数量を表すもののみを取り上げる。なお、「前件 + X」を「X 節」と呼ぶ。

　(1)　［前件 + X、後件］

　また、第五章で言及したように、ホド節やクライ節は、程度修飾も数量修飾もできるが、程度修飾になるか数量修飾になるかは後件によって決められる (cf. 井本 1999:43)。ホド節を例に言えば、次のような現象が観察される。

　(2)　意識を失うほど暑い。（ホド節による程度修飾）
　(3)　意識を失うほどお酒を飲んだ。（ホド節による数量修飾）

　(2) と (3) では、同じホド節が用いられているが、後件が異なることから、(2) は程度修飾であるのに対して、(3) は数量修飾であることが分かる。以下、第 2 節では程度修飾を、第 3 節では数量修飾を検討する。続く第 4 節では、副詞との相違を論じる。また、井本 (1999、2000) や仁田 (2002) などの先行

第六章

研究では、「ほど」「くらい」に様態用法があると言われている。よって、第5節では程度修飾・数量修飾と様態修飾との関係を考察する。最後に、第6節で本章全体をまとめる。

2.「ほど」「くらい」による程度修飾

第一章で言及したように、これまでの研究によって、程度修飾は状態事象・変化事象にみられることが分かっている。したがって、この節では、状態事象と変化事象を取り上げて、それぞれ考察する。

2.1. 状態事象

まずはホド節をみるが、次の(4)はホド節による程度修飾である。

(4) 冬になると、<u>河でも凍る</u>ほど寒い。

前件の部分を点線で示しているが、「前件＋ほど（＝ホド節）」全体で後件を修飾し、「寒さ」の程度を表す。「ほど」においては、程度修飾を成立させるには、前後件がある種の因果関係で結ばれるという制約がある。第五章で触れたように、原則的に「ほど」の前件は後件によって引き起こされそうな事態である (cf. 井本(2004))。「寒いから、河が凍る」という関係性があるため、(4)が成り立つのである。例えば、前述の関係が崩れた(5)は非文法的である[1]。

(5) *冬になると、<u>薄着したくなる</u>ほど寒い。

一般常識からすると「寒いから薄着したくなる」というのは不自然なこと

---

[1] ただし、例外もある。特に、慣用句はこういった関係性を守らない例が多い。例えば、「喉から手が出るほどほしい」は好例である。そもそも「喉から手が出る」が比喩的な表現で現実的に起こり得ない。「くらい」に比べて、「ほど」はこのような慣用句が多い。長田・辻村(1997)によれば、「「ほど」は文語的であるということは以前から程度を表す表現として用いられてきた（源氏物語のような古典作品にも使われている）ため、慣用句としてつかわれている表現が多い(p.42)」のである。

122

なので、前後件の因果関係が認められず、非文法的である。一方、文法的な (4) は「寒いから河が凍る」という関係性が認められるというわけである。(4)(5) から、ホド節による程度修飾がうまく機能するには、前後件の因果関係が必要であることが確認できる。

「河でも凍るほど」というホド節から高い程度のニュアンスを読み取れるが、この読みができるのは、「相当な寒さによって河が凍る」という知識を持っているからだと思われる。「河が凍る」自体では、流れる河水が凍結するという事象の内容しか意味せず、程度を表す表現ではない。「ほど」が後接されて初めて程度表現として機能する。つまり、ホド節全体で程度標識として機能し、後件の程度を示すのであるが、「ほど」そのものは「程度」を示し、前件は「河でも凍る」というように「あり様を形象的・具象的に示すことによって（仁田 2002:150）」、「ほど」が示した程度の内実を特徴づける。

(4) では、前件は程度を特徴づけるものであって、「河がどのくらい凍るか」ということを問題にしているわけではない。要するに、ホド節の程度修飾は、前件の段階性(スケール)を問題にしておらず、「(寒いから) 河が凍る」というような前後件の因果関係から後件の程度を表現しているにすぎない。これはつまり、ホド節が示す程度というのは、前後件の因果関係ゆえに読み取れる程度なのであり、前件の内容による程度ではない。

ホド節全体で程度標識として機能すると述べたが、程度を修飾する副詞も同じく程度修飾として機能しうる。例えば、(4) は (6) のように置き換えられる。

(6) 冬になると、<u>非常に</u>寒い。

(4) と (6) の共通点はどちらも何かしらの形で寒さの程度を表している。一方、相違点は節で寒さの程度を表すか、語で寒さの程度を表すかである。「河でも凍るほど」を「非常に」に置き換えられるという点から、両者は同じように機能していると考えられ、いずれも程度標識であることが分かる。第二章で述べたように程度標識は、スケールにおける位置を示す役割を果たす。「ほど」が前件につき、ホド節という形で程度標識として機能するので、スケール構造では、ホド節はスケール上の位置を示す役割を果たすと考えられ

第六章

る。よって、(4)(6) のスケール構造は図1のようになる。

図1　寒さのスケールにおけるホド節と「非常に」

図1では、「河でも凍るほど」が「非常に」と同じ位置を示すように配置しているが、これは (4) においてホド節の「河でも凍るほど」が「非常に」と同じく高程度と解釈されるためである。ただし、ホド節は高程度だけではなく、中程度や低程度などさまざまな程度の解釈を許容する。冬の寒さを表すのに、次の例はいずれも可能である。

(7)　冬になると、カイロを常に携帯するほど寒い。
(8)　冬になると、しもやけをするほど寒い。
(9)　冬になると、マイナス40度になるほど寒い。

何を基準にするかによって、(7)(8)(9) の座りのよさが変わってくるが、自然に使える場面で発話されたとき、(7)(8)(9) のホド節はそれぞれ異なる程度の寒さに対応していると思われる。例えば、「カイロを常に携帯する」は比較的に低程度の寒さを表すのに対して、「マイナス40度になる」は高程度の寒さを表しているように思われる。つまり、前後件の因果関係が保持されていれば、ホド節は程度修飾として機能できる。

その一方で、副詞による程度修飾では、程度の高低に応じて、「少し」「普通に」「非常に」といった異なる副詞を用いる。もし (7)(8)(9) のホド節はそれぞれ「少し」「普通に」「非常に」に対応すると考えるならば、スケール構造を次の図2のように示すことができる。

「ほど」「くらい」による程度修飾と数量修飾

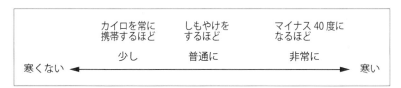

図2　寒さのスケールにおける高程度・中程度・低程度の程度標識

　程度修飾の副詞はスケール上の位置を示すように働くため、「少し」「普通に」「非常に」はそれぞれ低程度、中程度、高程度の位置を示す。また、(7)(8)(9)のホド節はそれぞれ「少し」「普通に」「非常に」に相当する程度を示すとするのであれば、(7)(8)(9)のホド節は対応する副詞と同様な位置を示すと考えられる。

　ただし、ホド節の示す程度というのは前後件の因果関係ゆえの程度であるので、高程度・中程度・低程度のどの程度と解釈されるかは、世界知識や文脈によるのである。例えば、「カイロを常に携帯する」という表現は、(7)(8)(9)の並びでは相対的に低程度の寒さを示すと思われるが、場合によって、高程度の寒さを表すことも可能である。

(10) 同じ台湾でも、南部にある高雄は冬でも暖かく過ごせるが、北部にある台北なら冬になると、カイロを常に携帯するほど寒い。

(10) は温かい高雄と対比させることによって、「カイロを常に携帯する」は比較的に高程度の寒さを示すことができる。つまり、「カイロを常に携帯する」という事象を高程度とするか低程度とするかは文脈によって変わることがある。そうすると、前件だけではどういう程度なのかが判断できないということになる。結局のところ、前件は特徴づけにすぎず、それ自体の程度を問わないし、それだけでも程度を示すことができない。

　まとめれば、「ほど」そのものは程度の意味を持ち、前件は「ほど」によって示されたスケール上の位置を特徴づける。ホド節全体で程度標識として働き、スケール上の位置を示す。ただし、前件が後件の実現によって引き起こされる一例であるという関係が原則に保たれなければならない。

第六章

　次にみる(11)はクライ節による程度修飾である。(11)のクライ節が「非常に」に置き換えられることを(12)で示している。

(11) ヴェーラの町は、背後にずっと退いていくにつれて、金属質の銀色に輝くスロイン・ローラの両端よりずっと幅広く広がっていくように見えたし、また二人の目指している海上桟橋のきらきらする明かりは、まだ恐ろしくなるくらい遠いように感じられた。(『オイル・タンカー炎上す』／BCCWJ)

(12) 目指している海上桟橋の明かりは、非常に遠いように感じられた

　(11)はクライ節を用いて「遠い」の程度を修飾しているため、クライ節が程度修飾していることが分かる。また、このことは(12)に示すように「非常に」に置き換えられる点からも確認される。もちろん、(11)では、クライ節は「遠い」の程度を示すためのものであって、「どのくらい恐ろしくなるか」という前件の程度を問題にしているわけではない。したがって、同じ文脈において、後件の程度を表せる事柄であればよいので、前件はほかの事柄に変更できる。例えば、(11)のクライ節は(13)のように言い換えることもできる。

(13) 上桟橋の明かりは、永遠にたどり着けないくらい遠いように感じられた。

　置き換えが可能であることは、後件「遠い」のスケールにおいて、前件の程度が問題にならない傍証である。ただし、「くらい」は「ほど」と同様に前件が無条件に変更できるわけではないことを断っておく。後件の実現によって、引き起こされる事柄でなければ、前件にくることができない。(13)で言えば、「あまりにも遠いから、永遠にたどり着けないと思った」ということであり、(11)で言えば、「あまりにも遠いから、恐ろしいと思った」ということである。(11)と(13)のクライ節は(12)の「非常に」と同様に程度標識として働くと考えられる。スケール構造では、程度標識は開放スケール上の位置を示すものであることを第二章で論証した。したがって、(11)(12)(13)のスケール構造は図3のようになる。

図3　遠さのスケールにおけるクライ節と「非常に」

　前件の段階性を問題にしていないという点においても、スケール上の位置を示すという点においても、「ほど」と「くらい」は共通している。これらの共通点に関連して、両者は高い互換性を持つことが知られている[2]。
　一方、両者の相違点として、従来は「くらい」が低程度を、「ほど」が高程度を表すと一般的に考えられている。しかし、丸山(2001)の調査によれば、このような相違が観察されるのは名詞または指定詞が「くらい」や「ほど」の前にくる場合であり、いわゆる「とりたて用法」の場合である。

(14) これくらいできる人がたくさんいるよ。(低程度)
(15) これほどできる人がほとんどいないよ。(高程度)

　同じく「これ」が前接される場合、(14)の「これくらい」は低程度の読みとなり、(15)の「これほど」は高程度の読みとなる。丸山(2001)によれば、(14)(15)のようなとりたて用法と違い、(9)や(11)のように、センテンスが前接される場合、「ほど」と「くらい」は共通して高程度を示すことが多いという。
　一方、「くらい」を対象に検討した安倍(1999)では、(16)(17)を例に、とりたて用法の「「最低限」の解釈は文脈に左右されることはないが、「程度」の解釈は文脈によって「高程度」にも「低程度」にも解釈可能となる(p.6)」ことが述べられている。

(16) 君は残業をやめるので満足なのか。僕は温泉でゆっくり休みたいクラ

---

[2] 森田(1968)の指摘どおり、「ほど」を使うか、「くらい」を使うかによって、ニュアンスが異なる。しかし、本書の目的は「ほど」や「くらい」といった形式の意味やニュアンスを記述することではなく、これらの形式の背後にある、程度修飾と数量修飾の表現の原理を探ることである。このため、本書では、ニュアンスの相違を考慮しない。

イだ。(安倍 1999:6(40))
(17) 僕は温泉でゆっくり休みたいクライだ。半年も休職するまでではないよ。(安倍 1999:6(41))

「僕は温泉でゆっくり休みたいクライだ」という表現は、(16) では高程度であるのに対して、(17) では低程度であると説明されている。この点は、(7) と (10) で検討したとおり、「ほど」についても言えることである。

丸山 (2001) と安倍 (1999) の考察結果を合わせて考えると、「ほど」と「くらい」は次の二点において共通することが分かる。第一に、(1) で示した構文［前件＋ X、後件］を取る場合、ホド節もクライ節も程度を示すものである。第二に、(1) の構文を取る場合、ホド節やクライ節は原則的に高程度を示すが、文脈によっては低程度などを示すこともある。程度修飾を行う場合、「ほど」と「くらい」は同質性が高く、修飾機能の点からみれば、両者を同様に扱えると思われる。図 1 〜図 3 で検討した結果も、程度修飾の「ほど」と「くらい」が高い同質性を有することを示している。

2.1 節では、ホド節およびクライ節が状態事象に用いられて後件の程度を示す場合を考察した。結論としてホド節とクライ節はいずれも程度標識として働き、開放スケール上の位置を示すということ、そして前件の程度性を問題にしないということを述べた。

2.2. 変化事象

程度修飾は変化事象にもみられるため、この節は変化事象におけるホド節とクライ節の程度修飾を考察する。(18) はホド節の変化事象における程度修飾の例である。また、2.1 節で述べたように「ほど」と「くらい」の互換性が高いため、(18) の「ほど」を「くらい」に置き換えた (19) も文法的である。

(18) 汗がでるほど身体が温まった。
(19) 汗がでるくらい身体が温まった。

後件の「温まる」は体温が徐々に上昇していくという点で段階性(スケール)を持つ。「温まる」の段階性(スケール)は、事象の開始によって始まり、事象の進行によって形成していくことを第二章で述べた。そして、少しでも温度が上昇していれば「温まった」ことになるが、このような状態変化を森山 (1988) では「進展的変化」と呼び、「過程を持つ動きであると同時に、その過程において変化が漸次的に進む (p.147)」ものであると説明している。森山 (1988) の記述を踏まえて、佐野 (1998a) は漸次的に達成されていく「進展的変化」に対して、達成されるごとに設けられる「達成点」を設定する。第二章では、森山 (1988) と佐野 (1998a) の考察を踏まえて、「温まる」の進展的変化を表すスケール構造を次のように提示した。

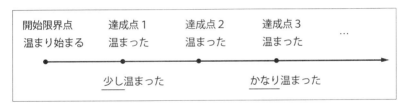

図4　「温まる」のスケール

　さらに、図4に示す段階性(スケール)を対象に、ホド節またはクライ節は後件がどの程度にあるのかを示しているため、図4を図5のように修正し、(18)(19) のスケール構造とする。

図5　「温まる」のスケールにおけるホド節とクライ節

　ホド節やクライ節は程度標識として働き、スケール上の位置を示すことを図5に示している。この点は 2.1 節で検討した状態事象における程度修飾とは変わらない。状態事象に関しては、(4) で言えば、ホド節は現状がどのく

第六章

らい寒いかを示し、(11) で言えば、クライ節は現状としてどのくらい遠いかを示す。これらと同様に、(18)(19) のような変化事象では、ホド節とクライ節は結果として現状がどのくらい温まったかを示している。つまり、状態事象においても変化事象においても、ホド節やクライ節は、「結果として現状がどの程度なのか」を示している。

　この修飾の仕方は佐野 (1998a) によって指摘された、純粋程度副詞の修飾と同様である。佐野 (1998a) では、純粋程度副詞が変化動詞と共起する場合、「結果状態の程度（変化後どの程度になったか）」を表すと指摘する。ホド節やクライ節はスケール上の位置を表すという点からも、修飾の仕方からも、純粋程度副詞と近似することが言える。

　また、この節でみた「温まる」という変化動詞は、「進展的変化」と「限界なし」と「意志性なし」という三つの素性を有する。変化が漸次的に進んでいくことが「進展的変化」である。複数の達成点を設定することができるため、「限界なし」である[3]。さらに、動作主を要求しない自動詞なので、「意志性なし」である。「進展的変化」と「限界なし」という二つの素性は佐野 (1998a) によって指摘されたものであるが、「意志性なし」は本書の第二章で指摘したものである。第二章では、程度修飾の副詞は「進展的変化」と「限界なし」と「意志性なし」という三つの素性を揃う変化事象にしか係らないと述べた。しかし、ホド節とクライ節は意志性がある変化動詞に対しても、程度修飾を行うことがある。

(20) ある者は跪き、ある者は額が地に着くほど頭を下げて。(『夢の宮　蛛糸の王城』／BCCWJ)

(21) 試合の前、このチームはいつも本部前に整列し、不自然と思えるくらい深々と頭をさげることでも目だっていました。(『しつけのポイント50』／BCCWJ)

(20)(21) にある「さげる」は「進展的変化」と「限界なし」の素性を持つ

3　ここでいう「限界」は一般的に言われている限界動詞の限界とは異なる。詳細は第二章の (25) を参照されたい。

であるが、意志性も持つ動詞である。ホド節やクライ節による程度修飾を受ける (20)(21) は文法的であるが、(20)(21) のホド節とクライ節は、程度修飾の副詞「非常に」に置き換えると不自然になる。

(22) ?ある者は跪き、ある者は<u>非常に</u>頭を下げて。
(23) ?試合の前、このチームはいつも本部前に整列し、<u>非常に</u>深々と頭をさげる。

(22)(23) の座りが悪いという点から、(20)(21) は典型的な程度修飾と異なることが言えよう。(20)(21) にあるホド節やクライ節は、「頭をさげる」のあり方を表しているようにも捉えられるため、様態修飾とすることができる。「ほど」「くらい」の様態修飾への拡張は、第5節で論じるとして、ここは「ほど」や「くらい」が意志性ある変化動詞と共起できることを指摘するにとどめる。

2.2 節は、変化事象におけるホド節とクライ節による程度修飾を検討した。状態事象における働きと変わらず、ホド節とクライ節はいずれもスケール上の位置を示すことで後件の程度を表すことを述べた。

3.「ほど」「くらい」による数量修飾

第一章でも触れたが、先行研究によって、数量修飾は動作事象・変化事象にみられることが分かっている。この節では、動作事象と変化事象を取り上げて、「ほど」「くらい」による数量修飾を考察する。

3.1. 動作事象

第2節では、ホド節やクライ節は程度標識として働き、スケール上の「位置」を示すと説明した。しかし、第三章で明らかにしたように、事象の数量を表す数量標識は、スケール上の「位置」ではなく、「幅」を示すように働く。そこで、スケール上の「位置」を示すホド節やクライ節がどのように数量（＝スケール上の幅）を示すかという素朴な疑問が沸いてくる。本節の目的はこ

第六章

の疑問を明らかにすることである。まずホド節を検討する。(24) はホド節による数量修飾の例である。

(24) 意識を失うほどお酒を飲んだ。((3) を再掲)

(24) が数量修飾として解釈される原因は後件にあると考えられる。第1節で述べたように、後件によってホド節の修飾機能が決められる。例えば、第2節で程度修飾の例としてあげた (4) の後件「寒い」は状態事象である。そして、「河でも凍るほど」というホド節で後件の程度を修飾する。これに対して、(24) のように、後件が動作事象であれば、ホド節は数量修飾となる。

さらに、第三章でまとめたとおり、程度は開放スケール上の位置であるのに対して、数量は閉鎖スケール上の幅である。(4) および図1でみた程度修飾の例では、ホド節が開放スケールにおいてひとつの位置を示す。しかし、(24) のホド節が数量標識として働くならば、閉鎖スケール上の幅を示すはずである。

(24) では、主節「飲む」によって示される段階性は飲酒量であるため、スケール構造では飲酒量を描くことになる。仮に (24) の発話者にとってお酒は2合が限界だとして、図6は2合以上に飲んでしまった場合を描いている。

図6　飲酒量のスケールにおけるホド節

飲酒量の段階性は「飲み始める」ことによって生じる。さらに「飲む」という動作の進行によって、段階性が増していく。したがって、飲み始めることを表す開始限界点から、スケールが始まることが分かる。原理的に飲酒量の上限はないので、スケールの右側が開かれた形になる。ここではお酒の単位を「合」として、スケールが単位に区切られるように設定した。つまり、

飲酒量のスケールは開始限界点を有し単位に区切られる閉鎖スケールである。

　ホド節はスケール上の位置を示すように働くと述べたが、このような閉鎖スケールに、ホド節によってひとつの位置が示されると、ホド節によって示された位置と、「飲む」の開始限界点との間に「幅」が生じる。この点からみれば、ホド節は本来スケール上の位置を示すのに過ぎず、厳密には「スケール上の幅（＝数量）」を示すとは言えない。しかし、開始限界点を有する飲酒量のようなスケールでは、ひとつの位置が示されると、その位置から開始限界点まで幅があると理解され、結果的に幅（数量）に対する理解となる。つまり、数量修飾になる場合においても、程度修飾の場合においても、ホド節は一貫としてスケールにおける「位置」を示すのである。この点から言えば、ホド節の本務は程度標識であると考えられる。

　第2節では、程度修飾において、「ほど」と「くらい」の互換性が高いと述べたが、この点は数量修飾にもみられる。前掲の(24)の「ほど」は「くらい」に置き換えられる。

　(25) 意識を失うくらいお酒を飲んだ。

　(25)が言えるということは、(24)の「ほど」を例に行った説明は、(25)の「くらい」に対しても通用することを示唆する。事実、意味の面からみれば、ニュアンスが若干異なっているが、修飾機能の面からみれば、ホド節とクライ節はいずれも飲酒量を修飾しており、機能的な相違が認められない。よって、クライ節は後件の数量を修飾する際に、ホド節と同様に、スケール上の位置を示すように働くと考えられる。ただし、飲酒量のスケールには、開始限界点が存在するため、クライ節による位置と開始限界点の間に「幅」が生じ、結果的にスケール上の「幅」（＝数量）という認識ができる。

　第三章で述べたように、動作事象は(24)や(25)のような動作動詞によるものと、移動動詞によるものがある。以下は、移動動詞による動作事象の例で、クライ節による数量修飾を確認する。

第六章

(26) 太郎が動かなくなるくらい走った。
(27) 太郎がたくさん走った。

　(26) のクライ節は走る量を修飾しており、動作量つまり移動距離を表すと考えられる。この点は (26) のクライ節が (27) のように「たくさん」に置き換えられることからも確認できる。移動距離は「走り始めて、走っていて、走り終わる」という一連のプロセスによって決まるため、移動距離のスケールは走り始めを示す開始限界点を有する。なお、原則的に上限がないため、右側が開かれた形になる。仮に太郎は 4km を超えるところで疲れ果てて身体の動きが相当鈍くなるとし、以下の図 7 に、(26) のスケール構造を示す。

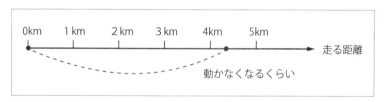

図 7　走る距離のスケールにおけるクライ節

　図 7 に示しているように、クライ節によって示される位置と、開始限界点の「0km」の間に 4km を超える「幅」がある。「くらい」はスケール上の位置（＝程度）を示し、前件の「動かなくなる」はありようを示すことで位置（＝程度）を特徴づける。クライ節はあくまでもスケール上の「位置」を示すのにすぎないが、開始限界点があるため、結果的にスケール上の「幅」（＝数量）という認識ができる。
　3.1 節は動作事象におけるホド節とクライ節を検討した。動作事象と共起する際に、ホド節とクライ節は数量修飾を行うが、スケール構造上では、ホド節とクライ節はスケール上の「位置」を示すのにすぎない。数量を表すために、スケール上の「幅」を示さなければならないが、スケール上の「位置」しか示さないホド節・クライ節が数量修飾を行うことができる理由は、後件のスケールに開始限界点があるからである。開始限界点がスケール上のひと

つの位置を示し、さらにホド節またはクライ節によってもうひとつの位置を示すことで、両者の間に「幅」が生じ、事象の数量を指定することができるのである。

3.2. 変化事象

　変化事象には、状態的な側面と、動き・動作の側面がある。前者は程度修飾を受け、後者は数量修飾を受ける。この節は動き・動作の側面にみられる数量修飾を検討するが、まず単文レベルでの検討によって明らかになったことを整理しておきたい。第三章では、単文レベルで変化事象の数量修飾を検討し、次のように結論づけた。

(28) 変化事象を表す動詞は、終了限界点を有するものとそうでないものがあるが、いずれも数量標識と共起する。ただし、数量標識と共起する場合、主に内項の数量を示す。動作量を示す場合、開始限界点のほか、終了限界点や単位も明示的な形でないと座りが悪い。(第三章(19))

この結論を説明する例は次のとおりである。

(29) お湯を<u>たくさん</u>／<u>3リットル</u>沸かした。(内項の数量)
(30) お湯が<u>たくさん</u>／<u>3リットル</u>沸いた。(内項の数量)
(31) 電子レンジで料理を<u>たくさん</u>／<u>3皿</u>温めた。(内項の数量)
(32) 温泉に入って身体が？<u>たくさん</u>／<u>3度</u>／？<u>39度</u>温まった。(動作量)

　(29)(30)の「沸かす」と「沸く」は100度になって沸騰した時点で、状態変化が終了してしまい、さらに変化を進展させることができないため、終了限界点を持つ。このような変化動詞と共起する際に、数量標識はお湯の量、つまり内項の数量を表す。
　一方、(31)(32)の「温める」と「温まる」は、少しでも温度が高くなったら状態変化が成立するとみなされ、なおかつ、状態変化の成立は何度も起こりうるので、終了限界点を持たない。このような変化動詞と共起する場合、

数量標識が表す意味合いが変わる。他動詞の (31) では、内項の数量を表すが、自動詞の (32) では、文法性が落ちるほか、動作量を表す。量副詞の「たくさん」に関しては、身体の数量、つまり内項の数量という解釈が取りにくい。どの程度温まったかという動作量の解釈なら可能である。一方、数量詞に関しては、「3度」と「39度」で文法性が異なる。「3度」なら動作量の解釈が取りやすいが、温泉に入って体温が平熱から39度も上昇するとは常識からすると考えられない。そこで、(33) のように、「まで」を付け、終了限界点を明示することによって、文法性が上がる。ただし、終了限界点を明示する場合、「3度」が「温まる」という動きが終了した際の体温となる。「3度」は平熱より遥かに低く常識から考えにくいため、「3度まで」が不適切な表現となる。

(33) 温泉に入って身体が？3度まで／39度まで温まった。(動作量)

以上に述べたことを踏まえて、次にホド節とクライ節による数量修飾をみていきたい。また、「ほど」・「くらい」は互換性が高く、修飾機能の面においては大きな違いがないということから、以下では「ほど」と「くらい」を分けずに、まとめて考察することにする。

「ほど」と「くらい」は終了限界点を有する「沸かす」と「沸く」と共起する場合、文法性の違いが観察される。

(34) 浴槽からあふれるほど／くらいお湯を沸かした。(内項の数量)
(35) ?浴槽からあふれるほど／くらいお湯が沸いた。(内項の数量)

ホド節・クライ節が大量のお湯を沸かすという意味では、他動詞の「沸かす」と共起する (34) は文法的であるのに対して、自動詞の「沸く」と共起する (35) は文法性が落ちる。しかし、次のようにパラフレーズを作ると、座りがよくなる。

(36) 浴槽からあふれるほど／くらいのお湯が沸いた。
(37) お湯が浴槽からあふれるほど／くらい、沸いた。

(36)(37) が (35) より座りがいい理由は、(36)(37) ではホド節・クライ節と「お

湯」が同じ節にあることが明確だからである。そのため、(36)(37) は下線部全体で「沸いた」に係るという修飾関係が読み取りやすい。例えば、(36) は「前件＋ほど／くらい＋の＋お湯」という形を取り、ホド節・クライ節が「お湯」を連体修飾する形を取っているため、ホド節・クライ節とお湯が同じ節にあることが分かる。(37) は、「お湯」を前件の一部に埋め込む形を取り、「お湯があふれる」というフレーズを構成するため、「ほど」・「くらい」と「お湯」が同じ節にあることが分かる。一方、前掲の (35) は、ホド節・クライ節が、「お湯が沸いた」に係ると読まれ、ホド節・クライ節のかかり先が「お湯」であるか、「沸いた」であるかが読み取りにくいため、文法性が落ちたのだと思われる。

(36)(37) でみたのは、数量詞遊離と同様な現象である。数量を表すホド節は、数量詞と同様に遊離することは、つとに奥津 (1980:154)、井本 (2000) などで指摘されている。また、(36)(37) から分かるように、クライ節も同様に遊離する。数量修飾のホド節・クライ節が遊離するという点から、ホド節・クライ節が終了限界点のある変化動詞と共起して内項の数量を表す場合、数量詞と同様に働くことが分かる。

一方、「温める」「温まる」のような終了限界点を有しない変化動詞の場合では、数量詞が内項の数量を表す (31) の場合は文法的であるが、動作量を表す (32) の場合は文法性が落ちる、ということを述べた。しかし、ホド節・クライ節と共起する場合には、数量詞と異なる振る舞いが観察される。まずは、「温める」と共起し、内項の数量を示す場合をみる。

(38) 食べきれないほど／くらい料理を温めた。（内項の数量）

「温める」を述語に取る (38) では、ホド節・クライ節が料理の量（つまり内項の量）を修飾している。この振る舞いは (31) の「3 皿」と同様である。ちなみに、内項の数量を表す (38) のホド節・クライ節も遊離する。

(39) 食べきれないほど／くらいの料理を温めた。
(40) 料理を食べきれないほど／くらい温めた。

第六章

　(39)(40) が文法的であること、そして、(36)(37) も文法的であることから、内項の数量を表す際に、ホド節・クライ節は数量詞の性質を有すると言える。

　一方、次に検討する「温まる」では事情が異なる。数量詞が「温まる」と共起する場合、数量詞によって文法性が変わることを述べた。例えば、(33) では「3度温まった」が文法的である。この場合、「3度温まった」というのは、温度の状態変化が起きて、変化前に比べて体温が3度高くなった、言い換えれば、温度変化の前と変化後の隔たりは3度あるということである。また、温度の変化の隔たりは、どのくらい温まったかということであり、その意味で動作量と言える。ところで、「39度温まった」が不自然なのは、「39度」も温度が上昇したことは考えにくいためである。つまり、「39度」のみでは温度変化の隔たりを表せない。「39度まで温まった」のように、「まで」を挿入し、「39度」が終了限界点であることを示せば、平熱から39度まで温度があがったという温度変化の隔たりの読みが取れるようになる。変化動詞と共起する数量詞は状態変化の隔たりを表すものであるが、前述したように状態変化の隔たりは動作量と捉えることができる。

　「温まる」を述語に取る (41) も、ホド節・クライ節と自然に共起できる。

(41) 温泉に入って<u>身体から湯気が立つほど／くらい</u>温まった。

　この点からみれば、(41) のホド節・クライ節は (33) の「3度」と同様に状態変化の隔たりを表すと思われる。しかし、状態変化の隔たりはスケール構造では「幅」で示されているため、スケール上の「位置」を示すホド節・クライ節はそれを表すことが困難である。

　「温まる」という状態変化が進行していくことによって、さまざまな程度の達成状態が想定される。例えば、「身体がポカポカする（ほど／くらい）」、「皮膚が赤くなる（ほど／くらい）」、「心拍数があがる（ほど／くらい）」などである。これらはさまざまな温まる程度に対応している。このように、温まる程度に応じて異なる事柄が想定されるが、これらの事柄を並列すれば、ある種の段階性（スケール）が読み取れる。このことは 2.1 節で言及した。

　そして、(41) は、温まった程度を「湯気が立つほど／くらい」で表現した。

138

これは、温度上昇の隔たりを表すものではなく、温まった結果状態として、湯気が立ったということである。要するに、(41)のホド節・クライ節は、温度変化の隔たり（＝動作量）を表しておらず、変化の結果状態を表しているのである。この点から(41)は文法的であるが、(41)のホド節・クライ節は動作量を表す数量詞と異なる働きをしていると言える。

これまでの話を整理すると、内項の数量を表す場合、ホド節・クライ節は数量詞と同様な振る舞いをする。一方、一部の数量詞が動作量を表すことができるが、ホド節・クライ節はそれができない。「温まる」のような動作量の含意がある変化動詞と共起する場合、ホド節・クライ節は、「結果状態の程度（変化後どの程度になったか）」を表す。

この3.2節は変化事象を対象に、単文レベルでの数量修飾と対応しながら、ホド節・クライ節の振る舞いを考察した。内項の数量を表す場合、ホド節・クライ節は数量詞と同じ振る舞いをし、数量修飾をする。一方で、動作量を表す場合、数量詞は変化動詞と共起し、状態変化の隔たりを表すが、ホド節・クライ節は変化動詞とは共起するものの、状態変化の隔たりを表せず、結果状態の程度を表す。この点から、この場合のホド節・クライ節は程度修飾であり、動作量を示していないので数量修飾ではない。

3.3. 事象回数用法

ホド節・クライ節は事象の回数いわゆる頻度を表す場合がある。例えば、(42)(43)のような例がみられる。

(42) レコードがすり切れるほど聴いたらしいですね。(『新・屈せざる者たち』／BCCWJ)

(43) この本、それこそ薫って子が、ボロボロになるくらい読んでいたんですよ(『殺人を呼んだ本』／BCCWJ)

(42)のホド節はレコードを繰り返し聴くことを表している。繰り返す回数があまりにも多いので、レコードが切れそうになったということである。

(43)のクライ節は、本を読む回数が多いことを示し、前件の「ボロボロになる」というのは回数の多さによって引き起こされるものである。

(42)も(43)も、主格に複数の読みができず、ある特定の個人が主格である。主格が複数の解釈を許さない場合、頻度の読みが出ることを、井本(1999,2000b)が指摘している。また、(42)(43)のホド節・クライ節は、後件の動作が進行する際のありようを表しているという点から、様態修飾とも言える。「ほど」を対象にした井本(2000b:12)ではホド節の様態修飾は二義的に事象回数の解釈がありうることを指摘している。(43)というような例が観察されることから、様態修飾と事象回数の解釈がともに成立することは「くらい」についても言えることが分かる。

第三章では「たくさん」も事象回数を表す用法を持つことを述べたが、この節でみたホド節・クライ節は事象回数だけでなく、様態修飾も兼ねて行っているという点で「たくさん」と異なる。そのため、以下のように、(42)(43)のホド節・クライ節は「たくさん」と置き換えられない。

(44) #たくさん聴いたらしいですね。
(45) #たくさん読んでいたんですよ。

(44)(45)に示されているように「たくさん」が使えない。ただし、第三章では、「たくさん」のような量副詞が事象の回数を表すことができるが、それは主格に対して複数の解釈が許されない、なおかつ、動詞が意志性を持つ場合であると述べた。この節でみた(42)(43)にも同じ特徴が観察される。さらに井本(1999)の調査によれば、ホド節と共起して事象回数を表す動詞は接触動詞(「触る」など)、外的作用状態変化動詞(「壊す」など)、身体関与動詞(「げっぷする」など)、運動様態動詞(「はずむ」など)、接触衝撃動詞(「ぶつ」など)であるが、いずれも意志動詞である[4]。したがって、事象回数の解釈が成立するのは、主格の複数解釈が成立しない、かつ、意志性動詞を述語に取る場合であると言える。

3.2節では、事象の回数を表すホド節・クライ節を検討した。ホド節・ク

---
[4] 詳しくは第五章の表1を参照されたい。

ライ節は事象回数を表すという解釈と、様態修飾という解釈がともに成立することを述べた。様態修飾の解釈が成立するという点で、「たくさん」と異なるため、両者が置き換えられないのである。また、第三章や井本(1999)の指摘を合わせて考察すると、事象回数の解釈が成り立つには、「主格が複数の読みを許さない」ことと、「意志性を持つ動詞を述語に取る」ことという、二つの条件が係っていることが分かった。

4. ホド節・クライ節の副詞との相違

「ほど」や「くらい」は自立的に使えず、義務的に前件を受けるという点で副詞と異なる。このほか、以下の二点で副詞との相違が認められる。第一に、ホド節・クライ節そのものだけでは程度または数量の高低を指定しないこと。第二に、動作事象に対しても程度修飾ができること。

ホド節・クライ節そのものだけでは程度または数量の高低を指定しないというのは、(16)(17)または(7)(10)の相違がみられるということである。(16)と(17)には、同じく「温泉でゆっくり休みたいくらい」というクライ節があるが、(16)では高程度と解釈されるのに対して、(17)では低程度と解釈される。ホド節についても同じことが観察され、「カイロを常に携帯するほど」というホド節は(8)の「しもやけをするほど」や(9)の「マイナス40度になるほど」などと並列される際に、(7)の「カイロを常に携帯するほど」は低程度を示すのであるが、台北を暖かい高雄と対比させる(10)では高程度を示している。

2.2節で言及したとおり、副詞の場合、「非常に温まった」というように、程度の高低が予め副詞の意味によって指定されている。しかし、ホド節とクライ節は高程度を示すことが多いが、低程度を修飾する場合もある（cf. 丸山(2001)、安倍(1999)）。この相違から、スケール構造では、「非常に」などの副詞は相対的に高程度の位置を示すのに対して、ホド節とクライ節はスケール上の位置を示すが、その位置が高程度にあるか、低程度にあるかは、文脈を含めて総合的に判断する必要があることを第2節で述べた。

もちろん、数量修飾にも同じ現象が観察される。

第六章

(46) 治療費は、車一台が買えるほど／くらい、かかった。
(47) 車一台が買えるほど／くらい払えば、この一軒家が手に入るから、かなりお得です。

　数量修飾をする(46)(47)では、(46)は大量の解釈であるのに対して、(47)は少量の解釈である。しかし、数量修飾の副詞では、大量と少量の解釈が共存できない。

(48) 治療費はたくさんかかった。
(49) #たくさん払えばこの一軒家が手に入るから、かなりお得です。

　大量を示す(48)は文法的であるが、少量を示す(49)は非文である。「たくさん」などの数量修飾の副詞はスケール上の「幅」を示すということを第三章で述べた。それに対して、本章の検討では、ホド節・クライ節はスケール上の「位置」を示すものであることが分かった。ホド節・クライ節が数量修飾を行えるのは、数量の閉鎖スケールにおいてのみである。数量の閉鎖スケールには、開始限界点があり、単位に区切られているため、ホド節・クライ節が位置だけ示しても、その位置と開始限界点との間に幅が生じて、数量の解釈ができる。スケール構造での働きが異なるという意味でも、副詞と異なると言える。
　次に、副詞との相違点として、動作事象に対しても程度修飾ができるというのは、次のような例がみられることと関係している。

(50) 祥子の言葉がよほどおかしかったらしく、二人の女は息が止まるほど大笑いをした。(『美食倶楽部』BCCWJ)
(51) 相手が悲鳴をあげても、泣いて許してくれといっても、殴って殴って、顔がぼろぼろになるくらい殴ってやるんです。(『レキシントンの幽霊』／BCCWJ)

　(50)のホド節は二人の女性が大声を上げて盛んに笑っていることを修飾している。笑いに、微笑み、薄笑い、大笑い、などというようにある種の激し

さ、つまりある種の段階性(スケール)が認められるなら、大笑いというのは、笑いの中の激しいほうであろう。そして、(50)は、その激しさをホド節で表している。

(51)のクライ節は「殴る」という行為が長時間にわたって続いていること、または、激しく行われていることを表している。殴りの強さという点からある種の段階性(スケール)が認められるなら、クライ節はそれが高程度の行われたことを修飾していると考えられる。

第二章で検討したようにホド節・クライ節と異なり、程度修飾の副詞は原則的に動作事象に係らない。

(52) *二人の女は<u>非常に</u>大笑いをした。

(53) *相手を<u>非常に</u>殴ってやるんです。

(52)(53)が非文という点から考えれば、前述した「笑いの激しさ」や「殴るの強さ」というような段階性(スケール)は、これまで検討したものとやや異質なものと言えるだろう。第二章や本章の第2節で検討した程度修飾は、状態事象または変化事象にみられる典型的なものである。状態事象から状態の段階性(スケール)を、変化事象から状態変化の段階性(スケール)を見出せるため、状態事象・変化事象に程度修飾がみられることを述べてきた。

また、状態の段階性(スケール)も、状態変化の段階性(スケール)も、決まったあり方で構成されることも述べた。状態の段階性(スケール)は、状態を相対的に捉えることによって構成され、状態変化のは状態変化の開始および進行によって構成される。

その一方で、(50)(51)でみた「笑いの激しさ」や「殴る強さ」の段階性(スケール)は述語そのものだけでは決まらず、世界知識を踏まえた上で生じた段階性(スケール)である。状態事象や変化事象にみられる典型的な段階性(スケール)を述語が生来的に持つものという意味で一次的な段階性(スケール)と呼ぶのであれば、(50)(51)のような動作事象から見出される段階性(スケール)は文脈を含めて総合的な理解によって生じるものという意味で二次的な段階性(スケール)と言えよう。

仮に、二次的な段階性(スケール)をスケール構造として描く場合、(50)を例に言えば「微笑み、薄笑い、ゲラゲラと笑う、大笑い」という順序を設定することになるだろう。このようなスケールの設定は世界知識なしではできない。世界

知識を頼りにしている点で人によって設定が異なる可能性がある。これは一次的な段階性(スケール)と違い、述語の意味に由来しているものではないからである。この点から、二次的な段階性(スケール)は周辺的なものであると考えられる。

第4節では、ホド節とクライ節の副詞との相違点を整理した。具体的には、ホド節・クライ節そのものだけでは程度または数量の高低を指定しないという点と、ホド節・クライ節が動作事象から見出される二次的な段階性(スケール)を対象とすることができる点について述べた。以上述べたことのほかに、ホド節・クライ節は、統語的に自立せず前件を受けて初めて副詞節として機能するという点も副詞と異なるということを記しておく。

5. 様態修飾への拡張

第4節では、(50)(51) を例に動作事象には二次的な段階性(スケール)を見出すことができることを述べた。二次的な段階性(スケール)にみられる程度修飾は周辺的なものだと位置づけられるなら、こういった周辺的な程度修飾は様態修飾と近い関係にあることにこの節で言及したい。

第4節では、(50) のホド節と (51) のクライ節を程度修飾としていたが、考え方によってはこれらを様態修飾とすることも可能である。例えば、「ほど」を対象にした井本 (2000b:12) では様態副詞に置き換えられるホド節を様態用法としている。(50) のホド節を (54) のように置き換えられるという点から、井本 (2000b) にしたがえば、(50) のホド節は程度修飾、いわゆる程度用法ではなく、様態用法とすることになる。

(54) 二人の女は激しく大笑いをした。

同じことは (51) のクライ節についても言えて、(51) のクライ節は (55) のように様態副詞の「激しく」に置き換えられる。

(55) 激しく殴ってやるんです。

つまり、(51) のクライ節も様態用法として考えることが可能である。仁田

(2002)では、様態修飾の副詞的な成分が「事態の内側から、さらに言えば、事態の展開過程や実現の局面に存在したり伴ったりしている諸側面を取り上げ、そのありように言及することによって、事態の実現・成立のあり方を特徴づけたものである (p.77)」と述べられている。(50)のホド節と(51)のクライ節は、それぞれ後件の実現・成立の局面に伴った側面を表すという点からみれば、様態修飾だと言えよう。さらに、仁田(2002:150)は、次の(56)を例にホド節やクライ節は様態でもって程度を表すというような表現法をとっていることを指摘した。

(56) 辛いです。非常に辛いです。それこそ<u>後でベロを出して走り回りたくなるくらい</u>辛いです。(「向田邦子対談集」)

「この例の「非常ニ辛イデス」の「非常ニ」は、辛い程度を純粋に抽象的(非具象的)に表しているが、下線部の「後デベロヲ出シテ走リ回リタクナルクライ」になれば、辛いの程度限定[5]を行っているものの、抽象的・非具象的にではなく、「後デベロヲ出シテ走リ回リタクナル」というふうに、あり様を形象的に・具象的に差し出すことによって、辛いの程度性の内実・度合いを限定し特徴づけている。(仁田2002:150)」という説明がなされている。

この説明を踏まえて、さらに、「「~クライ(ニ)」や、「~ホド(ニ)」などは、あるあり様を形象的・具象的に差し出すことが、形容詞の表す属性・状態の程度限定になることにおいて、形容詞の表す属性・状態への程度限定を行いながら、属性・状態への様態言及を既に含んでいると言えるだろう。(仁田2002:150)」と記述している。

仁田(2002)の記述は(56)のような状態事象を対象としている点で、この節が検討する動作事象の(50)(51)とは異なるが、少なくとも仁田(2002)の記述を踏襲すれば、状態事象におけるホド節とクライ節の典型的な程度修飾はすでに様態修飾と近い関係にあることが言える。動作事象における程度修飾は周辺的なものと位置づけられようが、(50)(51)のような周辺的な程度修飾においては、程度修飾と様態修飾の区別がなお一層しにくくなることが(54)

---

5 仁田(2002)の程度限定は、本書の程度修飾と同意味である。

(55) との比較で分かる。

　ホド節やクライ節における程度修飾と様態修飾の接近は、動詞事象のほかに、変化事象にも観察される。第二章では、程度修飾の副詞は「進展的変化」と「限界なし」と「意志性なし」という三つの素性を有する変化事象にしか係らないと述べた。しかし、ホド節やクライ節には、こういった制限がないようである。例えば、進展的変化かつ限界なしであるが、意志性がある動詞にも、ホド節やクライ節が係ることができる。

(57) ある者は跪き、ある者は額が地に着くほど頭を下げて。(『夢の宮　蛛糸の王城』／BCCWJ)((20)を再掲)
(58) 試合の前、このチームはいつも本部前に整列し、不自然と思えるくらい深々と頭をさげることでも目だっていました。(『しつけのポイント50』／BCCWJ)((21)を再掲)

　(57)と(58)の後件はともに変化動詞「下げる」を取っている。「下げる」は「過程を持つ動きであると同時に、その過程において変化が漸次的に進む(森山1988:147)」という「進展的変化」であり、なおかつ、「変化達成後も更に変化が進展する可能性を持ち、程度の異なる複数の達成点を想定しうる（佐野1998a:9)」ため「限界なし」である。しかし、「下げる」は動作主を要求する動詞であり、意志性のある動詞である。通常、程度修飾の副詞は意志性のある変化動詞には係らない。

(59) ?ある者は非常に頭を下げて。
(60) ?非常に深々と頭をさげる。

　(57)の「額が地に着くほど」は、頭を「どのくらい」下げるかという程度修飾の読みもできれば、頭を「どのように」下げるかという様態修飾の読みもできる。(58)の「不自然と思えるくらい」についても同様である。(57)と(58)は様態修飾の読みも許容する点から、典型的な程度修飾とは異なり、周辺的なものと位置づけられる。

　第5節は、程度修飾の副詞が係らない動作事象や、意志性を有する変化事

象をみた。このような動作事象と変化事象はホド節とクライ節と共起することが可能であるが、共起する際に、程度修飾の読みのほかに、様態修飾の読みをも許容するということを述べた。また、3.3節でみた事象回数用法のホド節、クライ節も回数という数量修飾のほかに、様態修飾の読みも取れる。以上のことを踏まえると、「ほど」「くらい」は程度修飾・数量修飾の機能を果たすが、事象のありようでもって程度または数量を示すために、原理的に様態修飾の機能をも果たしていると言えよう。

6. まとめ

本章では、ホド節やクライ節による程度修飾と数量修飾を検討した。述べたことを次のようにまとめる。

(61) ホド節・クライ節を程度修飾と理解するか数量修飾と理解するかは、文脈とりわけ後件の内容に強く影響される。

(62) 程度修飾の場合、ホド節・クライ節はスケール上の位置を示すことで程度を表す。状態事象では、「結果としてどの程度なのか」を表し、変化事象においては「結果状態の程度（変化後どの程度になったか）」を表す。

(63) 数量修飾の場合、ホド節・クライ節は依然とスケール上の位置を示す。ただし、数量の閉鎖スケールには、開始限界点があり、単位に区切られているため、ホド節・クライ節が位置だけ示しても、その位置が極点とみなされるほか、開始限界点との間に幅が生じて、数量の解釈ができる。

(64) ホド節・クライ節は、ありようでもって後件の程度・数量を修飾するという点から、原理的に様態修飾の機能をも果たす。さらに、通常、程度修飾を受けないような動作事象と変化事象においても、ホド節・クライ節が程度修飾と解釈することができる一方で、様態修飾と解釈することもできる。また、事象回数の読みができる動作事象におけるホド節・クライ節も様態修飾と解釈できる。

第七章
「分」「だけ」「ばかり」による程度修飾と数量修飾

1. はじめに

　本章では、「分」・「だけ」・「ばかり」による程度修飾と数量修飾を考察する。「分」・「だけ」・「ばかり」の用法のうち、次の(1)の構文を取り、「前件＋X」で後件の程度または数量を表すもののみを取り上げる。また、「前件＋X」を「X節」と呼ぶ。

　(1)　［前件＋X、後件］

　理由は後述するが、検討に当たっては、主に「分」と「だけ」を対象とする。そして、第六章でみたホド節やクライ節と同様に、ブン節・ダケ節も後件によって程度修飾や数量修飾といった修飾機能が決まるため、本章も程度修飾と数量修飾を分けて考察する。

　まず、第2節でブン節・ダケ節による数量修飾を、第3節でブン節・ダケ節による程度修飾を検討する。続く第4節では、変化事象の二面性と程度修飾と数量修飾の関係について論じる。そして、第5節では、ブン節・ダケ節と副詞との相違を整理し、第6節でブン節・ダケ節の因果関係用法への拡張について論じる。最後に、第7節で「だけ」とともに取り上げられることの多い「ばかり」の特異性と位置づけを述べる。

第七章

2.「分」「だけ」による数量修飾

(2) はブン節による数量修飾の例である。

(2) 実際に景気振興のために財政投融資を利用し公的金融機関からの資金供給が行われる。すると企業としては、より有利な条件で借りられるため、そこから資金を調達する分、民間金融機関からの借入れを減らしてしまう。(『「縮小均衡」革命』／BCCWJ)

(2) は民間金融機関からの借入れを減らす量は公的金融機関から調達する量と同じであることを示している。つまり、後件の数量を把握するために、まず前件の数量を把握しなければならない。この点から言えば、「分」は前件も後件も数量を有していることが分かる。数量は段階性(スケール)を持つものであるため、「分」の場合、前後件ともにスケールを有することになる。

第五章で言及したように、ひとつのスケールはひとつの事象を描く。また、数量修飾（あるいは程度修飾）を受ける後件のスケールを描くことが基本である。前件と後件がそれぞれ個別にスケールを持つ場合、二つのスケールがどう関係し合うかが問題になる。言い換えれば、前件の数量と後件の数量とがどう関係し合うかという問題である。「分」の場合、その意味から、前後件の数量が等しいということが要求される。これをスケール構造で説明するために、「照合」という操作が行われることを想定する。以下の図1に (2) のスケール構造を示し、「照合」について説明する。

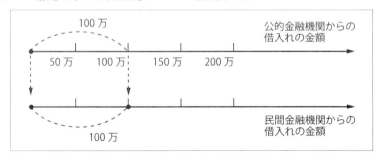

図1　(2) における「分」の前後件のスケール

(2)は前件も後件も金額の段階性を問題にしている。金額はゼロから数えるため、金額の段階性はゼロから始まる。この場合、ゼロは開始限界点とみなされる。金額は次第に増えていくため、右側は開かれた形になる。よって、金額のスケールは開始限界点がある閉鎖スケールである。

図1は仮に公的金融機関から100万円を借入れたとする場合である。100万円の借入れが実現することによって、前件のスケールに100万円に相当する幅が刻まれる。借入れの実現は終了限界点とみなされる。そして、後件のスケールを前件のスケールと照らし合わせることによって、前件にある幅が後件に付与される。開始限界点およびスケールそのものが同定されるが、後件に本来存していない終了限界点が付与される。後件のスケールに終了限界点が付与されると、開始限界点から終了限界点までの幅が100万円と決まる。よって、後件の数量が100万円であると分かる。つまり、「照合」とは、前後件のスケールを照らし合わせ、前件のスケールによって後件のスケールを規定することである[1]。

以上で述べたことを整理すると、「分」の前件は実現されることによって数量が決まる。そして、後件の数量を量るのに、前件の数量を先に把握しなければならないので、前件が後件より先行する必要がある。つまり、前件が後件に先行して実現され、また実現によって前件の数量が決まる。さらに、後件は前件の実現によって引き起こされ、実現するが、前後件の数量が等しいということは「分」の意味によって指定されているため、後件が実現される際の数量は前件と同様である。

前後件の数量が相当することを説明するために、スケール構造では照合という操作を想定する必要があることを述べた。照合は前後件のスケールを関

---

[1] 「分」のほかに、前件にスケールを持つものとして、「限り」「以上」「だけ」などがあげられる。これらは前件の示す程度数量を基準に、後件の程度数量を量るものである。いずれもスケールの照合が行われると想定するが、語の意味によって照合が行われての、指定の仕方が異なると考える。例えば、「レジュメは配布する以上に用意する」という例で、仮に10枚を配るとする。配る量のスケールと用意する量のスケールを照合することにより、用意する量のスケールに10枚という幅が決まる。しかし、「10＋a枚」という意味が「以上」によって要求されるため、用意する量のスケールでは10枚より高い数量のほうに終了限界点が移動されると考える。

第七章

係づける操作である。その一方で、前件の実現によって後件が実現するという関係からみれば、「分」の前後件が一種の因果関係にあるとも言えるが、言い換えれば、意味的には前後件は因果関係によって関係づけられる。以上のことから、照合という作業が必要なのは、スケール構造上の処理だけのためではなく、「分」の意味による要請でもあると言えよう[2]。

次にみる (3) はダケ節による数量修飾である。

(3)　今回新たに創る時習館は、秋山先生にお願いするので、費用は<u>要求があっただけ</u>全額出してあげるようにしてほしいと。(『自分の魅力をつくる人つくれない人』／BCCWJ)

(3) では、ダケ節が後件の出資金額を修飾しているが、出資金額が要求金額と等しいことから、「だけ」においても、前件の金額でもって後件の金額を量るという関係が確認できる。よって、「だけ」は前件も後件も金額という数量のスケールを持つことが分かる。この点から言えば、「だけ」においても前件と後件のスケールを関係づける「照合」の手続きが必要だと思われる。

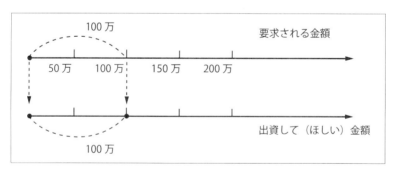

図2　 における「だけ」の前後件のスケール

図2は仮に100万を要求されるとして、その金額のとおり100万を出資し

2　「分」以外に、「限り」「以上」「だけ（に）」など照合の必要と思われる形式も前件と後件が因果関係または条件関係で結び付けられることが観察される。

て欲しいことを表している。前件の「要求される金額のスケール」に 100 万という幅があるが、照合によって前件にある 100 万の幅が後件のスケールに付与される。開始限界点やスケールそのものが同質であるため、同定されるが、終了限界点が後件のスケールに付与される。そこで、後件スケールにも 100 万の幅ができる。

ここでみた (3) のダケ節は前掲の (2) のブン節と意味的にも、修飾機能にも非常に近い。以下示すように、「分」と「だけ」の互換性は高い。

(4) <u>そこから資金を調達するだけ</u>、民間金融機関からの借入れを減らしてしまう。

(5) 費用は<u>要求があった分</u>全額出してあげる。

(2) の「分」を (4) のように「だけ」に置き換えても文法的である。同様に、(3) の「だけ」を (5) のように「分」に置き換えても文法的である[3]。そして、「分」と「だけ」は同時に共起しても文法的である点が特徴的である。

(6) <u>そこから資金を調達する分だけ</u>、民間金融機関からの借入れを減らしてしまう。

(7) 費用は<u>要求があった分だけ</u>全額出してあげる。

(6)(7) は、(2)(3) にある「分」と「だけ」を、「分だけ」の形に置き換えたものであるが、文法的である。ただし、「だけ分」という形はない。これは「だけ」の取り立て詞の性格によるものであろう。これに対して、「分」は取り立て詞の性格を持たず、名詞の性格が色濃く残っている。

第六章では、「ほど」と「くらい」の互換性が高く、いずれもスケール上の「位置」を示すように働くことを述べた。しかし、「ほど」と「くらい」は、「ほどくらい」という形を取ることができない。「くらい」も「だけ」も取り立て詞として働くことがあるが、「分だけ」が成立するのに、「ほどくらい」が

---

3 「だけ」を使うか、「分」を使うかによって、ニュアンスが変わってくるが、本書では「だけ」や「分」といった形式による程度修飾・数量修飾の働きの解明に重点をおいているため、ニュアンスの相違を考慮しない。

第七章

成立しないのは興味深い。この現象が生じる原因は定かではないが、恐らく「ほど」と「分」の性格の違いから由来すると考えられる。「ほど」は高橋他(2005) のいうように、取り立て詞の用法がある[4]。これに対して、「分」のほうは名詞の性格が強い。「分だけ」というように名詞の後ろに取り立て詞がくるのはごく一般的な現象であるのに対して、「ほどくらい」というように取り立て詞が連続して使用されることはあまりない。

第2節は動作事象におけるブン節とダケ節の数量修飾を検討した。その結果、ブン節・ダケ節は閉鎖スケール上の幅を持つことが分かり、さらに「照合」という操作によって、後件のスケールに幅を指定することを述べた。閉鎖スケール上の幅を示すという点から言えば、ブン節・ダケ節は数量標識としての機能を持つことが言える。

3.「分」「だけ」による程度修飾

この節は「分」と「だけ」による程度修飾をみる。以下はブン節の程度修飾の例である。

(8) 道路幅は相変わらず狭く、<u>建物の密度が増えた分</u>だけ薄暗い。(『消えた街道・鉄道を歩く地図の旅』／BCCWJ)

(8) は、建物が1棟増えれば、1棟分の光が遮られ、暗くなることを表している。建物の増加量に応じてそれだけ町が暗くなり、その暗くなった現状に対して話し手が「薄暗い」と評価する。「どのくらい薄暗いのか」という後件の程度を把握するために、まず「どのくらいの建物が増えたのか」という前件の数量を把握しなければならない。この点から言えば、「分」の前件

---

[4] 高橋他 (2005:207) では、「「ほど」によるとりたて」と題して、五つのとりたての用法を述べているが、いずれも名詞の後ろに接続する用法である。具体的には、第一に、「スープを五勺ほど飲んだ」のようにだいたいの数量を示す用法。第二に、「親指ほどの穴」のように量・程度の基準を表す用法。第三に、「悪意は善意ほど遠路を行くことはできない」というように比較の基準を表す用法。第四に、「名誉心と虚栄心ほど混同されやすいものはない」というように最高の程度を示す用法。第五に、「悪い奴ほどよく眠る」のようにある属性の高いものはほかの属性に関しても実現の程度が高いことを表す用法。

は数量を有していることが分かる。数量は段階性を持つものであるため、(8)の場合、前件に数量のスケール（スケール）を有することが分かる。一方、後件は状態事象の「薄暗い」であるため、「薄暗さ」という状態のスケールを持つことが分かる。よって、(8)においては前件も後件もスケールを有するため、「照合」という操作が行われることを想定する。

(8)の前件はかつての町並みに比べれば現在は建物が増えたということであるが、つまり、かつての町並みを基準にして現在の町並みを評価することである。仮に建物が十数棟増えたとして、(8)のスケール構造を以下の図3に提示し、「照合」について説明する。

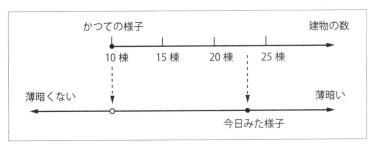

図3　(8)における「分」の前後件のスケール

前件は建物の数量というスケールを持つ。数量は通常ゼロから数えて、また原理的にどんどん増えていくものであるから、右側が開かれた形となる。つまり、数量のスケールは開始限界点のある閉鎖スケールである。しかし、(8)では、前件のスケールの開始限界点がゼロとは考えにくい。(8)では、前件の数量は増え始めた時点から数えるが、建物が増え始めた時点は過去にあり、なおかつ、その時点においては一定数の建物がすでに存在すると思われる。図3では、仮に増え始めた時点において既に10棟の建物が存在すると仮定し、10棟を開始限界点とする。10棟の開始限界点はいわば「かつての様子」であるが、これも図3に示した。そして、仮に年月が流れて今日まではまた十数棟も建てられたとすれば、発話者が今日みた様子は既に二十数棟の建物があるということになる。つまり、「増える」という事象の実現によ

第七章

って、十数棟という幅が前件のスケールに生じたのである。

　一方、後件は薄暗さを示すスケールを持つ。第二章でみたように状態のスケールは状態を相対的に捉えることによって生じるものであり、かつ絶対的な基準値を持たないものである。したがって、薄暗さのスケールは「薄暗い・薄暗くない」という相対的な捉え方によって構成され、開放スケールとなる。先ほどみた前件のスケールを後件に照合するという操作が行われると、後件のスケールに前件の十数棟に相当する幅が後件のスケールに付与される。そこで、かつては薄暗くなかったという開始限界点、そして、今は薄暗いという終了限界点が付与される。また、（建物の増加によって）薄暗くなったという状態変化の隔たりは前述の開始限界点と終了限界点に囲まれた幅である。つまり、(8)は薄暗くなったという状態変化の隔たりを、ブン節でもって表している。字面的には現在のことしか言及していないが、裏にはこういった比較の心理が存在すると思われる。

　さて、ブン節は後件に幅を付与することで、どのくらい薄暗くなったかという状態変化の隔たりを示すと述べたが、このような程度の示し方は、これまでみた程度修飾とは性質が異なる。副詞の場合、「とても大きい」を例に言えば、「とても」は開放スケール上の位置を示すことで大きさの程度を修飾する。また、ホド節・クライ節の場合、「このかぼちゃは一人で持てないほど大きい」を例に言えば、ホド節は「とても」と同様に開放スケール上の位置を示すことで大きさの程度を示す。

　「とても大きい」という場合、発話者が対象物をみて、それの程度を「とても」と判断するのであるが、これは「結果として現状がどの程度なのか」を表すと理解してよいだろう。ホド節を用いた「カボチャの大きさ」に対しても同じく理解することができる。

　一方、ブン節はこれらと異なり、スケール上の「幅」を示す。(8)のブン節は「薄暗くない」から「薄暗くなった」というプロセスを経て、「どの程度変化したか」という状態変化の隔たりを表している。状態変化の隔たりによって表される程度は、副詞またはホド節・クライ節による程度修飾とは異なるものの、一種の程度修飾とみてよいだろう。

ただし、注意すべきなのは、「薄暗い」という形容詞を述語に取っており、見かけ上は状態事象であるのに、実質的には状態変化を表しており、変化事象に近いという点である。状態事象が状態変化事象として理解されるのは、ブン節の作用によると思われる。照合によってブン節が後件のスケールに幅を付与すると述べた。幅の付与によって、「薄暗くなかった」という開始限界点と、「薄暗くなった」という終了限界点が後件のスケールに規定されるため、「薄暗くなかった」から「薄暗くなった」に状態が変化したという読みが出たのだと思われる。

また、ブン節がスケール上の幅を示し、状態変化の隔たりを表すという点は、量程度副詞と共通することを指摘したい。ホド節・クライ節または「とても」などの純粋程度副詞はスケール上の位置を表すのに対して、ブン節はスケール上の幅を示すと述べた。そして、第四章の第5節では、程度修飾における純粋程度副詞と量程度副詞の相違を検討し、量程度副詞は極点を要する文脈に生起しやすく、スケール上の幅でもって程度を示す傾向にあることを指摘した。量程度副詞は機能的にスケール上の位置を示す場合と、スケール上の幅を示す場合があるが、スケール上の幅を示すことができるという点はブン節と共通する。

ここで述べたことと近い見解を示した佐野 (1998a) では、状態変化動詞と共起する副詞を分析し、結果として、「とても」などの純粋程度副詞は「結果状態の程度（変化後どの程度になったか）」を表すのに対して、量程度副詞は「変化の度合い（どの程度変化したか）」あるいは「結果状態の程度（変化後どの程度になったか）」を表すことを指摘する。佐野氏の指摘を合わせて考えれば、ブン節による程度修飾は量程度副詞に近いと言えよう。数量修飾をもできるという点においても、ブン節と量程度副詞の共通性がみられる[5]。

ほかに、「分」と同じあり方のものとして「だけ」があげられる。(9)はダケ節による状態事象の程度修飾である。

---

5 佐野 (1998a) は純粋程度副詞を「非常に類」、量程度副詞を「だいぶ類」と呼ぶ。

(9) 手間をかけただけ、値段が高い。

(9) では、かけた手間に応じて値段が高いということを表している。値段の高さを把握するために、まずどのくらい手間をかけたかを把握しなければならない。前件には、かけた手間の量のスケールがある。後件には、値段の高さというスケールがある。以下の図4に (9) のスケール構造を提示する。

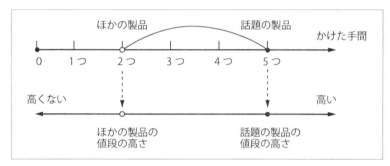

図4　(9) における「だけ」の前後件のスケール

前件の「手間をかける」は、「一手間をかける」などをいうことから、数量のスケールを有すると考える。数量はゼロから数えるため、開始限界点となる「0」が設定される。便宜上、単位を「1つ、2つ、3つ…」として、スケールが「1つ、2つ、3つ…」のように単位に区切られている。原理的には上限がないため、右側が開かれた形になる。図4に示しているとおり、前件のスケールは開始限界点を有する閉鎖スケールである。さらに、(9) によれば、ほかの製品よりも今話題にしている製品のほうが、手間がかかったことが分かる。仮にほかの製品には手間をひとつ、二つしかかけていないとして、話題の製品にはこだわって通常よりも多く、五つの工程を取ったとする。そこで、図4に「2つ」と「5つ」をそれぞれ示す極点を付けた。「2つ」と「5つ」の間に幅が生じるが、この幅は話題の製品とほかの製品のかけた手間の違いである。

そして、後件は値段の高さという状態のスケールを持つ。かけた手間に応

じて、製品の値段の高さが決まるため、前後件のスケールを照合すると、前件にある幅が後件に付与される。そこで、二つの手間に対応する値段の高さと、五つの手間に対応する値段の高さが表示される。(9) の後件は「値段が高い」と言っているが、これはほかの製品に比べては高いという意味であり、表面的に比較表現が出ていないが、裏には比較の意味合いが読み取れる。

　ダケ節の (9) はブン節の (8) と同様に、前件に数量のスケールを持つ例であるが、前件に程度のスケールを持つことも可能である。「分」の例を次に示す。

(10) 大半のエアコンのタイプは「弱冷房除湿」。室温を下げないよう冷房は弱めだが、除湿量も少なめ。<u>冷房が弱い分</u>、電気代は安い。(毎日新聞 2004/06/05)

(10) によれば、弱冷房除湿エアコンを非弱冷房除湿エアコンと比較している意味合いが読み取れる。非弱冷房除湿エアコンに比べて、弱冷房除湿エアコンは冷房がいくぶん弱い。弱い分に応じて、電気代が安くなる。つまり、冷房の弱さによって、電気代の安さが決まるわけである。こういった冷房の弱さと電気代の安さの対応関係を示すのに、スケール構造では「照合」の手続きが必要である。(10) のスケール構造を図 5 に示す。

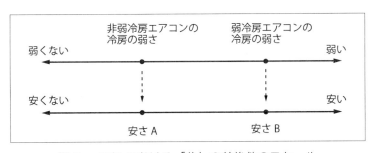

図 5　(10) における「分」の前後件のスケール

　照合によって、非弱冷房除湿エアコンの電気代の安さが決まり、仮にそれを安さ A だとしたら、これに対して弱冷房除湿エアコンの弱さに応じて決まる電気代の安さは B とする。安さ A と安さ B によって安さのスケールに

第七章

ひとつの幅が設けられる。(8) の分析でも述べたように、ブン節は状態事象に状態変化の意味合いを持たせ、状態変化の隔たりを表す。この点は、(10) にもみられる。

なお、ほとんどの場合、ブン節の「分」とダケ節の「だけ」とは置き換えることができる。前掲の (8) や (9) もそうであるし、(10) も (11) のように置き換えられる。

(11) 冷房が弱いだけ、電気代が安い。

(11) の意味は、(10) と大きく変わらない。そして、ここでみる (10) や (11) だけでなく、状態事象、変化事象、動作事象のいずれにおいても、ブン節とダケ節は比例の読みがありうる[6]。特に、(10) は、「大半のエアコンのタイプは「弱冷房除湿」。室温を下げないよう冷房は弱めだが、除湿量も少なめ。」という前文脈があるので、二種類の冷房を対比させるニュアンスが強いが、(11) のように「冷房が弱いだけ、電気代が安い」のみ提示すれば、非弱冷房除湿エアコンとの対比がなくなり、比例の意味がより一層強くなるようである。このことは、「だけ」が用いられる場合に対してだけではなく、「分」が用いられる場合に対しても言えることである。

ただし、非弱冷房除湿エアコンとの対比がなくなっても、冷房の弱さと電気代の安さが等しいという関係が変わらない。これは前述の (10) と同様である。(11) のスケール構造は図 6 である。

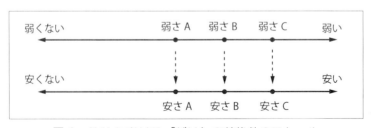

図 6 (11) における「だけ」の前後件のスケール

---
6 全く制限がないわけではない。前件が過去形を取る場合、前件がすでに完了された事実として理解されるため、比例の解釈が成立しにくい。

160

図6に示されているように、仮に冷房の弱さをAとすれば、前後件のスケールを照合して弱さAに対応して電気代の安さAが決まる。冷房の弱さがAより弱い「弱さB」になれば、それに応じて電気代の安さも「安さB」となる。

　これまでみてきた(8)～(10)は、対比の意味合いが強く、前件のスケールに対比による幅が設けられている。これに対して、対比の意味合いがない(11)では、対比の対象となる「非弱冷房除湿エアコン」が存在しないので、図6にあるように、弱冷房除湿エアコンの程度を示す位置「弱さA」や「弱さB」などが示されるのみである。ここでは比例の解釈が可能であること、そして、比例の解釈においてスケール構造のあり方が異なることを指摘するにとどめ、比例については第十一章で詳しく議論する。

　第3節は、ブン節およびダケ節が状態事象に用いられて後件の程度を示す場合を考察した。ブン節およびダケ節は、前件にもスケールを持つ点が特徴である。そのために、前後件のスケールを照らし合わす「照合」という手続きが必要であることを述べた。そして、「分」と「だけ」の互換性が高く、いずれも前後件の程度（または数量）が等しいという意味を持つことを述べた。

4. 変化事象の二面性と程度修飾・数量修飾

　第三章では、変化事象の二面性について検討し、次のように述べた。

> (12) 変化事象には状態的な側面と、動き・動作の側面がある。前者は程度修飾を受け、後者は数量修飾を受ける。この特徴を反映して、変化事象のスケールは開始限界点を有する閉鎖スケールである。開始限界点を有する点で動作事象と共通する。その一方で、状態変化の段階性は状態の連なりである点で状態事象と共通する。(第三章(31))

　変化事象の二面性というのは、状態の側面と、動き・動作の側面を併せ持つという意味である。変化事象の二面性はブン節やダケ節の解釈に影響を与

第七章

えることが観察される。

(13) グローバル化によって舞台が拡がった分だけ新しいチャンスがふえています。(『君ならどうする？』／BCCWJ)

(13)の前件によれば、過去に比べて舞台が広がった、すなわち現在は舞台が広がっている状態にあり、過去は舞台が広がっていない状態にあるということが分かる。つまり、前件からは「変化の度合い（どの程度変化したか）」という状態変化の隔たりの含意が読み取れる。第六章でも述べたが、状態変化の隔たりはスケール構造では「幅」で表される。このことを図7で確認する。

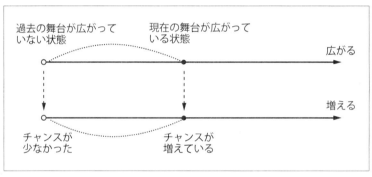

図7　(13)における「分」の前後件のスケール

前後件のスケールが照合することによって、後件のスケールに終了限界点が付与され、幅が決まる。(13)の後件は、今新しいチャンスが増えていると述べているが、これは過去と比べて今はチャンスが増えているということであり、裏には比較の意味合いが隠れている。

チャンスの増加は、舞台の広がりと対応するが、これは二通りの解釈がありうる。ひとつは、舞台の広がる程度と、チャンスの増える程度が対応するという読みである。つまり、ブン節は後件に対して程度修飾をするという読みである。もうひとつは、広がりの度合いに相当して、チャンスの数が多くなったということで、ブン節が増えたチャンスの数を修飾している。つまり、

ブン節が後件に対して数量修飾するという読みである。ちなみに、変化事象においては、数量修飾は主に内項の数量を表すことを第三章と第六章でみた。(13)を数量修飾の読みを取る場合、ブン節も内項の数量を表している。

(13)のブン節には程度修飾と数量修飾という二つの読みがあるが、これは変化事象の二面性によるものである。状態的な側面では、程度修飾の読みが優位になるのに対して、動き・動作の側面では、数量修飾の読みが優位になる。(13)のような状態変化の段階性(スケール)を持つ場合、それを状態変化として読むのはもちろんであるが、状態変化の動きによって増加する内項の量として読むのも可能である。

また、(13)の「分」を次のように「だけ」に置き換えることができる。

(14) グローバル化によって舞台が拡がっただけ新しいチャンスがふえています。

(14)のダケ節も程度修飾と数量修飾両方の読みができる。つまり、ダケ節が変化事象と共起する場合においても二つの読みがあると思われる。

このように、ブン節やダケ節が変化事象と共起する場合、程度修飾と数量修飾の解釈がいずれもできる。さらに、(8)(9)の分析でブン節・ダケ節は「変化の度合い（どの程度変化したか）」という状態変化の隔たりを表すと述べたが、佐野(1998a)では、変化動詞と共起する量程度副詞は「変化の度合い（どの程度変化したか）」を表すことができると述べられている。つまり、状態変化の隔たりを表すという点からも、程度修飾も数量修飾もできる点からもブン節が量程度副詞と共通していると言える。それから、第三章や第六章では、状態変化の隔たりは、スケール構造では「幅」で示されることを立証した。つまり、ブン節・ダケ節は本来スケール上の幅を示すという数量修飾をするものであるが、これらが変化事象と共起する場合、状態変化のスケール上の幅を示すことで、状態変化の隔たりという程度修飾の読みをも成立しうる。

第4節は、変化事象の二面性によって、ブン節・ダケ節は程度修飾と数量修飾両方の読みがありうるということを述べた。ブン節もダケ節もスケール

第七章

上の「幅」を示すため、通常の場合、数量修飾と読む。しかし、変化事象のスケールは状態変化のスケールであるため、スケール上の幅は状態変化の隔たりと解釈され、程度修飾の読みも可能である。

5. ブン節・ダケ節と副詞の相違

　自立的に使えず、前件を受ける義務があるという点、そして、程度修飾と数量修飾両方の機能を持つという点で、ブン節・ダケ節と副詞との相違が認められる[7]。また、この二点は、ホド節・クライ節にもみられる。この二点のほか、ブン節・ダケ節は修飾の仕方も副詞と異なる。

　修飾の仕方が異なるというのは、次にみられるように、ブン節・ダケ節は原則的に程度修飾・数量修飾の副詞に置き換えられない。

(15) 公共放送としては、この程度に限定して、それ以外の衛星とかハイビジョンはペイテレビにする。つまり見た分だけ払う。(『メディア王国の野望』／BCCWJ)

(16) *非常に／#かなり／#たくさん払う

(16)から分かるように、(15)と同じ文脈において副詞の使用が認められない。そして、「だけ」にも同じことがみられる。

(17) 日本は食糧やエネルギーなどの必需品をできるだけ輸入に頼らず、そして、どうしても輸入しなければならないものの支払いに見合うだけ輸出を行うような経済を築くべきである。(『アメリカは日本を世界の孤児にする』／BCCWJ)

(18) *非常に／#かなり／#たくさん輸出を行う

(18)に示しているように、副詞を用いた場合、(17)と同じ意味を表すこと

---

[7] 機能的に、純粋程度副詞は程度修飾のみであるのに対して、数量詞は数量修飾のみである。量程度副詞は程度修飾と数量修飾のいずれもできるが、以下に述べるとおり、修飾の仕方がブン節・ダケ節と異なるので、「分」「だけ」はやはり副詞と異なる。

ができない。「非常に」「かなり」「たくさん」といった副詞は程度の高低や数量の大小が意味的に指定されている。これに対して、「分」および「だけ」は程度の高低や数量の大小を明言しない。その代わりに、「前件に相当する」という方法で後件の程度や数量を示す。よって、副詞には置き換えられないのである。

第5節はブン節・ダケ節と副詞との相違について述べた。程度または数量の高低を指定しないという点で副詞と大きく異なる。ほかには、前件を要するという点と、程度修飾・数量修飾両方の機能を備えるという点でも副詞との相違が認められる。

6. 因果関係用法への拡張

本章は、「分」や「だけ」による程度修飾と数量修飾を検討してきた。これまでみてきた「分」および「だけ」の用例は、程度修飾や数量修飾の違いと関係なく、共通して前件の実現によって後件が実現するという関係が観察される。これに関連し、ニュアンスが多少変わるが、(2)にある「分」や(3)にある「だけ」を「から」に入れ替えることができる。

(19) 公的金融機関から資金を調達するから、民間金融機関からの借入れを減らしてしまう。

(20) 費用は要求があったから全額出してあげるようにしてほしい。

(19)(20) に示しているように、「から」に置き換えられることは、前後件が因果関係にあることを意味する。このことは、程度修飾・数量修飾のほか、「分」や「だけ」は因果関係を表す用法も持つことを示唆する。また、「分」には次のような例もみられる。

(21) 塚田が卒業した今年の東海大に大黒柱はいない。「エースがいない分、みんなが自分の役割を果たした」と白瀬英春監督。(毎日新聞 2004/06/27)

(21)のブン節は、単に「どのくらい自分の役割を果たしたか」を表すだけではない。メンバーが各自に役割を果たしたという結果の理由をエースの欠席に帰結させる。言い換えれば、前件を根拠に、後件に話し手の推論または判断を述べる用法である。このように、「分」には程度修飾用法、数量修飾用法のほかに、因果関係を表す用法をも持つ。一方、「だけ」は「だけに」や「だけあって」の形で因果関係を表すほか、(9)のように「だけ」のみの形の場合でも、前後件が因果関係にある[8]。因果関係を表す用法は、本書の目的からはずれてしまうため、この節は、「分」や「だけ」に因果関係を表す用法があることだけを指摘する。程度・数量修飾と因果関係を表す用法の関係性については、第十二章で論じる。

7.「ばかり」の特異性と位置づけ

先行研究では「だけ」とともに「ばかり」を取り上げることが多いが、両者は共通点が多い一方で、相違点もある。この節では、「だけ」との相違点から、「ばかり」による程度修飾と数量修飾の特異性を論じ、「ばかり」の位置づけを明らかにする。

本書で取り扱う「分」「ほど」「くらい」などの語彙は、副詞節を構成することで、従来では形式副詞や、接続辞などと呼ばれてきた。「だけ」や「ばかり」もこれらと同様に副詞節を構成する用法があるが、取り立て詞として用いられることが圧倒的に多い。例えば、丸山(2001)によれば、「だけ」「ばかり」は「限定」の意味を表す「とりたて用法」のほうが主流であるが、前掲の(1)の構文を取るような「だけ」「ばかり」は、「程度」を示すという。

ところで、取り立て詞としての「だけ」と「ばかり」は、限定の仕方が異

---

8 因果関係を示す用法では、「分」に「だけ」を後接することが難しい。例えば、「エースがいない分だけ、みんなが自分の役割を果たした」というのは言いにくい。一方で、程度または数量を表すブン節の場合、「だけ」の後接がしやすい。「分」自体は、単位や分量の意味を持つため、「分」のみでも程度または数量の意味合いがあると思われるが、程度修飾・数量修飾の場合に限って「だけ」が後接しやすいという点から言えば、「だけ」を後接することによって、「限界までいっぱい」という程度または数量の意味合いを補強しているかもしれない。

なることが分かっている。例えば、丹羽(1992)では、(22)(23)を例に両者の相違を説明している。

(22) 漢字ばかり／だけで書いてある。
(23) ここは花ばかり／だけだね。

「「ばかり」は「その文章が漢字で満たされている」「ここが花で満たされている」ことを表し、「だけ」は「その文章は漢字以外では書いていない」「ここは花以外のものはない」ということを表す（丹羽1992:109)」。つまり、「ばかり」も「だけ」も限定を表しているが、含意しているものが異なる。「だけ」のほうは、限定する事態以外に、排除される事態が存在するという含みがあり、このような「他の事態を排除することに重点がある (p.109)」限定を丹羽(1992)では「外限定」と呼んでいる。「外限定」の「だけ」に対して、「ばかり」を「内限定」と呼び、「成立するのは当該事態で尽くされるということに重点がある（丹羽1992:109)」と規定する。

「だけ」の程度修飾・数量修飾の例においても、排除される事態に重点があるという外限定の性質が確認できる。

(24) 今年は作りすぎたから、そこの野菜はなんキロだって欲しいだけもらっていいよ。

(24)では、前件には「欲しさ」という程度のスケールがあるが、後件にはもらう量のスケールがある。また、欲しさのスケールは「欲しい・欲しくない」という相対的な捉え方によって構成される。一方、量のスケールは、数え始めるという開始限界点があり、キロという単位がある。このことを示すのが図8である。

第七章

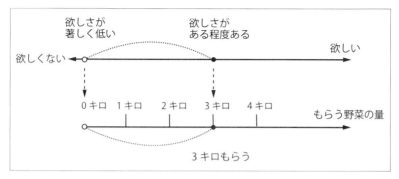

図8 (24)における「だけ」の前後件のスケール

　図8に示しているように、もらう野菜の量は欲しさに比例して決まるが、裏返せば、欲しくなければもらわない。そのために、欲しさが著しく低い場合、つまり「欲しくない」という場合は、もらう野菜の量が0キロとなる。また、もらう野菜の量は、欲しい量に等しく、それ以上でもそれ以下でもない。要するに、「だけ」は「欲しさ」を限定していると同時に、「欲しくないという相対的な理解」と、「欲しい量を限定しつつも欲しさを上回るあるいは下回る量を排除する」という含意を背後に持っている。「だけ」は取り立てられる事態を明示するとともに、排除される事態の存在を暗黙に示すということであるが、言い換えれば、「だけ」による限定は常に相対的な理解に基づいている。このような相対的な理解によって、前件のスケールが構成される。

　しかし、排除される事態の含意がない「ばかり」では、このような相対的な理解をしていない。「ばかり」の内限定の性質は、「ばかり」による程度修飾・数量修飾にも影響を与えると考えられる。

(25) 広大な峰と峰とのあいだには、巨大な雪の桶のようなものができあがり、その桶はきれいな形に凍りついて、まばゆいばかりに白かった。（『モーパッサン短篇選』／BCCWJ）

　(25)では、「ばかりに」の形で副詞節を構成するが、この場合の「に」は、「キレイに」の「に」と同様に副詞の性格を持たせるものだと考えられる。後件

には白さという状態のスケールがあり、「まばゆいばかりに」で白さの程度を修飾している。前件の「まばゆい」は状態事象であるため、本来は「まばゆい・まばゆくない」というように肯定・否定の対立によってスケールを形成するが、「ばかり（に）」の内限定の性質によって、「まばゆい」という肯定の含意しかなく、「まばゆくない」という含意を許容しないため、スケールを構成することができない。

　本章で検討した「だけ」や「分」は、前件にスケールを持つため、「照合」という手続きが必要であり、「照合」によって前件のスケールと、後件のスケールが関係づけられる。しかし、「ばかり（に）」の前件にスケールを構成することができないため、「照合」という手続きが要らなくなる。ただし、前件にスケールがなくても、バカリ節が後件の程度、(25) では白さの程度を示すことが確かであるので、バカリ節は後件のスケール上の位置を示すと考えられる。このことは、(25) のバカリ節を (26) のように「非常に」に置き換えられることからも確認できる。図示すると、図9になる。

(26) その桶はきれいな形に凍りついて、<u>非常に</u>白かった。

図9　白さのスケールにおける「非常に」とバカリ節

　図9から、バカリ節の程度修飾は、第六章で検討したホド節・クライ節と同様であることに気づく。この点について、森田 (1968) や奥津 (1975b) に言及がある。森田 (1968) は、「ほど」「くらい」「ばかり」は共通して、例示によって後件の程度を示す用法があると指摘している。また、奥津 (1975b) は、「「ホド」に置きかえても意味は変らないし、(中略)「ニ」を任意に取る点でも「ホド」と同じであり、また補文にも未完了時制を取る以外に特に制限はない (p.94)」と述べている。

　しかし、バカリ節はホド節やクライ節とは異なる原因によってスケール上

第七章

の位置を示すのである。第一に、バカリ節は高程度しか表せない。ホド節・クライ節は高程度も低程度も表すが、バカリ節は、低程度を示すことができない。これはバカリ節の内限定の性質によると考えられる。

本来、「取り立て用法は、平行する諸事態の中で成立する範囲を（丹羽1992:115）」を表し、並列される諸事態の中から、一部だけ取り立てれば、必然的に排除される事態が生じる。つまり、取り立ては「取り立てられる・排除される」という相対的な理解を基本としており、このような相対的な理解はスケールを形成するのに一役を買うことはすでに述べたとおりである。

しかし、「ばかり」は排除される事態の含みがないため、相対的な理解は「ばかり」の文脈において許容されない。つまり、本来ならば、取り立てによって相対的な理解があり、スケールを構成できるはずであるが、「ばかり」の内限定の性質によって、前件はスケールが構成できない。さらに、内限定は「取り立てられる事態で尽くされる」ということなので、高程度の解釈しか許さない。そのために、バカリ節はスケール上の高程度の位置を示すという、かなり限定的な程度修飾をするのだと考えられる。

また、この限定的な程度修飾の仕方と関連して、「ばかり」は数量修飾の例が見当たらない。数量修飾は、スケール上の幅でもって示されるのであるが、高程度の位置しか示せない「ばかり」は、幅を構成することができないため、数量修飾を行うことが困難だと思われる。しかし、ホド節やクライ節もスケール上の位置を示すのに、開始限界点がある動作事象などと共起すれば、数量修飾の読みが可能であることを第三章で述べた。つまり、「ばかり」も動作事象と共起すれば、大量の読みとなることが推測される。しかし、実際にはこのような例が見当たらないので、この点については今後の課題としたい。

第7節は、「ばかり」を取り上げて、「ばかり」の内限定の性質が程度修飾や数量修飾への影響を論じ、「ばかり」がスケール上の位置を示すことが分かった。しかし、スケール上の位置を示すとは言え、「ばかり」は「ほど」「くらい」とは違い、本来は前件のスケールを形成できるはずである。内限定の性格によって、「ばかり」の前件にスケールが形成されないが、前件にスケ

ールがあるはずだという点からみれば、「ばかり」は「ほど」・「くらい」とは異なり、「だけ」・「分」に近いと言える。

　副詞節による程度修飾・数量修飾を分類するならば、スケール上の位置を示す「ほど」「くらい」と、スケール上の幅を示す「分」「だけ」に二分することができる。そして、取り立ての性格からして「ばかり」は、「だけ」「分」類に属するはずであるが、振る舞いが「ほど」「くらい」と同様であることから、「ばかり」は両類の中間に位置づけられる。

8. まとめ

　本章では、ブン節やダケ節による程度修飾と数量修飾を検討した上で、バカリ節の特異性を論じた。述べたことを次のようにまとめる。

(27) 数量修飾の場合、ブン節・ダケ節はスケール上の幅を示すことで動作事象の数量を表す。

(28) 程度修飾の場合においても、ブン節・ダケ節はスケール上の幅を示す。そのため、比較の意味合いが強く、状態事象でも状態変化と解釈される。状態事象・変化事象のいずれにおいても、ブン節・ダケ節は「変化の度合い（どの程度変化したか）」を表す。

(29) ブン節・ダケ節が変化事象と共起する場合、程度修飾と数量修飾両方の解釈がありうる。

(30) バカリ節は高程度の程度修飾しかできず、スケール上の高程度の位置を示す。また、「だけ」と同様に取り立て由来であるのに、振る舞いが「ほど」「くらい」と同様ということで中間的なものに位置づけられる。

第八章

複文における程度修飾・数量修飾の体系と移行

1. はじめに

これまで、第六章で「ほど」「くらい」を、第七章で「分」「だけ」「ばかり」を検討した。検討に当たっては、状態事象・変化事象を対象に程度修飾を、動作事象・変化事象を対象に数量修飾を考察した。これは、序章で提起した問題意識の(1)に基づいた視点である。このほか、序章で提起した問題意識に(2)(3)がある。

(1) 程度標識・数量標識がどのような述語と共起するか。
(2) いくつかある程度標識・数量標識同士にどのような共通点・相違点があるか。
(3) 程度修飾と数量修飾の重なりがどのような仕組みによって実現されるのか。

本章では、これまでの検討を踏まえて(2)(3)の問題意識に答えていく。まず第2節で、(2)について答え、複文における「程度と量・数」の体系を構築する。続く第3節と第4節は(3)を取り上げ、「移行」について論じる。最後に第5節で全体をまとめ、第二部を締める。

第八章

2. 複文における「程度と量・数」の体系

第六章で「ほど」「くらい」を検討して、次のように述べた。

(4) 程度修飾の場合、ホド節・クライ節はスケール上の位置を示すことで程度を表す。状態事象では、「結果としてどの程度なのか」を表し、変化事象においては「結果状態の程度(変化後どの程度になったか)」を表す。

(5) 数量修飾の場合、ホド節・クライ節は依然としてスケール上の位置を示す。ただし、数量の閉鎖スケールには、開始限界点があり、単位に区切られているため、ホド節・クライ節が位置だけ示しても、その位置が極点とみなされるほか、開始限界点との間に幅が生じて、数量の解釈ができる。

以上により、ホド節・クライ節は程度修飾においても数量修飾においても、スケール上の「位置」を示すことが分かり、この点からホド節・クライ節は程度修飾を本務とすることが言える。

そして、第七章で「分」「だけ」「ばかり」を検討して、次のように述べた。

(6) 数量修飾の場合、ブン節・ダケ節はスケール上の幅を示すことで動作事象の数量を表す。

(7) 程度修飾の場合、ブン節・ダケ節は依然としてスケール上の幅を示す。そのため、比較の意味合いが強く、状態事象でも状態変化と解釈される。状態事象・変化事象のいずれにおいても、ブン節・ダケ節は「変化の度合い(どの程度変化したか)」を表す。

(8) ブン節・ダケ節が変化事象と共起する場合、程度修飾と数量修飾両方の解釈がありうる。

(9) バカリ節は高程度の程度修飾しかできず、スケール上の高程度の位置を示す。また、「だけ」と同様に取り立て由来であるのに、振る舞いが「ほど」「くらい」と同様ということで中間的なものに位置づけられる。

以上により、ブン節・ダケ節は程度修飾においても数量修飾においても、スケール上の「幅」を示すことが分かり、この点からブン節・ダケ節は数量標識を本務とすることが言える。

　第六章と第七章の帰結を合わせてみれば、複文においては、後件の程度または数量を表す副詞節は二種類に分けられることが分かった。ひとつは程度修飾を本務とする「ほど」「くらい」で、もうひとつは数量修飾を本務とする「分」「だけ」である。そして、「ばかり」はそれらの中間に位置づけられる。また、「ほど」「くらい」は様態修飾への拡張がみられ、「分」「だけ」「ばかり」は因果関係を示す用法への拡張がみられることについては、それぞれ第六章と第七章で触れた。これまでの検討から複文における「程度と量・数」の体系として、「ほど」「くらい」と、「分」「だけ」は対立的に位置づけられて、その中間に「ばかり」を位置づけることができる。

　「ほど」「くらい」と、「分」「だけ」の対立から考えれば、「ほど」「くらい」が行う数量修飾が「分」「だけ」と異なることも、「分」「だけ」が行う程度修飾が「ほど」「くらい」と異なることも、本務と違う修飾を行うからだと考えられる。よって、振る舞いが典型的なものと違ってくるのも考えられる。

　以上に述べたことを表1にまとめる。また、程度修飾や数量修飾は、事象に内包される段階性(スケール)を対象にそのあり方を示す作業であるから、合わせて事象のあり方や段階性(スケール)をも示す。表1では、有する項目を「〇」、有しない項目を「×」と示し、有する場合も有しない場合もある項目は「△」と示す。

第八章

表1　複文における程度標識・数量標識とスケール構造の関係

		状態事象 （状態）	変化事象の 状態変化	変化事象の 動き・動作	動作事象 （動作）
段階性（スケール）		○	○	○	○
極点（開始限界点）		×	○	○	○
計測できる		×	×	○	○
単位		×	×	△	○
スケール構造		開放スケール	閉鎖スケール	閉鎖スケール	閉鎖スケール
ホド節・クライ節	修飾	結果状態の程度修飾	結果状態の程度修飾	数量修飾	数量修飾
	機能	スケール上の位置を示す		開始限界点のある閉鎖スケール上の位置を示す	
バカリ節	修飾	結果状態の程度修飾	結果状態の程度修飾	用例が見当たらない	用例が見当たらない
	機能	スケール上の位置を示す			
ブン節・ダケ節	修飾	状態変化の隔たりの程度修飾	状態変化の隔たりの程度修飾・状態変化に伴って増減する量の数量修飾	数量修飾	
	機能	スケール上の幅			

3. 程度修飾から数量修飾への移行：「ほど」「くらい」

　単文を検討する第一部では、状態事象は状態の段階性を有するために程度修飾を受けるのに対して、動作事象は内項の数量や動作量といった数量的段階性を有するために数量修飾を受けるということを明らかにした。この点から、事象は原則的に決まった修飾を受けることが言える。しかし、状態事象の状態的段階性を数量的に把握し、程度を数量で示す場合がある。同じように、動作事象の数量的段階性を程度的に把握し、数量を程度で示す場合もある。第四章では、このような段階性（スケール）の移り変わりを「移行」と呼んだ。程度修飾を本務とするホド節・クライ節が数量修飾を行う場合があり、これも移行だと考え、この節ではホド節・クライ節にみられる「移行」について論じる。
　ホド節・クライ節はスケール上の位置（＝程度）を示すことを本務とする

が、次のような場合、数量を表す。

(10) 意識を失うほど / くらいお酒を飲んだ。（内項の数量）
(11) 足が棒になるほど / くらい走った。（動作量）

　ホド節・クライ節は、(10) では飲酒量を、(11) では移動距離を示している。ただし、第六章で論じたように、数量修飾として成り立つのは結果であって、ホド節・クライ節のスケール構造での機能が変わったわけではない。つまり、ホド節・クライ節の本質は程度修飾であり、(10) で言えば飲酒量という数量を「意識を失う」という程度で把握していることだし、(11) で言えば移動距離という数量を「足が棒になる」という程度で把握している。

　ホド節やクライ節が数量修飾となるのは、飲酒量や動作量のスケールに開始限界点と単位が存在しているからである。そのために、ホド節・クライ節が示した「位置」が極点とみなされ、結果的に開始限界点とホド節・クライ節が示した「位置」の間に幅が生じる。その幅は、事象の数量と理解されるのである。言い換えれば、ホド節・クライ節は後件のスケールの性格によって数量修飾となったのであって、その本質は程度修飾のままである。動作事象に関して言えば、移行は数量の段階性を程度的に把握することであるが、以上の考察から、ホド節・クライ節が飲酒量や動作量の段階性を程度的に把握している点で、動作事象において移行が行われることが分かる。

4. 数量修飾から程度修飾への移行：「分」「だけ」

　数量修飾を本務とするブン節・ダケ節が程度修飾を行う場合があり、つまり移行が観察されることがある。前節の記述を踏まえて、この節ではブン節・ダケ節にみられる「移行」について考察する。
　ブン節・ダケ節はスケール上の幅（＝数量）を示すことを本務とするが、次のような場合、状態変化の隔たりという特殊な程度を表す。

(12) 道路幅は相変わらず狭く、建物の密度が増えた分だけ薄暗い。（『消え

た街道・鉄道を歩く地図の旅』／BCCWJ)
(13) 手間をかけただけ、値段が高い。

　(12)は現在の状態が薄暗いと表すとともに、過去は薄暗くなかったということを暗示する。また、ブン節は、現在の薄暗さを示しながらも、薄暗くない状態から薄暗くなったという状態の隔たりを示す。(13)は、値段が高いことを表すとともに、通常よりも手間をかけたことを暗示する。そしてダケ節は、通常より高くなったという状態の隔たりを示す。
　第七章で分析したように、ブン節・ダケ節は「変化の度合い（どの程度変化したか）」を表すが、これは典型的な程度修飾とささか異なる。典型的な程度修飾は、「結果としてどの程度なのか」または「結果状態の程度（変化後どの程度になったか）」を表すものであり、スケール構造では「位置」で示す。一方、ブン節・ダケ節が表す「変化の度合い（どの程度変化したか）」はスケール構造では「幅」で示す。この点から、程度修飾と理解される場合においても、ブン節・ダケ節は数量標識の性格を保持していると言える。要するに、ブン節・ダケ節が本務の数量修飾のあり方を状態事象に適用させるときに、状態変化事象の読みが出る。表では、状態の程度修飾であるが、裏では、状態変化の含意がある。スケール構造において、こういった状態変化の含意は状態スケールに幅を設けることになる。つまり状態のスケールを数量的に把握するということである。これがブン節・ダケ節にみられる移行の原理である。

5. まとめ

　本章は、第六章と第七章の結論をまとめ、複文における「程度と量・数」の体系を示した。具体的には、「ほど」「くらい」と、「分」「だけ」は対立的に位置づけられて、その中間に「ばかり」を位置づけることができる。詳細は表1にまとめている。また、「ほど」「くらい」と、「分」「だけ」にみられる「移行」の原理を分析した。「ほど」「くらい」の移行は動作事象にみられ、

「分」「だけ」の移行は状態事象にみられる。それぞれは、本務以外の修飾を行う場合、本務である程度標識または数量標識の機能を保持している点が特徴的である。

【第三部】
現代日本語文における程度修飾と数量修飾の体系

第九章
現代日本語文における程度修飾と数量修飾の体系
―単文および複文の関係づけ―

1. はじめに

　第一部では単文を、第二部では複文を対象に、程度修飾と数量修飾を考察した。考察は序章で提示した以下の視点に基づいて行った。

(1) 程度標識・数量標識がどういう述語と共起するか。
(2) いくつかある程度標識・数量標識同士には、どのような共通点・相違点があるか。
(3) 程度修飾と数量修飾の重なりがどのような仕組みによって実現されるのか。

　(1)に関しては、第一部の第一章でまとめた先行研究の研究結果によると、程度修飾は状態事象・変化事象にみられ、数量修飾は動作事象・変化事象にみられることが明らかになっている。そして、第一部と第二部は、それぞれ単文と複文のレベルで(2)(3)について答えたが、本章では単文と複文の検討結果を合わせて現代日本語文における程度修飾と数量修飾の体系を構築することを試みる。

2. 程度修飾における単文と複文の対照関係

最も典型的な程度修飾は、「非常に寒い」というようなものである。状態を相対的に捉えることによって段階性(スケール)が生じるが、その段階性(スケール)に対して程度標識を用いて修飾するのである。この場合、程度標識は、「非常に」などの純粋程度の副詞のほか、量程度の副詞「かなり」や、ホド節、クライ節、バカリ節などがあげられる。

(4) 冬の旭川は非常に寒い。(純粋程度副詞)
(5) 冬の旭川はかなり寒い。(量程度副詞)
(6) 冬の旭川は河でも凍るほど/くらい寒い。(ホド節・クライ節)
(7) 冬の旭川は涙が頬に凍りつくばかりに寒い。(バカリ節)

これらはいずれも発話者が旭川の冬の寒さを対象に、それの程度が高いと判断し、「結果として現状がどの程度なのか」を表す。これを「結果状態の程度」と呼んでおく。つまり、前述の程度標識((4)〜(7)の下線部)は結果状態の程度を示すものである。

これに関連して、(4)〜(7)の程度標識は、スケール上の「位置」を示すことで事象の程度を示す。「寒さ」を例に言えば、寒さという状態のスケールは、程度の異なる寒さが「寒い」から「寒くない」という順で非離散的に連続しているものである。程度標識はスケール上の位置をひとつ示すが、その位置は発話者が意図している現状の寒さであり、結果としての寒さである。つまり、状態のスケールを対象に、結果状態を示すのである。

このような状態のスケールには、原則的に上限も下限もないために開放スケールとして描かれる。また、程度は計測できないということを本質とし、スケールには単位を設定しない。状態のスケールを持つのが状態事象であることはいうまでもない。

状態の段階性(スケール)と近似するものとして、状態変化の段階性(スケール)があげられる。状態変化の段階性(スケール)では、ある状態変化が少しずつ進んでいくことを描いている。例えば、「温まる」や「沸く」などである。このような状態変化の段階性(スケール)は「事

象が始まって、進行していく」というプロセスによって形成される。そのため、スケールに開始限界点があり、閉鎖スケールである。閉鎖スケールである点で状態の段階性(ルビ:スケール)と区別されるが、状態変化の閉鎖スケールに、ある特定の位置を示すことによって、「結果状態の程度」を表すことができる。

(8) ホットコーヒーを飲んで身体が非常に温まった。(純粋程度副詞)

(8)は、純粋程度副詞を用いて程度修飾を行っているが、結果として温まったし、その温まった程度が「非常に」である。しかし、状態変化の段階性から、「変化の度合い(どの程度変化したか)」を読み取ることが可能である。

(9) ホットコーヒーを飲んで身体がかなり温まった。(量程度副詞)

(9)の量程度副詞「かなり」に対して二つの読みが可能である。ひとつは、純粋程度副詞「非常に」と同様に、「結果状態の程度」を表すという読みである。もうひとつは、「変化の度合い(どの程度変化したか)」を表す読みである。後者の読みなら、次の文脈に置かれても自然である。

(10) ホットコーヒーを飲む前より身体がかなり温まった。

「かなり」を用いたは自然であるが、「非常に」を用いると、不自然になる。

(11) ?ホットコーヒーを飲む前より身体が非常に温まった。

(11)の文法性が落ちたのは「非常に」などの純粋程度副詞が「結果状態の程度」しか表せないからである。これに対して、「かなり」などの量程度の副詞は「結果として現状がどの程度なのか」を表すことも、「変化の度合い(どの程度変化したか)」を表すこともできる。本書では後者を「状態変化の隔たり」と呼ぶ。このことはすでに佐野(1998a)に指摘されているが、実は副詞節による程度修飾にも同じ現象が観察される。

(12) ホットコーヒーを飲んで身体がぽかぽかするほど／くらい温まった。
(13) ?ホットコーヒーを飲む前より身体がぽかぽかするほど／くらい温

第九章

まった。

(12)のホド節・クライ節は、温まった程度がどのくらいかということを示しており、つまり「結果状態の程度」を表している。これに対して(13)は座りがだいぶ悪くなる。(12)(13)にみられるホド節・クライ節の振る舞いは、(8)(11)でみた純粋程度副詞「非常に」と同様である。もうひとつ、これらと同様な振る舞いをするのはバカリ節である。

(14) ふたたび勝尾岳の中腹の小径にまでのぼると、夜天は南がけむって昏かった。北はおそろしいばかりに霽れていて、大小の星がみな北に片寄り、紺色びいどろの砕片を撒きあげたようにあざやかだった。(『韃靼疾風録』／BCCWJ)

(15) ?北は前よりおそろしいばかりに霽れている。

(14)は北の空に雲がひとつもないということをバカリ節で表しており、文法的であるが、次の(15)の文脈でバカリ節が不適合である。このことからも分かるように、バカリ節は「状態変化の隔たり」を表すことができない。バカリ節を用いる場合、後件の状態変化がすでに成立していなければならない。そして、バカリ節はその状態変化の結果が非常に高い程度であることを示す。バカリ節は結果状態の程度しか表せないということは次の例からも確認できる。

(16) *北はおそろしいばかりに霽れているが、まだまだ雲が重い。

バカリ節は結果状態の程度を表しているため、「ばかり」が文中に用いられる場合、当該の状態変化が達成されていなければならない。よって、後ろの「まだまだ雲が重い」と意味がそぐわない。

一方、次にみるブン節・ダケ節はホド節・クライ節とは違う振る舞いがみられる。

(17) ホットコーヒーを飲んだ分／だけ温まった。

(18) 飲む前より、ホットコーヒーを飲んだ分／だけ温まった。

　ブン節・ダケ節を前件に取った(17)(18)は座りがよく、(9)(10)に示した量程度副詞と同じ振る舞いをしていることが分かる。「温まる」の「状態変化の隔たり」は、いわば「あまり温まっていない状態」と「ある程度温まった状態」の落差ということであるが、次の図1に示すように「あまり温まっていない状態」と「ある程度温まった状態」はスケール構造ではそれぞれひとつの「位置」を示す。そして、「状態変化の隔たり」を示す量程度副詞やブン節・ダケ節は、スケール上の幅を示すものである。

図1　(17)における後件のスケール

　以上に述べたことをまとめれば、次の表1のようになる。○は表せることを、×は表せないことを意味する。

表1　副詞および副詞節の程度修飾

	純粋程度副詞	ホド節・クライ節	量程度副詞	ブン節・ダケ節
結果状態の程度	○	○	○	○
状態変化の隔たり	×	×	○	○
修飾成分の機能	スケール上の位置を示す		スケール上の幅を示す	

　ただし、ここで言及した「状態変化の隔たり」は数量として把握することもまた可能である。

第九章

(19) ホットコーヒーを飲んで身体が<u>3度</u>温まった。

(19) は、飲む前の体温に比べて、体温が3度上がったことなので、ここの「3度」は「状態変化の隔たり」を示している。そして、第一部で明らかになったように、程度はスケール上の位置であるのに対して、数量はスケール上の「幅」である。「状態変化の隔たり」はスケール構造では、「幅」として示されるという点からも数量との近似性をみせる。しかし、第三章で論じたように、「状態変化の隔たり」を示せる数量詞は一部しかない。

(20) ？ホットコーヒーを飲んで身体が<u>37度</u>温まった。

37度も体温が上昇したとは、常識的に考えにくいため、(20) の文法性が落ちるのである。これに対して、次のように終了限界点を示す「まで」を後接させると (20) は座りがよくなる。

(21) ホットコーヒーを飲んで身体が<u>37度まで</u>温まった。

(21) が (20) と違って文法的なのは、「まで」を付けることによって、「37度」が変化の終了限界点となり、おおよそ平熱くらいの体温が上昇して37度で状態変化が終了されることが分かるからである。要するに、「まで」によって終了限界点が明確になり、「状態変化の隔たり」の解釈が読み取りやすくなるからである。

以上述べたことを にまとめ、次に示す。

表2　現代日本語文における程度修飾の体系

		状態の段階性(スケール)	状態変化の段階性(スケール)	
事象		状態事象	変化事象	
スケール構造		開放スケール	閉鎖スケール	
開始限界点		×	○	
単位		×	△	
計測できる		×	×	
修飾		程度修飾	程度修飾	程度修飾 数量修飾
修飾成分が表す内容		結果状態の程度	結果状態の程度	状態変化の隔たり
共起する修飾成分	純粋程度副詞	○	○	×
	バカリ節	○	○	×
	ホド節・クライ節	○	○	×
	量程度副詞	○	○	○
	ブン節・ダケ節	×[1]	×	○
	量副詞	×	×	×
	数量詞	△	×	△
修飾成分の機能		スケール上の位置を示す	スケール上の位置を示す	スケール上の幅を示す

3. 数量修飾における単文と複文の対照関係

　最も典型的な数量修飾は「たくさん飲んだ」や「たくさん走った」というようなもので、「たくさん飲んだ」には飲酒量の段階性(スケール)があり、「たくさん走った」には移動距離の段階性(スケール)がある。飲酒量は内項の数量であるが、移動距離は動作量となる。「飲む」や「走る」などのように、動作主が意志的に動

1　ブン節・ダケ節は状態事象と共起することが可能であるが、第七章で検討したように、この場合は、ブン節・ダケ節は「結果状態の程度」を表すというよりも「状態変化の隔たり」を表す。よって、表2では、「結果状態の程度」を表す欄では「×」を示したのである。

第九章

作を行うものは、本書では動作事象としている。また、「たくさん」は数量標識として、それらの量を示している。「たくさん」は量副詞であるが、ほかに数量標識として働くのは、数量詞や量程度副詞、ホド節、クライ節、ブン節、ダケ節などがあげられる。

(22) 太郎は<u>たくさん</u>飲んだ。（量副詞）
(23) 太郎は<u>かなり</u>飲んだ。（量程度副詞）
(24) 太郎は<u>3合</u>飲んだ。（数量詞）
(25) 太郎は<u>意識を失う</u>ほど／くらい飲んだ。（ホド節・クライ節）
(26) 太郎は、<u>今日買ってきた</u>分／だけ、飲んだ。（ブン節・ダケ節）

表し方の違いがあるが、(22)〜(26)の下線部はいずれも飲酒量、つまり内項の数量を表しており、数量標識である。そして、(24)の「3合」が使用されていることからも分かるように、内項の数量は原則的に加法性を持つ外延量であり、速度や密度、温度など加法性を持たない内包量と区別される。またこれらの数量標識も動作量を表すことができる。

(27) 太郎は<u>たくさん</u>走った。（量副詞）
(28) 太郎は<u>かなり</u>走った。（量程度副詞）
(29) 太郎は<u>3km</u>走った。（数量詞）
(30) 太郎は<u>足が棒になる</u>ほど／くらい走った。（ホド節・クライ節）
(31) 太郎は、<u>体力がある</u>分／だけ、走った。（ブン節・ダケ節）

(27)〜(31)の下線部は移動距離を表しており、動作量である。また、(29)の「3km」からも分かるように、動作量も原則的に外延量である。動作量や前述の内項の数量が外延量であることから、これらのスケールには単位と開始限界点がある。また、数量はスケール構造では、「幅」で示される。(29)の「3km」を例に言えば、次の図2のように示す。

現代日本語文における程度修飾と数量修飾の体系—単文および複文の関係づけ—

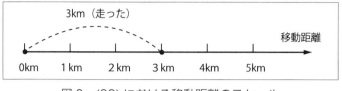

図2 (29)における移動距離のスケール

太郎が「0km」から走り、「3km」の距離が経ったところで走ることが終了される。よって、(29)の「3km」というのは「0km」地点から「3km」地点までの距離であり、スケール構造では「幅」である。

動作事象のほか、変化事象にも内項の数量や動作量の数量修飾がみられる。内項の数量を表すのは次のような場合である。

(32) 料理を3皿温めた。

(32)の「3皿」は料理の量を表しており、外延量である。なお、(32)の「3皿」は「どの程度温めたか」という状態変化とは無関係である。その一方で、状態変化を動作量として把握する場合がある。動作量としては把握する例は次のようなものである。

(33) 扉が3センチ開いた。

「開く」の意味からして、「3センチ」を「位置変化の隔たり」として理解することも、「開く」という動きの量として理解することもできる。もちろん、「3センチ」はスケール構造では「幅」として示される。これは、第2節で言及した、「状態変化の隔たり」において、程度修飾と数量修飾が近似することと等しい。ただし、「状態変化の隔たり」を数量的に把握する場合には、量副詞が用いられない。

(34) #扉がたくさん開いた。(量副詞)

(34)の「たくさん」は扉の数がたくさんあるという意味で解釈すれば文法的であるが、扉の開き具合を表すことが難しい。これに対して、程度修飾と

191

第九章

数量修飾の両方ができる量程度副詞の場合には、文法的である。

(35) 扉が<u>かなり</u>開いた。(量程度副詞)

(35)の「かなり」は、扉の数が相当の量であるという解釈と、扉が広く開いているという解釈のいずれも可能である。前者の解釈は数量修飾であり、後者の解釈は程度修飾である。そして、「状態変化の隔たり」を数量的に表す場合、(33)の「3センチ」のように外延量を取る場合もあれば、次に示すように内包量で表す場合もある。

(36) ホットコーヒーを飲んで身体が<u>3度</u>温まった。((19)を再掲)

(36)の「3度」は温度であり、加法性を持たない内包量である[2]。(33)から(36)にかけてみてきたとおり、「状態変化の隔たり」は程度修飾と数量修飾両方の解釈が可能であり、程度修飾と数量修飾が重なり合う境目だと言えよう。

以上に述べたことを表3にまとめ、以下に示す。

2　第三章で説明したように、水Aは50℃で100cc、水Bは100℃で100ccの場合、水Aに水Bを入れても、150℃にはならない。したがって、温度は加法性を持たない内包量である。

表3　現代日本語文における数量修飾の体系

	状態変化の段階性(スケール)	動作量の段階性(スケール)	内項の量段階性(スケール)
事象	変化事象	動作事象	動作事象
		変化事象	変化事象
スケール構造	閉鎖スケール	閉鎖スケール	閉鎖スケール
開始限界点	○	○	○
単位	△	△	○
計測できる	△	○	○
修飾	程度修飾・数量修飾	数量修飾	数量修飾
修飾成分が表す内容	状態変化の隔たり	動作量	内項の量
量の性質	内包量・外延量	外延量	外延量
共起する修飾成分　純粋程度副詞	×	×	×
バカリ節	×	×	×
ホド節・クライ節	×	○	○
量程度副詞	○	○	○
ブン節・ダケ節	○	○	○
量副詞	×	○	○
数量詞	△	○	○
修飾成分の機能	スケール上の幅を示す	スケール上の幅を示す	スケール上の幅を示す

4. まとめ

　本章では、第一部と第二部で論じた程度修飾と数量修飾を関係づけ、単文と複文を含めた日本語における程度と量・数の体系を構築することを目的として考察を行った。程度修飾に関しては、第2節の表2でまとめ、数量修飾に関しては、第3節の表3でまとめた。表2と表3の内容を合わせると、さらに表4のようにまとめられる。第3節では「状態変化の隔たり」の段階性を修飾する場合において程度修飾と数量修飾が重なることを述べた。程度と数量の連続性も合わせて表4に示す。

　表4はこれまでの検討によって明らかになったことを端的にまとめたもの

第九章

である。共起する修飾成分の欄をみてみると、程度修飾として機能するものと、数量修飾として機能するものの分布が明確に分かれている。また、程度修飾と数量修飾は「状態変化の隔たり」を示す場合において交差することも観察できる。この分布と交差が観察されたことから、「(純粋)程度・量程度・量・数」といった連続性を再確認することができた。「(純粋)程度・量程度・量・数」といった連続性は、仁田(2002:164)が指摘した「程度副詞の機能分担」を敷衍して明らかになったものであるが、単文のみならず、複文においても同様な連続性が観察されることから、副詞・副詞節といった形式的な違いと関係なく、この連続性は本質的に程度修飾・数量修飾を捉えたものであると言える。

表4 現代日本語文における程度修飾と数量修飾の体系[3]

		状態の段階性(スケール)	状態変化の段階性(スケール)		動作量の段階性(スケール)	内項の量段階性(スケール)
事象		状態事象	変化事象		動作事象	動作事象
					変化事象	変化事象
スケール構造		開放スケール	閉鎖スケール		閉鎖スケール	閉鎖スケール
開始限界点		×	○		○	○
単位		×	△		△	○
計測できる		×	△		○	○
修飾		程度修飾	程度修飾	程度修飾 数量修飾	数量修飾	数量修飾
修飾成分が表す内容		結果状態の程度	結果状態の程度	状態変化の隔たり	動作量	内項の量
量の性質		×	×	内包量・外延量	外延量	外延量
共起する修飾成分	純粋程度副詞	○	○	×	×	×
	バカリ節	○	○	×	×	×
	ホド節・クライ節	○	○	×	○	○
	量程度副詞	○	○	○	○	○
	ブン節・ダケ節	×	×	○	○	○
	量副詞	×	×	×	○	○
	数量詞	△	×	△	○	○
修飾成分の機能		スケール上の位置を示す	スケール上の位置を示す	スケール上の幅を示す	スケール上の幅を示す	スケール上の幅を示す
程度と量・数の連続性		程度	量程度		量・数	

---

[3] 本章で示した体系には「比較」についての位置づけがないが、「比較」の位置づけを取り入れた最終的な体系を第十章の表3に示す。

第十章

程度修飾・数量修飾の境目と「比較」の働き

1. はじめに

　本章の目的は程度修飾と数量修飾が重なり合う境目の内実を明らかにすることである。結果的に両者の重なりが「比較」の介入によって形成されることを立証するとともに、「比較」の働きおよび位置づけをも明らかにする。
　第九章では、事象と修飾の体系をまとめた。以下の表1に、その結果を簡単に示す。

表1　日本語文における程度修飾と数量修飾の体系（簡略版）

	状態の段階性(スケール)	状態変化の段階性(スケール)		動作量の段階性(スケール)	内項の量段階性(スケール)
事象	状態事象	変化事象		動作事象	動作事象
				変化事象	変化事象
修飾	程度修飾	程度修飾	程度修飾	数量修飾	数量修飾
			数量修飾		
修飾成分が表す内容	結果状態の程度	結果状態の程度	状態変化の隔たり	動作量	内項の量
修飾成分の機能	スケール上の位置を示す	スケール上の位置を示す	スケール上の幅を示す	スケール上の幅を示す	スケール上の幅を示す
程度と量・数の連続性	程度	量程度		量・数	

第十章

　程度修飾と数量修飾の重なりは二種類ある。ひとつは第四章と第八章で検討した移行である。移行は操作を通して状態の段階性(スケール)を数量的に把握したり、数量の段階性(スケール)を程度的に把握したりすることによって段階性(スケール)の性質が一時的に変化することである。もうひとつの重なりは本章でみる「状態変化の隔たり」である。表1から分かるように、状態事象・変化事象・動作事象を並列してみると、程度修飾・数量修飾は「状態変化の隔たり」において交差する。具体的な例は次のようなものである。

(1)　ホットコーヒーを飲んで<u>かなり</u>温まった。(程度として把握する場合)
(2)　ホットコーヒーを飲んで身体が<u>3度</u>温まった。(数量として把握する場合)

　ホットコーヒーを飲む前の体温に比べて飲んでからの体温が上がったということであるが、「どの程度上がったか」というのは、「状態変化の隔たり」である。そして、(1)は量程度副詞「かなり」を用いて「状態変化の隔たり」を程度的に把握する。それに対して、(2)は数量詞「3度」を用いて「状態変化の隔たり」を数量的に把握する。要するに、「状態変化の隔たり」を表す際に、それを程度として把握することもできれば、数量として把握することもできる。このように、程度と数量両方の把握ができるのは「状態変化の隔たり」のみである。

　程度修飾と数量修飾の重なりが状態変化の段階性を持つ変化事象にみられると述べたが、そのような変化事象では、程度修飾を受けて「結果状態の程度」を表す場合もある。この点から、程度と数量修飾の重なりはとりわけ程度修飾と近い関係にあると推測できる。よって、次の第2節では、典型的な程度修飾から、程度修飾と数量修飾の重なりに迫ってみる。

2. 比較の働き

　典型的な程度修飾は状態の段階性(スケール)を対象にする場合である。具体的な例でいうと、「高い・高くない」というように、状態を相対的に捉えることによ

って状態の段階性(スケール)が生じる。「高さ」を例に言えば、「高さ」が少しずつ変わる状態が「高くない」から「高い」へと順に連なっていくことで、状態の段階性(スケール)が形成される。言い換えれば、状態の段階性は程度の異なる状態の順序集合である[1]。そして、「高い」という述語が表す事象には、こういう状態の段階性(スケール)が内包されているため、「とても」などの程度標識を用いて、その程度性を示すことがある。

(3) Tom はとても背が高い。

(3)は「とても」を用いて、Tomの背の高さを示している。スケール構造では、次の図1に示すように「とても」はスケール上の「位置」を示している。

図1 高さのスケールにおける「とても」

先ほど、状態の段階性(スケール)は程度の異なる状態の順序集合であると述べたが、この点から、「とても」が示した「位置」はある程度性を帯びた状態であることが分かる。つまり、スケール上の「位置」は状態ではあるが、単なる状態ではなく、順序集合の位置に見合った程度性を持つ状態である。そして、このように、所定の位置に対して、「とても」などの程度標識を用いて、その位置の程度性を言い表すのが程度修飾である。

しかし、「とても」が高程度という意味を持つとしても、何を基準に「高程度」とするかは必ずしも自明ではない。(3)を例に取れば、発話者の中に平均的な背の高さという主観的な理解がまずあって、それを基準にして Tom の現在の高さを判断し、それを「とても高い」という「高程度」として判断して

---

[1] 北原 (2009:320) では、「スケール (scale) とは、ある属性についての値(即ち程度 (degrees))の順序集合 (ordered set) を」言うと規定している。

第十章

いるのである。この点から考えれば、「とても」が高程度を示すことは間違いないのであるが、どのくらいの程度を高程度とするかは発話者によって変わることが分かる。「位置」とは言え、ある固定した場所にあるわけではない。

そして、これは「高程度」を表す程度標識に限る話ではない。スケール上の位置を示すように働く程度標識であれば、高程度を示すものでも、低程度を示すものでも、示す位置が固定しておらず、不安定である。ただし、「とても」や「わずか」など副詞の場合に限っていうと、程度の高低が意味的に指定されている。ホド節・クライ節の場合は、程度の高低が意味的に指定されておらず、文脈全体で高程度か低程度かと判断せざるを得ない。この点から、ホド節・クライ節が示す位置は副詞よりも不安定だと言える。しかし、程度標識が用いられる文に、基準を明示すれば、本来不安定だった位置のあり方が明確になってくる。

(4) Tom は Bill より背が高い。

(4)は基準として Bill を提示しているので、Tom の身長がどのくらいかが分からなくても、Bill の身長より高いことが分かる。Bill の身長も Tom の身長も「背の高さ」という状態の段階性(スケール)においては、それぞれひとつの位置を示す。図示すると図2のようになる。

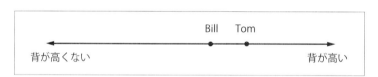

図2　高さのスケールにおける Bill と Tom の位置

Tom の所在位置の程度性はあまり明確ではないが、同じように、Bill の所在位置の程度性もはっきりしない。しかし、Tom が Bill より程度の高いほう、つまりスケールの右の方に位置することは明確である。

(4)のような「基準」が導入されるものは比較表現と呼ばれることが多い。山本（2004）では、「比較表現は意味的ないし論理的に少なくとも三つの基

本的要素を含んでいる。すなわち、Tom is taller than Bill を例にすれば、比較対象（Tom）、比較基準（Bill）、比較特性（taller）である。(p.24)」と述べられている。スケール構造では、比較対象（Tom）の高さと比較基準（Bill）の高さは「位置」として示される。なお、比較特性（taller）はスケール（段階性）そのものだとみなされる。比較対象（Tom）と比較基準（Bill）のいずれも「位置」であるため、二つの「位置」の間に「幅」が生じる。(4)では、その「幅」は二人の身長の差である。この「幅」を程度として把握することもできれば、数量として把握することもできる。

(5) Tom は Bill より<u>かなり</u>背が高い。
(6) Tom は Bill より<u>3cm</u>背が高い。

(5)では、発話者は両者の身長の差について尺などで量っておらず、感覚として「かなり」と評価している。その一方で、(6)では、身長の差を計測した結果である「3cm」で言い表している。(4)または(5)(6)と前掲の(3)との相違点は二つある。第一に、(4)(5)(6)は比較基準（Bill）を導入することによって、状態のスケールに幅を設けていることである。この点は図2から確認できる。第二に、(4)(5)(6)では、Tom の位置も、Bill の位置も決まっている位置だということである。なぜなら、Tom や Bill の身長の値が分からないとは言え、(4)のスケールに示された Tom や Bill の位置は二人の身長（つまり、背の高さ）を意味するからである。そして、第三章で述べたように、スケール上の絶対的な位置は極点と呼ぶ。(4)(5)(6)では、比較基準（Bill）が開始限界点とみなされ、比較対象（Tom）が終了限界点とみなされる。

上記をまとめれば、まず、基準を導入することによって、比較対象の位置だけでなく、比較基準の位置も決まるため、極点の性質を帯びてくる。さらに、極点と極点に囲まれたスケール上の「幅」は、単位を持って計測することができるため、数量的に把握することができる。その結果、(6)のように数量修飾を受けることができるのである。

(5)(6)と同じ振る舞いをするのは、次のような例である。

(7) ホットコーヒーを飲んでかなり温まった。((1) を再掲)
(8) ホットコーヒーを飲んで身体が3度温まった。((2) を再掲)

(7)(8) と前掲の (5)(6) との違いは、(5)(6) が状態事象であるのに対して (7)(8) が変化事象であるということである。変化事象は状態変化の段階性(スケール)を持つ。「温まる」の段階性(スケール)は、事象の開始と進行によって構成されるため、開始限界点を持つ。そして、「「温まる」は「変化達成が漸次的に累加され、そのたびに程度の異なる結果状態が成立する」という原理的には無限に起こりうる変化であり、ほんのわずかでも温度が上昇すれば一定の変化が達成された(すなわち、「温まった」) ことになる (佐野 1998a:9)」。そのため、「温まる」の段階性(スケール)は、開始限界点から始まってから、程度性の少しずつ異なる状態が、低い温度から高い温度へという順番に連なっていくものである。「温まる」の段階性(スケール)は程度性が異なる状態(つまり、異なる温かさ)の順序集合であるが、この点は状態の段階性(スケール)と同様である。両者の相違点は状態変化の段階性(スケール)に開始限界点があることである。開始限界点が存在することで、事象に対する把握に影響を与えることを図3のスケール構造で説明する。

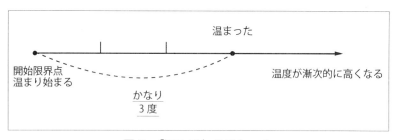

図3 「温まる」のスケール

(7)(8) では、「温まった」という状態変化が達成されているので、実際に何度になったかは提示されていなくても、ある特定の温度に達していることになる。その達成された温度(結果状態)をスケール構造では、ある特定の位置でもって示す。特定の位置であるため、極点である。なお、「温まる」と

いう事象がこの極点において終了されるので、この位置は終了限界点とみなされる。そして、状態変化のスケールに開始限界点が存在するため、「温まった」によって終了限界点を規定すると、終了限界点と開始限界点の間に幅が生じてしまう。

　変化事象の達成された結果状態を状態変化のスケール[2]に示すと、必然的に極点がスケールに規定される。そして、開始限界点が存在する状態変化のスケールに、もうひとつの限界点を設けると必然的に幅が生じる。この幅は「状態変化の隔たり」と呼んでいるが、見方を変えれば、「状態変化の隔たり」というのは、達成された結果状態（＝終了限界点）を、事象が開始される開始限界点の状態と比較している、というふうに捉えることができる。つまり、「状態変化の隔たり」は比較に基づいて成り立っていると言えよう。

　本章の冒頭では「状態変化の隔たり」が程度修飾と数量修飾が重なり合う境目であると述べた。それに加えて、本節で、程度修飾と数量修飾が重なり合うという現象の裏に、「比較」が働いていることを論じた。

3.「比較」の位置づけ

　前節は「比較」によって程度修飾と数量修飾が重なり合うと述べた。本章の冒頭にあげた表1の修飾の欄をみれば、程度修飾から、「程度修飾・数量修飾」になり、さらに数量修飾へと続くことが分かる。両修飾の重なりが「比較」によって成立しているのであれば、両修飾の重なりを比較修飾と呼んでもよさそうであるが、修飾は「ある語句が他の語句の意味を限定したり詳しくしたりすること（デジタル大辞泉[3]）」だから、比較修飾と呼ぶのは不適切である。

　一方、山本（2004）では「比較表現」という用語を使っている。表現は言

---

[2] 本章では、「段階性」と「スケール」二つの用語を区別して用いている。「段階性」という場合は、事象の一側面のことを意味するが、「スケール」という場合は、スケール構造としてのスケール（ルビ：スケール）を意味する。ただし、スケール構造は「段階性」を図式化するものであるから、両者は表裏の関係になる。
[3] http://dictionary.goo.ne.jp/jn/103897/meaning/m0u/　（2016年12月5日アクセス）

い表すということなので、比較表現のほうが適切と思われる。しかし、表現と修飾とはどう関係しているかという問題がある。これについて、次のように整理することができる。

(9) 述語（ひいては事象）の程度を表すために、程度修飾する。程度修飾とは、特定の語彙を用いて程度について述語の意味を限定することである。

(10) 比較を表現するために、比較基準を提示する。比較特性における「比較対象と比較基準の関係」を示す。

以上の整理に基づいて、表1を次の表2のように修正できる。表2の「表現」と「修飾成分が表す内容」が示しているように、程度表現は結果状態の程度を示し、数量表現は事象の何らかの数量を示す[4]。そして、比較表現は状態変化の隔たりを示す。ただし、第2節で述べたように、状態変化の隔たりは程度として把握することも、数量として把握することも可能である。そのために、程度修飾も数量修飾もできる。

この節では、「比較」を表現として、表2のように程度修飾と数量修飾の体系に位置づけた。なお、「表現」、「修飾」、「修飾成分が表す内容」などの対応も合わせて示した。

---

4 動作量や内項の量以外に、外項の量や事象回数などを表すのも数量修飾であるが、これらは主語に複数の解釈を許すか否かなどの条件を要求する。デフォルトの場合、「たくさん」などの数量標識は、原則的に動作量または内項の数量を表すことを第三章で明らかにした。したがって、本書ではおもに動作量と内項の量を扱う。

表2 程度修飾と数量修飾の体系における「比較」の位置づけ

	状態の段階性(スケール)	状態変化の段階性(スケール)	動作量の段階性(スケール)	内項の量段階性(スケール)
事象	状態事象	変化事象	動作事象 変化事象	動作事象 変化事象
修飾	程度修飾	程度修飾	程度修飾 数量修飾	数量修飾	数量修飾
表現	程度表現	程度表現	比較表現	数量表現	数量表現
修飾成分が表す内容	結果状態の程度	結果状態の程度	状態変化の隔たり	動作量	内項の量
修飾成分の機能	スケール上の位置を示す	スケール上の位置を示す	スケール上の幅を示す	スケール上の幅を示す	スケール上の幅を示す
程度と量・数の連続性	程度	量程度	量・数

　表2では、状態変化の段階性を持つ変化事象にみられる「状態変化の隔たり」を表す場合、比較表現を用いることを示した。しかし、これは比較表現が変化事象においてのみ成立するという意味ではない。これは「状態変化の隔たり」を表す場合において程度修飾・数量修飾が重なるという現象が、比較表現によって成り立っていることを意味する。

　もちろん、変化事象以外にも比較表現がみられる。例えば、(4)のように、状態事象においても比較表現が観察される。状態事象における比較表現は、比較基準を導入することで比較基準と比較対象の間に幅が生じる。その幅を単位でもって量ることもできる。これは第四章で検討した「移行」である。つまり、状態事象では状態の段階性(スケール)に極点や単位を付けることによって、状態の段階性(スケール)を数量的に把握することができるが、極点を付ける操作というのはいわば比較基準の導入である。

　本章の冒頭で述べたように、程度修飾と数量修飾の重なりは二種類ある。ひとつは第四章や第八章で検討した移行である。移行は前述したように比較表現との関与がみられる。もうひとつは本章で検討した「状態変化の隔たり」である。こちらも比較表現との関与が確認されている。以上のことから、比較表現を導入することによって程度修飾と数量修飾が重なることが言えよう。

第十章

4. 比較基準について

　山本(2004:24)の指摘のとおり、「比較表現は意味的ないし論理的に少なくとも三つの基本的要素を含んで」おり、それは比較対象、比較基準、比較特性である。そして、(10)で述べたように、比較を表すためには、比較基準を提示する必要がある。このような理解では、比較基準が提示されない程度表現は比較表現とは別物で、それぞれ独立している。

　しかし、佐久間(1956:2-9)のように、程度表現は比較を基本としているという考え方もある。例えば、「旭川はとても寒い」というときに、発話者には平均的な寒さという主観的な理解がまずあって、それを基準にして旭川の寒さを「とても寒い」と評価するわけである。内省を比較基準にする場合、発話者によって比較基準が異なる。しかも、内省は発話者の内面にあって、言表されないため、聞き手にはそれを共有することができない。よって、聞き手には比較の意図が伝わらない。なお、「旭川はとても寒い」という場合と、「旭川は那覇より寒い」という場合を比べると、前者のほうは「比較」の意識が薄く、単に旭川の寒さを評価していると言える。それに対して、後者のほうは、比較の意識が強く、旭川と那覇を「寒さ」においてどちらがより寒いかを評価している。

　以上に述べたように、比較基準を提示せず内省を比較基準とする場合、聞き手には比較の意図が伝わらないし、発話者にも比較の意識が薄い。よって、本書では内省を比較基準とする場合を比較表現としない立場を取る。また、この立場から、程度表現と比較表現を区別する。

　内省を比較基準とする場合を比較表現としないと述べたが、逆にいうと、比較表現は必ず比較基準を有するということになる。しかし、比較の意識があっても、比較の基準を提示しない場合がある。

(11) 旭川は那覇より<u>かなり</u>寒い。(比較基準がある)

(12) 旭川は<u>かなり</u>寒い。(比較基準がない)

(11)では、「那覇より」によって比較基準が提示されているため、比較表

現であることが分かる。一方、比較基準のない(12)では、単に旭川の寒さを言い表している程度表現のように思わる。つまり、(11)での「かなり」は、比較基準（那覇）と比較対象（旭川）の寒さにおける隔たりを言い表しているのに対して、(12)での「かなり」は、二つの解釈が可能である。ひとつは単純に旭川の寒さを言い表している解釈で、もうひとつは、比較基準が提示されないが、寒さの隔たりを言い表している解釈である。特に、比較基準が提示されないが、比較の意識があり、寒さの隔たりを言い表している解釈は、字面に比較基準が表されていないので、比較表現であるか否かという確認がしにくい。

　理論的に、比較基準のあり方は三つあると思われる。ひとつ目は、本節で検討した内省の中に比較基準がある場合である。二つ目は、比較基準が文中に提示されていないが、前文脈などにある場合である。三つ目は「〜より」などを用いて文中に明示される場合である[5]。

　三つ目は問題なく比較表現だと判定できる。そして、本節の検討では、ひとつ目の内省の場合を比較表現としないという結論を示した。残りの二つ目は上にあげた(12)のような例で、解釈として、比較表現の可能性がある場合である。本書では、このような場合を比較表現としておく。

　そうする理由は二つある。まずは、比較の解釈がありうるからである。「旭川はとても寒い」のような内省の中に比較基準がある場合は、比較表現とするのは難しいが、(12)の場合は文脈や環境が整えば比較の解釈が十分ありえる。

　そして、(12)を比較表現としておくもうひとつの理由は、程度表現と比較表現の二種類の解釈がとれるのは「かなり」などの量程度副詞または、ブン節・ダケ節など一部の形式に限っているからである。第四章で述べたように、BCCWJを用いた調査では量程度副詞は比較基準が明示されていなくても比較の意味を暗示する文脈に置かれることが非常に多いことを明らかにした。

---

[5] Leisi.E(1960)では、形容詞を対象に、「種の基準」、「比率的基準」、「個人的な期待」、「適格基準」という四つの基準を提示している。本章とは異なる視点による記述であるが、そちらも参照されたい。

そして、第七章で述べたように、ブン節・ダケ節は、「寒い」のような状態事象と共起する場合でも状態変化の隔たりを示すことになる。ブン節を例に説明する。

(13) 道路幅は相変わらず狭く、建物の密度が増えた分だけ薄暗い。(『消えた街道・鉄道を歩く地図の旅』／BCCWJ)

(13)は建物の増加量に応じてそれだけ町が暗くらくなり、その暗くなった現状に対して発話者が「薄暗い」と評価する。そして、ブン節はどの程度薄暗くなったという状態変化の隔たりを示している。字面には現在の状況しか言及していないが、過去に比較して現状を把握していることから、裏に比較の意識があると言える。

このように、ブン節・ダケ節も量程度副詞も、比較基準が明示されていなくても比較の含意が強い。よって、本書では、これらが文中に用いられた場合、比較基準が提示されていなくても、比較の解釈がされやすい点から、比較表現の一種として位置づける。

ところで、量程度副詞が「量程度」と名づけられる理由は、程度修飾だけではなく、数量修飾もできるからである (cf. 仁田 (2002)、森山 (1984))。仁田 (2002) では、副詞を対象に、程度修飾と数量修飾の体系を次の図4のように示している[6]。

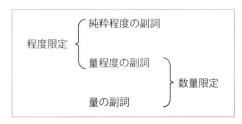

図4　仁田 (2002:164) による「程度量の副詞の機能分担」

6　仁田 (2002) のいう程度限定は本書の程度修飾、数量限定は本書の数量修飾である。仁田 (2002) では、程度限定と程度修飾両方の用語がみられる、内容から限定と修飾は同じ意味合いで使われることが窺える。本書は「だけ」「ばかり」など限定の意味合いがある形式をも扱うので、混乱を避けるために用語を一律に「修飾」に統一する。

仁田氏の体系では、程度修飾と数量修飾は、「純粋程度・量程度・量」の順でつながっていく。第2節で論じたように、「状態変化の隔たり」だけが、程度修飾と数量修飾の両方によって示される。なお、「状態変化の隔たり」は「比較」によって成り立っていることも述べた。以上のことを踏まえると、量程度というのは、「比較」を基本とする「状態変化の隔たり」を示す場合にみられる程度修飾と数量修飾の重なりであると考えられる。

　また、ブン節・ダケ節は量程度という名称が付いていないが、量程度副詞と同じく比較の含意が強く、程度修飾も数量修飾もできるという点で共通している。そのため、程度修飾・数量修飾の体系においてブン節・ダケ節は量程度副詞と同じく位置づけることができる。

　第4節では、第2節で論じきれなかった比較基準についての補足説明を行った。比較基準の有無によって、程度表現と比較表現を区別することと、比較の意識があるが比較基準が明示されない場合は、比較表現として位置づけることを述べた。また、これらの記述を踏まえて、「量程度」の位置づけを示した。

5. まとめ

　本章は程度修飾と数量修飾の重なりを検討し、両修飾の重なりが「比較」の介入によって成立することを論じた。さらに、比較の働きおよび位置づけについても述べた。本章で述べたことに基づいて、第九章で提示した体系に、「比較」をいれるように修正し、表3として次に示す。

第十章

表3 現代日本語文における程度修飾と数量修飾の体系（修正版）

	状態の段階性(スケール)	状態変化の段階性(スケール)		動作量の段階性(スケール)	内項の量段階性(スケール)
事象	状態事象	変化事象		動作事象	動作事象
				変化事象	変化事象
スケール構造	開放スケール	閉鎖スケール		閉鎖スケール	閉鎖スケール
開始限界点	×	○		○	○
単位	×	△		△	○
計測できる	×	△		○	○
修飾	程度修飾	程度修飾	程度修飾 数量修飾	数量修飾	数量修飾
表現	程度表現	程度表現	比較表現	数量表現	数量表現
修飾成分が表す内容	結果状態の程度	結果状態の程度	状態変化の隔たり	動作量	内項の量
量の性質	×	×	内包量・外延量	外延量	外延量
共起する修飾成分	純粋程度副詞	○	○	×	×	×
	バカリ節	○	○	×	×	×
	ホド節・クライ節	○	○	×	○	○
	量程度副詞	○	○	○	○	○
	ブン節・ダケ節	×	×	○	○	○
	量副詞	×	×	×	○	○
	数量詞	△	×	△	○	○
修飾成分の機能	スケール上の位置を示す	スケール上の幅を示す	スケール上の幅を示す	スケール上の幅を示す	スケール上の位置を示す
程度と量・数の連続性	程度		量程度	量・数	

第十一章
「ほど」「分」「だけ」にみられる比例のあり方

1. はじめに

　本章では、比例を取り上げ、「ほど」「分」「だけ」を検討する。検討に当たっては、これまでの考察によって明らかになったことを基にする。

　これまで程度修飾と数量修飾を中心に検討してきた。第九章で示したように、「ほど」は程度修飾を本務とするのに対して、「分」「だけ」は数量修飾を本務とする。そして、本務の違いによって、スケール構造での働きが異なり、「ほど」はスケール上の「位置」を示すのに対して、「分」はスケール上の「幅」を示す。なお、「ほど」は前件のスケールを問わないため、前後件のスケールを照らし合わす「照合」の手続きがないが、「分」「だけ」は前件の程度または数量でもって後件の程度または数量を規定するため、前件にスケールがあり、「照合」という手続きが必要であることを第二部で明らかにした。このように、程度修飾と数量修飾の体系においては、「ほど」と「分」「だけ」は対立的に位置づけられており、それぞれの本務・スケール構造での働き・「照合」の有無という三点で相違が認められる。

　このような相違点が比例用法においてどのように反映されるかを明らかにするのが、本章の目的である。比例を取り上げる従来の研究では「だけ」が「ほど」とともに取り上げられることが多い。しかし、第七章の検討で分か

ったように、程度修飾・数量修飾の体系においては、「だけ」は「分」とは類似しており、互換性も高いため、むしろ「ほど」とは対立的な位置づけである。そうなると、「だけ」による比例の位置づけが問題になる。したがって、以下では、第2節では「ほど」による比例を、第3節で「分」による比例を検討した上で、第4節で「だけ」による比例を位置づける。

2. ホド節における比例

ホド節は、後件の程度を表す場合も、数量を表す場合もあることを第六章で述べた。ホド節の比例用法は程度修飾にも数量修飾にもみられ、程度修飾の比例の例は(1)のようなものである。

(1) ロボットの導入が進めば進むほど日本製品の品質性能、さらに均一性が高まり、世界市場での競争力を強めていくのはいうまでもない。(『日本はこう変わる』／BCCWJ)

(1)はロボットの導入がどんどん進んでいくのにつれて、製品の均一性や競争力が高くなっていくことを表している。(1)で比例の意味が成り立つためには、以下の二つの条件が必要だと思われる。ひとつ目は、前件の「ロボットの導入」が漸次的に進むということである。二つ目は、後件が前件の進展と連動していることである。特に二つ目の条件に関しては、これまで検討してきた「ほど」とは異なっている。

井本(2004)では、後件のことをE1、前件のことをE2と呼び、「主節が表す事態E1とホド節が表す事態E2との間に[E1のあり方が非常であることが結果的にE2を引き起こす]という連鎖関係が認められる(p.5)」と主張している。後件(E1)が前件(E2)を引き起こすという関係は「ほど」が程度または数量を表す場合は成立するが、本章で検討するような比例を表す場合は成立しない。

(1)からも分かるように、ロボットの導入が先でそれによって製品の均一性や競争力が高まるのである。つまり、比例の「ほど」では、前件が後件に

先行し、前件（井本 2004 の E2）が後件（井本 2004 の E1）を引き起こすことになる。

(1) は「ほど」による程度の比例だが、「ほど」は数量の比例を表す場合もある。

(2) そして機関誌が渡辺のもとで天皇制特集号に取り組めば取り組むほど読者がふえたというのは、日本には〈反天皇制、反軍・反戦〉に関心をもつ層がそれほどまでに多いということであり、中村のこうした論を受けいれる層も多かったということである。（『『きけわだつみのこえ』の戦後史』／BCCWJ）

(2) は、前件の「特集を組む」が繰り返しに起こり、起こるたびに読者が増えていくことを表している。(2) では、比例の意味が成り立つために、(1) と同様に二つの条件が必要だと思われる。ひとつは、前件の「特集を組む」が繰り返しに起こるということである。もうひとつは、後件が前件の進展と連動していることである。(1) とは違い、(2) の前件は漸次的に進展していく事象ではない。しかし、事象が繰り返されていくことによって、ある種の進展性を帯びるようになる。つまり、前件事象は繰り返しによって進展性を獲得するが、前件事象に進展性があるため、後件が前件の進展に連動して発展していく。前後件が連動している点は (1)(2) では共通している。

本章の冒頭で述べたように、程度修飾または数量修飾の場合、「ほど」は前件のスケールを問わない。そのため、前後件のスケールを照らし合わす「照合」の手続きが必要ない。しかし、この節でみたように、比例の「ほど」では、前件の程度または数量が決まって、それによって後件の程度または数量が決まるので、比例の「ほど」では、後件だけでなく、前件にも段階性(スケール)があるということになる。前後件ともに段階性(スケール)があるので、照合の手続きが必要だと思われる[1]。

---

[1] 第七章で「分」を検討した際に、「分」に照合の手続きが必要だというのは、前件の程度数量によって後件の程度数量が決まるだけではなく、前件の実現によって後件が実現するという一種の因果関係があるからだと述べた。後件の程度数量が前件によって決められること、そして、後件は前件によって引き起こされること、この二点は「ほど」の比例用

第十一章

　例えば(1)では仮にロボットの導入が10%ずつ進んでいき、進むたびに均一性や競争力も同じ比率で高まるとする。この場合のスケール構造は次の図1のように想定される[2]。

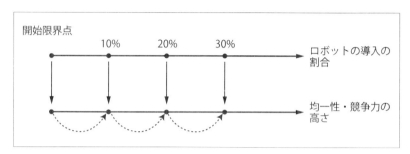

図1　(1)における「ほど」の前後件のスケール

　ロボットの導入が10%進んだことによって、均一性や競争力も10%高くなる。そして、ロボットの導入が10%から20%にさらに進み、それに応じて均一性や競争力も20%まで高くなっていく。
　(2)に関しては、特集を一回組むと読者が50人増えると仮定して、そのスケール構造を次の図2に提示する。

法においてもみられる。ただし、これらは「ほど」の程度用法や数量用法にはみられない。「ほど」が比例用法においてのみ、この二点を持つ理由は定かではないが、この二点は照合という手続きを要請する要因だと考えられる。これに関連して、「限り」「以上」「だけ（に）」など照合が必要と思われる形式も前件と後件が因果関係または条件関係で結び付けられることが観察される。因果関係と照合の関係性については興味深いが、今後の課題としたい。
2　ここでは便宜上毎回10%ずつ進むとするが、もちろん実際に毎回決まった比率で進むことがむしろ稀であろう。ただし、比例において前後件の程度または数量が連動していることが重要であって、どの割合で進むかはここでの議論においてはさほど重要な問題ではない。よって、このように便宜的に設定する。本章では、以下の例文検討も同様な立場である。

「ほど」「分」「だけ」にみられる比例のあり方

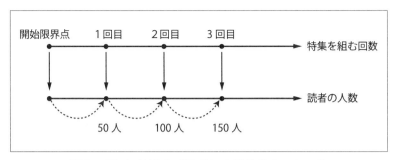

図2　(2)における「ほど」の前後件のスケール

　既述したように(2)の前件は漸次的に進展するものではなく、繰り返しに起こる事象である。しかし、事象が一度きりではなく、何度も起こることで、後件の「読者が増える」が次第に進展していく。図1と図2でみたように、「ほど」による比例は前後件の程度または数量が次第に進行していくものである。ここでは進行というふうに述べたが、次第に減少していく反比例も進行の一種と考える。

　第2節では、「ほど」による比例を検討した。比例用法においては、前件によって後件が引き起こされるという前後件の関係は程度用法や数量用法の「ほど」とは異なる。また、前件には性格が異なる二種類があると述べた。ただし、前件が漸次的に進展するものと、前件が繰り返し行われるものという違いがあるものの、いずれも前件が終了せずに進展していくという含意を持つ。そして、前件の進展に連動して後件も進展していくという特徴がみられることが分かった。

3. ブン節における比例

「分」による数量の比例は次のようなものである。

(3)　兄弟がいる子の利点は、やっぱり寂しさを感じない、ライバルがいるから伸びる、争いに強くなる、家族で遊びに出かける時には、毎回、

第十一章

兄弟っていいな〜と感じますね。あとは、将来、兄弟がいる分だけ、親族も増えるため、子供にとってはとてもいいと思います。(Yahoo!知恵袋／BCCWJ)

(3)は兄弟の人数に応じて、親族の数が増えることである。仮にこの家族ではみんな同じく結婚して子どもを二人授かると想定した場合、単純計算で兄弟一人が増えれば親族が三人増えることになる。これを図示すると次の図3のようになる。

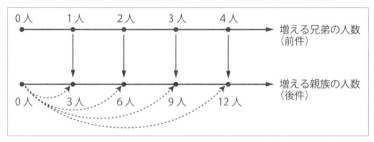

図3 (3)における「分」の前後件のスケール

(3)では、前件の「兄弟がいる」に対して、結果的に兄弟が何人いるかが確定的ではないが、いくつかの可能性が想定できて、一人でもいいし二人でも三人でもいい。また、兄弟の人数に応じて親族が増えるので、兄弟が一人の場合、親族が三人増え、兄弟が二人の場合、親族が六人増えるといった具合に、前後件が連動していく。さらに、前件の量が不確定、つまり変動量であることから、後件の量もそれにつられて増減していく。前後件が連動していることと、前件の量が変動量であることの二点によって比例の意味が生じる。

第2節で検討した「ほど」による比例では、前件の性格には二つの種類があり、「漸次的に進展していく」ものと、「繰り返し起こる」ものに分けられると述べた。この節でみた「分」の前件はこの二種類のいずれとも異なる。「分」

による比例では、前件が成立する可能性を複数想定できることで後件のあり方も複数の読みを持たせる。比例の表し方は前節で検討した「ほど」とは異なるため、同じ文脈で「分」を「ほど」に置き換えると不自然に感じる。

(4) ? 兄弟がいる子の利点は、やっぱり寂しさを感じない、ライバルがいるから伸びる、争いに強くなる、家族で遊びに出かける時には、毎回、兄弟っていいな〜と感じますね。あとは、将来、兄弟がいるほど、親族も増えるため、子供にとってはとてもいいと思います。

(4)に対する容認度は低く、不自然だと思われる。その一方で、以下に示すように「ほど」を使った比例の例文は「分」に置き換えるのも難しい。

(5) ?? ロボットの導入が進む分、日本製品の品質性能、さらに均一性が高まり、世界市場での競争力を強めていくのはいうまでもない。

(5)は(1)の「ほど」の前に来る「進めば」という仮定形をなくし、なおかつ、「ほど」を「分」に置き換えた文である。「〜ば〜ほど」は比例の文型として定着しているので、「〜ば〜ほど」の形を「〜ば〜分」に置き換えにくい。ただし、仮定形がない「ロボットの導入が進むほど」の形でも比例を表すことができるので、仮定形がない形の「ほど」を「分」に置き換えたのは(5)である。

(4)と(5)はいずれも不自然な文であるということから、同じ比例を表す形式であるが、「ほど」と「分」の表し方が異なることが分かる。「ほど」と「分」の違いは次の例からも観察される。例えば、前掲の(5)は座りが悪いが、後件の述語から進展性を示す「ていく」をなくすと、座りがよくなる。

(6) ロボットの導入が進む分、日本製品の品質性能、さらに均一性が高まり、世界市場での競争力を強めるのはいうまでもない。

(6)が(5)より自然なのは、後件に「ていく」がないからだと考えられる。(6)では、どのくらいロボットを導入するかが分からないが、10%のロボットの導入に対して10%の均一性や競争力の成長があるし、20%のロボット

217

第十一章

の導入に対して20%の均一性や競争力の成長がある。導入の比率ごとに、相応する均一性や競争力の成長率が決まる。つまり、「分」は事象が次第に進行していくことで比例の意味合いを示すのではなく、事象に複数の可能性を想定し、可能性ごとに程度や数量が増減することで比例の意味合いを示すのである。そのため、事象の進展を示す「ていく」と意味的にそぐわない。よって、(5)から後件の「ていく」をとった(6)は自然なのである。

　そもそも「分」は前後件の対応関係が強い形式である。この特徴は程度または数量を表す場合にもみられる。(7)はブン節が後件の移動距離、つまり数量を表す場合である。

(7)　強がりを言いながらも、シモンズ中佐は間合いを詰められた分だけ、どうしても後退せざるを得ない。(『要塞衛星ダモクレスの槍』／BCCWJ)

(7)では、1歩詰められたら、1歩後ろに下がることを表す。実際には、相手は一歩また一歩と近寄ってくるかもしれないが、(7)では相手が詰めてくるという行為を漸次的に行われるものとして捉えておらず、一回で終了された行為として捉えている。そして、終了時点において、相手がどのくらい詰めてくるかによって、シモンズ中佐の移動距離が決められる。つまり、(7)においては、前件も後件も変動量ではなくて、ある一定の距離を示しているのである。ただし、その「ある一定の距離」は1歩や10歩などさまざまな可能性がある。

　数量の比例を表す場合、「分」の前件は次第に進行していく事象ではなく、繰り返し起きる事象でもないが、一回限りの事象に対して、数量の可能性が何通りもある。そして可能性がいくつも存在することで比例のニュアンスが生じることを述べた。これまで検討した(3)(7)は数量の比例を表す「分」であるが、「分」は程度の比例を表すこともある。程度の比例の例をみる前にまず「分」が程度を表す例を確認しておきたい。

(8)　こうすれば事例三十五の原形に比べ周遊船車券の費用負担が軽くなる分だけ安くなります。(『JR切符のかしこい買い方』／BCCWJ)

(8)は、さまざまなルートで静岡を回るという文脈での一文である。(8)では静岡を回るルートのことを事例と呼んでいる。そして、前文脈で事例三十五というルートを検討し、(8)にあげた内容は事例三十五と違う別のルートを検討している。さらに、(8)の前件では検討しているルートが事例三十五の出費と違うことを示し、両ルートの金額の差額でどれくらい安くなるかを示している。金額の差額が決まっているので、それに応じて安くなる程度も決まっていると分かる。つまり、(8)においては、前件が固定量であるため、後件もある一定の程度であることになる。

このように「分」の程度用法や数量用法においては、前件も後件も事象が漸次的に進行していくわけではなく、一回きりの事象として、程度また数量を量り、前件と後件の程度または数量を対応させるのである。また、このような捉え方は「分」の比例にもみられることを(3)(7)でみた。

前掲の(3)では、「分」による数量の比例をみたが、次に「分」による程度の比例を確認する。

(9)　大半のエアコンのタイプは「弱冷房除湿」。室温を下げないよう冷房は弱めだが、除湿量も少なめ。冷房が弱い分、電気代は安い。(毎日新聞 2004/06/05)

(9)では、冷房の弱さに応じて電気代が安くなることを表している。弱冷房除湿のエアコンの弱さが明示されていないが、弱冷房除湿ではないエアコンに比べて10%弱いのであれば、10%の弱さに応じる電気代になる。要するに、(9)においても、前件に対して成立する可能性が複数用意されていて、そして可能性ごとに後件の程度が異なるという関係性が観察される。この点は(3)で考察した数量の比例用法と同様である。また、このような比例の示し方は(1)(2)の「ほど」とは異なることを(8)(9)で説明した。

しかし、(3)の「分」は(4)で示したように「ほど」に置き換えると不自然であるが、これに対して、(9)の「分」は以下の(10)のように「ほど」に置き換えても自然である。

第十一章

   (10) 大半のエアコンのタイプは「弱冷房除湿」。室温を下げないよう冷房は弱めだが、除湿量も少なめ。冷房が弱いほど、電気代は安い

　(10)の座りは悪くないが、(9)に比べるとニュアンスが微妙に異なるようである。もう一度(9)のニュアンスを確認すると、(9)では、エアコンを、弱冷房除湿であるものとそうでないものという二種類に分けて論じている。弱冷房除湿ではない、一般なエアコンは冷房が強いため電気代もかかるが、弱冷房除湿のエアコンはそれに比べて冷房が弱いため電気代も安く済む。ただし、弱冷房除湿のエアコンがどのくらい弱くなるかが分からないため、冷房の弱さに対して変動量の読みができる。
　一方、(10)は、弱冷房除湿のエアコンが何種類もあって、エアコンによって冷房の弱さが異なるというニュアンスがある。言ってみれば、(10)と(9)とではかなり細かい違いである。ただし、(10)が自然であるということから、「ほど」は原則に第2節で説明したような進展性を持つ比例を表すが、場合によって複数の可能性を想定することで程度や数量が異なる比例を表すこともあるようである。
　第3節では「分」による比例を検討した。「分」では前件の程度数量によって後件の程度数量が決まるという前後件の連動関係がみられる。このような連動関係は「ほど」による比例においてもみられる。「ほど」と「分」の相違点は、事象に進展性があるか否かということである。「ほど」の場合、事象が進展していくことで比例の読みがあるわけであるが、「分」はそれと異なり、前後件を問わず事象に進展性がない。進展性がない代わりに、前件に対して成立する可能性が複数想定できること、そして、可能性ごとに後件に程度または数量が変わることで、比例の読みを持たせるということが分かった。

4. ダケ節による比例の位置づけ

　「だけ」は「ほど」と同様に、仮定形を前接にして比例を表すことができる。

(11) 技術を公にしていると言っても、契約をする相手は、その都度モンサント社にライセンス使用料を支払わなければならない。契約の数が増えれば増える<u>だけ</u>、会社の利益は上がる仕組みになっているのである。(『遺伝子組み換え食品を検証する』／BCCWJ)

(11)では、前件の「契約の数が増える」が漸次的に進行していき、それによって、後件の「会社の利益が上がる」も前件に連動して増幅していく。一方、次の(12)の前件が漸次的な進行ではないが、同じく比例の意味が読み取れる。

(12) 辛いことや悲しいことを経験すればする<u>だけ</u>、人の気持ちが分かると言われている。

(12)では、前件が繰り返し起こり、それによって、後件の程度が高まっていくことを表している。(11)(12)の前件は異なる性格をしているが、いずれも「ほど」の前件にみられる特徴である。したがって、(11)(12)の「だけ」は「ほど」に置き換えても意味があまり変わらない。

(13) 契約の数が増えれば増える<u>ほど</u>、会社の利益は上がる仕組みになっている。

(14) 辛いことや悲しいことを経験すればする<u>ほど</u>、人の気持ちが分かると言われている。

(13)(14)で示したように、比例用法においては、「だけ」と「ほど」の互換性が高い。しかし、程度修飾・数量修飾の体系では、「だけ」は数量修飾を本務とし、「分」とともに、程度修飾を本務とする「ほど」と対立的に位置づけられている。(13)(14)にみられるように、前後件の特徴が共通しているという点から言えば、比例用法においては、「だけ」と「ほど」は対立していない。

一方、前節で述べたように、「分」による比例は「ほど」によるものとはやや異なる。

第十一章

(15) 認知心理学からみると、会話に注意を向ける<u>分</u>だけ、運転への注意が減る。(毎日新聞 2007/02/02)

(15)の「分」は、会話に向ける注意力の割合を明示していないが、会話に向ける注意力が 10% 減る場合、運転への注意力もそれに応じて 10% 減るというように、会話に向ける注意力はいろいろな割合で成立することが可能であるため、後件の注意力の減る程度もさまざまな可能性があると想定される。このような関係性によって比例の読みができる。そして、こういった「分」による比例では、「分」を「だけ」に置き換えられる。

(16) 認知心理学からみると、会話に注意を向ける<u>だけ</u>、運転への注意が減る。

(16)は文法的であり、意味は(15)とはほとんど変わらないように思われる。また、(17)のように「ほど」を用いても文法的である。

(17) 認知心理学からみると、会話に注意を向ける<u>ほど</u>、運転への注意が減る。

(17)では、(15)や(16)と同じように、会話に向ける注意力の割合にさまざまな可能性があるため、後件の程度もその都度変わるという解釈ができる。しかし、その一方で、(17)は、会話に注意を向け続けていき、それによって運転への注意が減り続けるという解釈も可能である。この解釈は「だけ」が用いられた(16)においても成立可能であろう。

要するに、(15)と(16)(17)では、意味的にどんな違いがあるかと考えるときに、「分」が用いた(15)では、会話に向ける注意力が増え続けるという事象が進行するような解釈よりも、ある一定の割合で注意力が会話に向かうという解釈のほうが取りやすいようである。それに対して、(16)(17)は、事象が進行するような解釈も取れるし、ある一定の割合で注意力が会話に向かうという解釈も取れる。

(15)と、(16)(17)にこのようなニュアンスの違いが現れるのは、「分」を用

いた (15) では、「分」の後ろに「だけ」がきて、ブン節の程度を限定しているからだと考えられる。つまり、ブン節が表す程度がどのくらいかが定かではないが、ある一定の程度であることを、取り立て詞の「だけ」によって限定的に示している。しかし、「だけ」の後接が可能なのは、(15) のみであり、(16) や (17) が難しいという点から考えれば、「分」による比例は、「ほど」や「だけ」とは少なからず性格が異なると言えよう。

　第 4 節では、「だけ」による比例をみた。(11)(12) の用例がみられることから、「だけ」は「ほど」と同様に、漸次的に進行する事象や、繰り返し起こる事象によって後件の程度または数量が変動するという比例を表すことができると言える。そして、(16) の用例がみられることから、「だけ」は「分」と同様に、前件の成立に複数の可能性が想定されることによって後件の程度または数量が変動するという比例を表すこともできることが分かった。

5. まとめ

　本章では、比例を表す形式「ほど」「分」「だけ」を検討した。述べたことを次のようにまとめる。

(18) 程度修飾と数量修飾の体系では、「ほど」は程度修飾を本務とし、「分」や「だけ」は数量修飾を本務とするため、「ほど」と、「分」「だけ」が対立的に位置づけられる。しかし、比例を表す場合では、このような対立がなくなる。

(19) 程度修飾を本務とする「ほど」は本来前件のスケールを問題にしていないため、「照合」の手続きがないが、比例用法においてのみ、「だけ」や「分」と同様に、前件の程度や数量によって後件の程度や数量が決まる関係にある。よって、比例の「ほど」も「照合」が必要である。

(20) 比例の表し方は、三つがあることが分かった。ひとつ目は、前件は漸次的に進展していくことで後件の程度や数量が前件の進展に応じて変動する表し方である。二つ目は、前件が繰り返し起こるため、後件は

その都度に程度または数量が変わる表し方である。三つ目は、前件に対して成立する可能性が複数想定でき、可能性ごとに後件に程度または数量が変わる表し方である。

(21) 「ほど」による比例は、ひとつ目または二つ目の解釈を取りやすい。ただし、場合によっては三つ目の解釈もありうるようである。これに対して、「分」による比例は原則的に三つ目の解釈を取る。そして、「だけ」はいずれの解釈もありうる。

以上でまとめたように、「ほど」または「だけ」による比例は、「分」による比例とは性格的にやや異なる点があることが観察される。しかし、このような相違が生じる理由についてはまだ分かっていない。そして、「ほど」は程度用法・数量用法において後件によって前件が生じるという関係性を持つのに、比例用法においてのみ、その関係性が逆転して前件によって後件が生じるという関係になる。しかも、この逆転した関係性は、「分」や「だけ」の程度用法、数量用法、比例用法に共通してみられる関係性である。これらが生じる原因はまだ解明に至っておらず、今後の課題としたい。

【第四部】
関連する課題

第十二章

程度数量の従属接続詞にみられる
因果関係用法について[1]

1. はじめに

(1)のように後件の程度数量を「前件＋従属接続詞」によって示すことを本質とする従属接続詞を程度数量の従属接続詞と呼ぶ[2]。程度数量の従属接続詞には、(2)のように一種の因果関係を表す用法も併せ持つものがある。

(1) へとへとになるほど、作業した。
(2) 男女平等を標榜する以上、相手に氏を変えてほしいというつもりもなかった。(『男が語る―家族・家庭』／BCCWJ)

(2)のように、「前件が成立し、それによって後件が成立する」という論理関係を表す用法を因果関係用法と呼ぶ。本章は、程度数量の従属接続詞がどのようなメカニズムによって因果関係用法を持つに至るかを検討するものである。

以下、第2節で先行研究に対する検討をまとめる。第3節で程度数量の従

---
[1] 本章は『国語学研究』56(2017.3)に掲載された論文を元に修正したものである。
[2] 程度を表す用法と、数量を表す用法は重なりがあるものの、異なるものである。ただし、本章では、程度や数量を表す従属接続詞が因果関係用法を持つに至るプロセスの解明を目的とするため、程度用法と数量用法を敢えて区別しない。よって、一括して程度数量用法とする。

属接続詞を程度数量用法の他に、因果関係用法を有するか否かによってグループ分けをすることによって本章の検討対象を提示する。また、考察に当たって基本とする考え方を示す。第4節と第5節で因果関係用法を持つに至るプロセスを考察する。第6節でグループ2とグループ3の相違点と共通点を検討する。最後に第7節でまとめる。

なお、本章は村木(2012)を踏襲し、本章でいう「従属接続詞」とは「節や句をまとめる述語（動詞・形容詞と名詞＋コピュラ）とくみあわさって、その節や句の後続の主節に対する関係をあらわすために発達した補助的な単語（村木 2012:27）」で、「先行の節を後続の節につなげる（村木 2012:28）」機能を有するとされる形式を指す[3]。

2. 先行研究

従属接続詞を対象とするものではないが、森重(1954)では、副助詞を対象に限定用法、程度用法、因果関係用法などの関係を検討している[4]。「副助詞はかくして並立関係的な一項の対象の明指と他項の暗指とをその意味とする作用である (p.3)」といい、これはいわば取り立ての限定用法である。並立されるいくつかのもののうち、ひとつを明示的に示すのであるが、この明示する作業によって、自ずと明示されないものを暗示することになる。こういった明示・暗示の相対的な関係において、「軽重の差」ともいうべき関係性が生じるという。例えば「親に<u>だって</u>分からないことが随分あるものね。(森重 1954:8)」では、「親」をよく分かる例として明示することで、「親」が理解の度合いにおいて高い程度であることを示しながら、親が理解していない

---

[3] 第五章で「だけ」などの語彙の位置づけを検討したように、品詞論的に本章で検討した語彙を同じ位置付けにすることは難しい。しかし、振る舞いとして、村木(2012)のいう従属接続詞に近いと思われる。本章ではひとまず従属接続詞として扱う。

[4] 森重(1954)は副助詞を対象とする点で言えば本章で検討する従属接続詞とは異なるが、程度用法を持つ従属接続詞は取り立て詞由来のものもあるし、宮地(2005)で論じたように、通時的にみれば従属接続詞と副助詞とは関連性のある語彙である。ただし、宮地(2005)では、それぞれ形式副詞と取り立て詞と呼んでいる。また、本章では、主に森重(1954)の論考を踏まえているため、第2節では森重氏の研究を整理するが、ほかの先行研究に関しては、各節で適宜に紹介する。

ということも存在することを暗示する。つまり、「ここには、より低度乃至最低度の対象を明指してより高度の要素を暗指するものと、より高度乃至最高度の要素を明指してより低度の対象を暗指するもの(p.8)」の二種がみられる。言い換えれば、高い程度のものを示すことによって低い程度のものを類推させるのであるが、もちろん逆も同様である。さらに、この「類推作用としての相対的関係はまた原因理由に基く結果帰結の推定作用とも極めて近い。(p.9)」という。すなわち、森重(1954)は「こんなことは初めてであるだけに特に注目される。(p.9)」などの例をあげ、「これらは単なる接続関係の表現ではない、その対象を原因理由的事象として、それの原因理由としての程度に応じて結果帰結が考へられるといふ関係の表現であり、まさに程度を量る副助詞であるといはねばならない。(p.10)」と説明する。副助詞と従属接続詞という形式の相違はあるが、程度数量用法を持つものが因果関係用法へと拡張するメカニズムを考察するに当たって参考になる。

3. 考察対象

現代日本語において、程度数量を表す用法が本質である従属接続詞は多く存在するが、以下に程度数量用法の他に、因果関係用法を持つか否かによって四つのグループに分けて例を提示する。

グループ1

このグループには程度数量用法しか持たないものをまとめる。具体的には「ほど」「くらい」「わりに」の三つである。

(3) 透明になるほど、窓をキレイに磨き上げた。[5]
(4) 飛び上がるくらい、喜んだ。
(5) フライパンは立てて収納　フライパンも皿と同様、重ねて収納しない

---

[5]「ほどに」という形式で因果関係を表すことがあるが、現代日本語においてはこの形式が因果関係用法では生きていないので、程度数量用法しか持たないグループ1に入れた。

第十二章

ほうがいい。横に場所をとるわりに、いくつもあるわけではないので、スペースのムダづかいになる。(『家事そんなやり方じゃダメダメ！』／BCCWJ)

グループ2

このグループには程度数量用法と因果関係用法を両方持つものをまとめる。具体的には、「分」、「かぎり」、「以上」の三つである。以下に因果関係用法の例をあげる。このグループでは、「に」の後接は原則として不要である。

(6) ブロック塀にぴったり寄せて車を置けるし、ガレージがない分だけ庭をひろく使えている。(『どうせなら中産階級』／BCCWJ)

(7) 男女平等を標榜する以上、相手に氏を変えてほしいというつもりもなかった。(『男が語る─家族・家庭』／BCCWJ)

(8) いくら競争社会に入ったといっても、交通市場が拡大し続けるかぎり、このまま国鉄がだめになることはない。(なせばなる民営化JR東日本』／BCCWJ)

グループ3

このグループには程度数量用法と因果関係用法を両方持ち、かつ、因果関係用法では、「に」の後接が必要なものをまとめる。具体的には、「だけ」と「ばかり」の二つである。(9)(11)にあるように、程度数量用法では専ら「だけ」「ばかり」の形を用いるが、「に」の後接がない場合、程度数量や限定の解釈が強くなり、因果関係の解釈が薄くなるようである。また、(10)(12)にあるように、因果関係用法では「だけに」「ばかりに」の形を用いる。

(9) 日本は食糧やエネルギーなどの必需品をできるだけ輸入に頼らず、そして、どうしても輸入しなければならないものの支払いに見合うだけ輸出を行うような経済を築くべきである。(『アメリカは日本を世界の

孤児にする』／BCCWJ)

(10) 今日も朝から曇り空です　日差しがない<u>だけに</u>、気温よりも寒く感じます（Yahoo! 知恵袋／BCCWJ)

(11) 今日は待望の成年式。城内の大広間は、輝く<u>ばかり</u>豪華に飾られている。(『志鳥栄八郎のオーケストラ名曲大全』／BCCWJ)

(12) でも、そのことを悟られたくない<u>ばかりに</u>、ふざけ始めたり、関係のない話に持っていこうとしたり、なかには、すぐにかんしゃくを起こし始める子どももいます。(『お母さんの抱っこでよい子に育つ』／BCCWJ)

<u>グループ4</u>

　このグループには因果関係用法しか持たないものをまとめるが、具体的には「あまり(に)」があげられる。このグループでは、「に」の後接が自由である。

(13) 日本の鎌倉武士（畠山重忠）のように馬を大事にする<u>余り</u>、背負って崖を降りたりはしないのである。(『逆説の日本史』／BCCWJ)

　本来、「あまり」は限度を超えるという程度数量の意味であるが、前件が後件の程度数量を示すというよりも、前後件が因果関係にあることを示すのが主な用法である。また、(13)に程度の意味合いが取れることは否めないが、「前件＋あまり（に）」でもって後件の程度数量を修飾しているわけではない。この点で言えば、程度数量用法を持たない。因果関係用法における程度数量の意味合いをどのように説明するかは別稿に譲るとして、以下ではグループ2およびグループ3を中心に、程度数量を表す従属接続詞が因果関係を表すようになるメカニズムについて考える。

　検討に当たっての基本的な考え方は次の点である。二つの異なる概念が同一形式の用法として共存するということは、この二つの概念に対して人間がどこかに共通点、あるいは関連性を見出しており、その共通点や関連性によってひとつの形式に二つの概念を付与するのだと考える。要するに、程度数

第十二章

量という概念と、因果関係という概念の間に、何らかの共通点もしくは関連性があると推測でき、それによって程度数量の概念を表す従属接続詞が、因果関係を表す形式でもあるように用法を拡張したのだと思われる。程度数量に対する認識が、何らかの共通点や関連性によって因果関係への認識につながるというプロセスは本章では一種の「認知プロセス」として考える。

4. グループ2について

既述のように、グループ2の従属接続詞は、「に」の後接がなくても前後件が因果関係にあることを示している点が特徴的である。また、グループ2の特徴をより詳しく把握するために、因果関係用法を持たないグループ1に属する「わりに」をみておきたい。

(14) ベンチャーの商品は、商社から見れば扱いの金額が小さいし、一台売るのに苦労がかかる<u>わりに</u>儲けが少ない。(『「仕事ができる人」のビジネス心得帖』／BCCWJ)

「わりに」は「前件によって後件に対する期待値が決まってくるが、後件がその期待を裏切り、期待値を下回る、あるいは上回る」ことを示す。つまり、「わりに」の前件と後件は逆接の関係にあり、「苦労がかかる<u>のに</u>、儲けが少ない」と言い換えられる。逆接の関係は、本章で検討する因果関係の意味合いと相容れない。「前件が成立し、それによって後件が成立する」という論理関係は順接の関係であるが、「わりに」が因果関係用法を持たない理由は、前後件が逆接の関係にあるからだと考えられる。

一方、グループ2にある従属接続詞は、前後件が順接の関係にあることに気が付く。そして、グループ2は、従属接続詞によって程度数量の示し方が異なる。グループ2は程度数量用法が本来の用法で、因果関係が拡張された用法だと考えられるため、程度数量用法を考察し、そのあり方から拡張のメカニズムを探ってみる。

(15) たとえサンデー先生が同じ場所でジャンプしても、地球の回転した分だけ、先生はああやって前進していくんだ。(『ひょっこりひょうたん島』／BCCWJ)

(16) 大声で声の続く限りお礼を言わせて下さい。(『お母さんのための童話集』／BCCWJ)

(17) 各オリンピックでは、今回の室伏選手のように、繰上げ金メダルなどが予想されるのでメダルは選手に授与する以上に用意してあると思います。(Yahoo! 知恵袋／BCCWJ)

(15) は回転によって地球の動いた距離を前件で示し、後件の「先生の前進距離」が前件と相当することを意味する。(16) は後件の進行する期間は、前件が示す範囲内とのことを表す。(17) は用意する量が前件に示した量より多いという意味である。つまり、後件の程度数量は前件の示した基準を超えるということである。以上をまとめると、「分」「かぎり」「以上」の程度数量用法はそれぞれ次のように示すことができる。

(18) 分：後件の程度数量が前件のそれに相当する。
(19) かぎり：後件の程度数量が前件の示す基準の範囲内である。
(20) 以上：後件の程度数量が前件の示す基準を超える。

グループ2の従属接続詞は、後件の程度数量を示すのに前件が基準となる点において共通している。前件を基準に、後件が基準に相当するか、基準以内か、基準以上かによって、従属接続詞を使い分けていると言えよう。要するに、基準である前件との関係によって後件の程度数量が示されるのであるが、前後件の関係は従属接続詞の意味によって決められる。これまでの検討をまとめると、グループ2の従属接続詞は次の3点において共通していることが分かる。

(21) 前後件が順接の関係にあること。
(22) 後件に対して、前件が基準であること。

(23) 前後件の関係は従属接続詞の意味により予め決められている。

　この３点はいずれも前後件の関係性を示すものであるが、言い換えれば、グループ２の従属接続詞がセンテンスに用いられた以上、前後件の関係が上記の３点に合致することが保証される。
　ある対象の程度数量を示すために、対象を基準と比較し、対象の程度数量を量るのであるが、例えば、「今日は非常に暑い」という場合、話者には平均的な暑さという主観的な理解がまずあって、それを基準にして今日の暑さを判断し、「非常に暑い」とする。ただし、基準が明示的なものであるか否かの違いがある。「話者の内省」という基準は非明示的なものであるが、これに対して「今日は昨日より暑い」であれば、基準が明示的である。基準が明示的であるか否かによって、程度数量のあり方が変わってくる。

(24) *今日は非常に暑いが、そんなに暑くない
(25) 今日は昨日より暑いが、そんなに暑くない

　(24)が言えないのに対して、(25)は言える。つまり、(24)のような基準が非明示的な示し方では、程度数量の認識が断定的であるため、後ろには「そんな暑くない」と続かない。なお、どういった基準で非常に暑いとしたのかは不明なため、対象と基準の関係が不明確である（ここでは「今日の暑さ」と「基準（＝内省）」との関係）。これに対して、(25)のような基準が明示的な示し方では、基準と対象の関係性が明確である。そのため、基準でもって対象のあり方を類推させることができる。ただし、対象の程度数量はあくまでも基準と対象の関係においてのみ定義される。したがって、昨日より暑ければよいので、それが「昨日より少し暑い」か、「昨日よりかなり暑い」かは規定されない。
　さて、グループ２の「分」「かぎり」「以上」は、前件にて基準が明確に提示されていて、かつ、前後件の関係は従属接続詞自体の意味によって予め決められていることを述べた。つまり、基準である前件と、関係性を示す従属接続詞があれば、後件のあり方がそれらによって決められる。これはつまり、

前後件は「前件が決まれば、後件が決まる」という関係にあるということであり、この関係性は因果関係に近似する。言い方を変えれば、グループ2の程度数量用法においては、前件の程度数量でもって後件のそれを類推するが、これが「前件でもって後件を類推する」に転じ、因果関係用法に拡張したと思われるのである。ただし、従属接続詞によって意味が変わるため、「分」「かぎり」「以上」の因果関係用法において「前件が成立すれば、後件もそれによって成立する」という論理関係は共通しているものの、それぞれのあり方は異なる。

　例えば「分」は本来、「後件の程度数量が前件のそれに相当する」を表すが、「前件の程度数量イコール後件の程度数量」から、「前件の成立がイコール後件の成立」という因果関係に転じると思われる。これに関連して、「分」は程度数量用法でも前後件が因果関係をなしている点が特徴的である。前掲の(15)は程度数量用法の例としてあげたが、前後件が因果関係にある。つまり、地球が3cm回転するとして、先生もそれにより3cm前進することになる。

　一方、「かぎり」は本来、「後件の程度数量が前件の示す基準の範囲内である」ことを示すが、「前件の成立する範囲内において後件が成立する」ことに転じられるようである。

(26) 部落を固定的停滞的に丸ごと「封建社会」などと捉えて、部落の"問題"すべてを"差別"と捉える<u>かぎり</u>、部落差別・部落問題の解消過程は見えてこない。(『「部落史」の終わり』／BCCWJ)

(26)は「差別と捉える」という事象が成立する範囲内において、「部落問題の解決策が見えてこない」ということが起きると示しているが、その反面、「差別と捉えない」のであれば、後件が成立しないから、解決策がみえてくる可能性をも示唆する。

　「以上」に関しては、もとより「後件の程度数量が前件の示す基準を超えることである」ことを示すが、これが転じて「前件が成立することの延長線に後件の成立が保証される」ことを示す。

(27) 植物を育てる以上、害虫や病気はつきもの。(『素敵なガーデニング雑貨をさがす』／BCCWJ)

(27) は、植物を育てていく際に、必然的に起きてくる害虫や病気を後件に置く。もちろん、植物を育てなければ害虫や病気を心配する必要はない。グループ2の因果関係用法では、いずれの従属接続詞でも前件が後件に先行して成立することを必要とするが、これは (21)(22) によるものだと考えられる。もちろん、これを逆に言えば前件が成立しなければ後件が成立しえないことを意味するが、この点は森重 (1954) のいう明示・暗示の相対的関係に重なる。ただし、背景化された暗示の情報の含意は従属接続詞によって読み取りやすさが異なるようである。「かぎり」について言えば、暗示の情報の存在がやや強く、「分」「以上」に関しては暗示の情報の存在よりも、明示される情報に焦点が当てられているようである。

この節では、グループ2の従属接続詞を対象として考察し、程度数量用法においては (21)(22)(23) に示された前後件の関係性が保証されると述べた。この関係性が因果関係の「前件が成立すれば、後件もそれによって成立する」という考え方に近似するため、程度数量用法から因果関係用法に拡張した可能性があることを示した。

補足的に、グループ1が同じく程度数量用法を持つにも関わらず、因果関係の用法を持たない理由について触れておく。結論を言えば、グループ1の程度数量の示し方はグループ2と次節でみるグループ3のそれと異なるからである。この節で述べたように、グループ2は基準（＝前件）を明示することで対象（＝後件）の程度数量を示すのであるが、この示し方は次節で議論するグループ3においても同様である。ただし、グループ1では基準が必ずしも明示的なものと限らない。

グループ1は基準が明示的か否かによって二分することができる。基準が明示的なのは「わりに」であるが、この節の冒頭で述べたように「わりに」は前後件が逆接の関係であるため、因果関係の用法を持たない。基準が明示的ではない「ほど」「くらい」においては、基準は話者の内省であって、前

件は基準ではない。例えば、(1)では、作業した量を「へとへとになる」で量ったわけではない。話者の内省で作業の量が非常に多いと判断した上で、その量の多さを「へとへとになる」と表現したのである。よって、「ほど」「くらい」はグループ2と違い、前件が後件に先行しない。非明示的な基準による程度数量の認識は断定的なものであり、基準と対象の関係によって定義されるものではないと述べたが、これを言い直せば、非明示的な基準による程度数量修飾では、基準と対象の関係は保証されない。因果関係への拡張は「程度数量用法における基準と対象の関係」から出発しているので、「ほど」「くらい」は因果関係の用法を持たないということである。

5. グループ3について

　グループ3の従属接続詞「だけ」「ばかり」は、取り立て詞由来のものであるが、文中で省略できない点から取り立て詞と区別される。また、グループ3は、用法によって形式の違いがみられる。因果関係用法の場合、原則的に「に」の後接が必要で「だけに」「ばかりに」の形を使用する（cf.(10)(12)）が、程度数量用法の場合、専ら「だけ」「ばかり」の形を用いる（cf.(9)(11)）。グループ3は、取り立て詞由来の「限定」の用法が本来の用法だと考えられ、程度数量用法や因果関係用法はそこから拡張されたものだと思われる。
　森重(1954)や丹羽(1992)に指摘されているように、限定を表す取り立て用法は並列と密接な関係にあり、「取り立て用法は、平行する諸事態の中で成立する範囲を表す(丹羽1992:115)」ものであると言われている。また、同じ限定を表す用法においても、「だけ」と「ばかり」は限定のあり方がそれぞれ異なることが知られている。「だけ」は、成立する事態以外に、排除される事態が存在するという含みがあり、丹羽(1992:109)においては、このような「他の事態を排除することに重点がある」限定を「外限定」と呼ぶ。こういった限定のあり方は従属接続詞としての「だけ」の程度数量用法においても引き継がれている。例えば(9)では、輸出の量を前件の「見合うだけ」で表すのであるが、それが「見合うだけの量」より上回っても下回ってもなら

第十二章

ない。つまり、前件の規定を守らない程度数量が排除されるのである。さらに、因果関係用法の「だけに」においても、外限定の性質が残されている。

(28) 「大湯」の湯元がこの旅館の敷地内にあるだけに、湯質も素晴らしい。(『温泉教授の日本全国温泉ガイド』／BCCWJ)

湯質がよい理由はさまざま考えられるかもしれないが、ほかではなく「湯元が敷地内にある」と限定する。「だけに」の意味用法を検討する三枝(1991)では、前件をP、後件をQとし、「P1、P2、P3、といういろいろな場面の可能性の中からひとつのPを、Qという判断もしくは状況の成立に特に関係あるものとして取り立てる、これが「だけに」の基本的な働きである。(p.55)」と指摘するが、この性質は外限定によるものだと考えられる。

一方、「ばかり」の限定は「だけ」のそれと異なる。丹羽(1992)では両者の相違について、「漢字ばかり／だけで書いてある」と「ここは花ばかり／だけだね」という例を用いて次のように説明する。「「ばかり」は「その文章が漢字で満たされている」「ここが花で満たされている」ことを表し、「だけ」は「その文章は漢字以外では書いていない」「ここは花以外のものはない」ということを表す（丹羽1992:109）」という。これを受けて、「ばかり」の限定を「内限定」と名づけ、「成立するのは当該事態で尽くされるということに重点がある（丹羽1992:109）」と規定する。まとめれば、「だけ」の「外限定」では、取り立てられる事象のほかに、排除される事象が存在するが、あくまでも両者の相対的関係の中で取り立てられる事象を述べるのである。これに対して、「ばかり」の「内限定」は、取り立てられる事象にフォーカスするのみである。こういった「内限定」の特徴は、従属接続詞としての「ばかり」の程度数量用法にもみられる。前掲の(11)では、大広間の装飾の豪華さを「輝くばかり」で表すが、そこには輝かない箇所に対する意識がない。さらに、因果関係用法の「ばかりに」においても内限定の性質が引き継がれている。

(29) 戦争という巨大な人災で死んだ人間が悲痛であるのはいうまでもないが、生き延びたばかりに白い眼で見られとういう宿命もまた過酷なこ〔原文ママ〕

とであるにちがいない。(『ミッドウェー戦記』／BCCWJ)

　他人に冷淡な接し方をされる理由として「戦争から生き延びた」と帰結するのであるが、それ以外の理由が考えられていない。中里 (1995:95) では、前件を A、後件を B とし、「ばかりに」について「A でなければ B は起こり得なかったと話し手が判断している点で、A は B の絶対的・唯一の原因となる。」と述べられている。

　このように、取り立て詞の限定用法は「外限定」「内限定」といった相違があるものの、それぞれ従属接続詞としての「だけ（に）」「ばかり（に）」に残っている。したがって、「だけ」「ばかり」という語形は、取り立て詞はもとより、従属接続詞の程度数量用法や因果関係用法においても、「限定」を表すと考えられる。

　限定とは成立する範囲を示すことと述べたが、限定においては、取り立てられる事象とそうでない事象の相対的関係が保証される。ただし、文中に現れるのは取り立てられる事象のみである。従属接続詞の「だけ」「ばかり」においては、取り立てられる事象はいわば前件であるが、排除される事象は前件の「候補」にすぎない。問題は、因果関係において保証されなければならないのは前件と後件の論理関係である。グループ3では因果関係用法の場合に「に」の後接が必要なのは、前後件の関係を保証するためだと考えられる。鈴木・林 (1985:158) では「に」は「後句で述べられる事柄の関連で、前句ではその前提となる事柄の題目や場面を示す」と述べられている。また、似たような見解を示す山口 (1980) では、この前後件の意味関係を「場面性」と呼び、次のように定義している。「前句の事態が後句の事態の存在・成立する場面に当たる意味関係を場面性と呼ぶ (p.157)」。これらの記述から、「に」は前件と後件を関係づけるように働くと考えられ、その働きによって因果関係を示すのに必要である「前件と後件の関係性」が補強されるのであろう。これがグループ3の因果関係用法では「に」の後接が必要な理由だと考えられる。一方、グループ2では、従属接続詞自体で前後件の関係性が保証されるため、「に」の後接がなくても因果関係を表すことができる。

第十二章

　第5節では、グループ3を検討し、取り立て詞由来の「外限定」と「内限定」の性質が従属接続詞として働く「だけ（に）」「ばかり（に）」に引き継がれていることを論証した。また、「だけ」「ばかり」だけでは前後件の関係性が十分に保証されないため、因果関係用法では、前後件を関係づける「に」の後接が必要であることを述べた。

6.. グループ2とグループ3の共通点と認知プロセス

　グループ2とグループ3は程度数量用法において、前件を基準にして後件の程度数量を示す。いわば、前件の程度数量でもって後件のそれを類推させるのである。程度も数量も段階的に高くなったり、低くなったりするといった「スケール」を持つ。定義すれば、スケールとは何らかの値が順番とおりに並列されている集合である。ある事象の程度数量を表すということは、この集合から特定の範囲を取り立てて提示する作業である。数量であれば、「マイナス10度」という点を上下限のない温度のスケールから取り立てることであるし、程度であれば、「非常に寒い」という範囲を、「寒くない・寒い」のスケールから取り立てることである。もちろん、既述したとおり、特定の範囲を取り立てるのに当たって、基準が必要である。「マイナス10度」は明示的な「0度」という基準を持つが、「非常に寒い」は非明示的な基準による程度表示である。

　これまで検討したグループ2とグループ3は、前件の程度数量を従属接続詞そのものによって提示する点が共通する。例えば、「働いた<u>分</u>だけ給料が増える」という時に、「働いた」時間数や量を「分」で示す。もちろん、「分」は前件の程度数量を示すだけではなく、前後件の関係をも決定することはすでに述べた。同じことはグループ3にも言えて、「ほしい<u>だけ</u>もらう」では、「ほしい」量を「だけ」で表すほか、「だけ」で前後件の程度数量が対応することを規定する。つまり、前件でスケールから程度数量を取り立てて、それでもって後件の程度数量を規定する点がグループ2においてもグループ3においてもみられる。

程度数量のスケールは何らかの値が順序関係のとおりに並んでいるものであるが、これは値の「並列」とも言えて、並べてある値の集合から特定の範囲を取り立てることは「限定」である。さらに、取り立てられる範囲とそうでない範囲は、「明示されるもの」と「暗示となるもの」という相対的関係にあるが、明示されるものでもって、暗示となるものを類推させるという働きはそこから生じる。類推の作用は、原因理由でもって結果を類推させることと重なり、因果関係との近似性をみせる。ただし、グループ2とグループ3においては、明示される前件で後件を類推させることにおいて、多少の相違がみられる。グループ2は従属接続詞の意味によって前後件の関係が保証されるため、類推の作用が働きやすい。これに対して、グループ3は、従属接続詞だけでは前後件の関係が十分に保証されないために、「に」を後接させ、前後件を関係づける必要があった。これまで述べたことは(30)のようにまとめられる。(30)を簡潔に示したのが(31)である。なお、(30)(31)は第2節で紹介した森重(1954)の論を敷衍したものである。

(30) 程度数量を示すとは、値が並列するスケールから特定の範囲を取り立てることである。並列している値から、成立する範囲を取り立てるが、取り立てられるものは、限定されるものであり、明示されるものでもある。よって、取り立ての機能が果たされる際、必然的に明示・暗示の相対的関係が生まれる。相対的関係においては、明示されるものでもって暗示されるものを類推させる作用が働くが、グループ2とグループ3では、この類推作用が明示・暗示の相対的関係に留まらず、前件の程度数量でもって後件のそれを類推させるようにも働く。また、因果関係は、原因理由でもって結果を推し量ることである。類推作用は程度数量用法と因果関係用法の両者において、ともに重要な働きであるため、前者の用法から後者の用法に拡張した可能性が考えられる。

(31) 並列→取り立て→明示・暗示→相対的関係→類推→前後件の程度数量の関係→類推→因果関係

　この節では、グループ2とグループ3の従属接続詞が程度数量の用法を基

第十二章

本としながら、ともに因果関係の用法を持つという現象の裏に、(30)(31)に提示した認知プロセスがある点で共通することを述べた。

7. まとめ

　本章は程度数量の従属接続詞を、因果関係用法を持つか否かによってグループ分けした上で、因果関係用法を持つグループ２とグループ３を対象に、程度数量を表す従属接続詞が因果関係を表すようになるメカニズムについて考えてみた。

　結論として、グループ２とグループ３は因果関係の用法への拡張のあり方が異なるが、この相違も形式に反映されており、従属接続詞自体で前後件の関係性を保証するグループ２では「に」の後接が不要であるのに対して、従属接続詞自体で前後件の関係性が保証されないグループ３では、「に」を後接することによって、前件と後件を関係づける。ただし、その背後に共通する認知プロセスがあることを(30)(31)に示した。また、グループ１は程度数量用法のみ持つものであるが、さらに明示的な基準を持つか否かによって二つのタイプに分けられる。明示的な基準を持つ「わりに」は前後件が逆接の関係にあるため、本章の検討する因果関係の用法と相容れない。これに対して、明示的な基準を持たない「ほど」「くらい」は、前後件の関係性が保証されないために、因果関係用法を持たない。このように、因果関係の用法を持たない理由もタイプによって異なるということも述べた。

　しかし、因果関係の用法しか持たないグループ４について検討できなかった。程度数量の従属接続詞にみられる因果関係を表すという現象を体系的に扱うのには、グループ４の従属接続詞において程度数量用法がなくなる理由を明らかにする必要がある。また、程度数量の従属接続詞の因果関係用法においても、なんらかの程度の意味合いが読み取れる。もっとも顕著な例は「あまり」が用いられた(13)である。因果関係を示すとは言え、程度の含みがある。この点についても詳しく分析していかなければならない。これらは今後の課題としたい。

第十三章

擬似連体修飾節のル形・夕形と従属接続詞の用法の関係

—「分」を例に—[1]

1. はじめに

　最近では、「〜場合（に）」、「〜以上」などといった名詞が末尾にくる連用従属節を対象にする研究を多く目にするが、これらは以前から形式副詞や接続辞などの名で研究されているものの、今に至るもその実態がよく把握されていない。その中身はあまりにも多種多様で、本来の語彙的な意味が充分に残っているものもあれば、機能語化が進んだものもある。こう言ったものに対する呼び名もさまざまであるが、本章では村木 (2012) にしたがい、従属接続詞と呼ぶ。本章は機能語化が進みながらも、意味用法では興味深い拡張の仕方をみせるものとして「分」を取り上げてみたい。自立語としての「分」は計量の単位という意味を持つが、例えば、『日本国語大辞典　第二版　第十一巻』（小学館）では次のように記述されている。

(1)　⑩一定の数量をいくつかに等分した数量。また、それによって比率を表す単位。＊浮世草子・日本永代蔵 (1688) 五・二「又売掛（うりかけ）も、たとへば十貫目の物、みつ壱（ひと）ぶんにして三貫と請払ひすれば」＊幼学読本 (1887) ＜西邨貞＞七「一寸は一尺の十分の一なり」⑪全体

---

[1] 本章は『国語学研究』55(2016.3) pp.76-88 に掲載された論文を元に修正したものである。

第十二章

の数量を十等分したものの数量を表す単位。割(わり)。ぶ。＊浮世草子・新色五巻書(1698)五・四「其子を養はかすに二百匁、肝入が分（ブン）一に廿匁取」＊歌舞伎・綴合於仮名書（高橋お伝）(1876)三幕「それでは一分（ひとブン）飲むとしゃんせ、明日の朝と夕方に後の二分（ふたブン）飲みなさんせ」⑫長さの単位。寸（すん）の一〇分の一。ぶ。＊ロドリゲス日本大文典(1604-08)「ブ＜略＞bun（ブン）スン　シャク　ケン　チャウ　リ　ヂャウ　ヒロ」

単位以外の意味もあるが、現在では「分が悪い」や「分をわきまえる」など一部のコロケーション以外に、連体修飾を受けずに単独に使われることが少なく、自立語の機能が非常に衰弱しているように思われる。ともあれ、その意味から、従属接続詞として働く場合、次のように主節の程度や数量を表す用法がある。

(2) 地球は常に自転している。自分で回転している。だから、サンデー先生がジャンプしている間にも回転している。たとえサンデー先生が同じ場所でジャンプしても、地球の回転した<u>分</u>だけ、先生はああやって前進していくんだ。(『ひょっこりひょうたん島』／BCCWJ)

この程度数量用法から次のように、前後件が比例する意味を表す用法もある。

(3) スタグフレーションって、どういうメカニズムで起きるのですか？スタグフレーションは、経済活動の停滞（不況　ｓｔａｇｎａｔｉｏｎ）と物価の持続的な上昇（インフレ　ｉｎｆｌａｔｉｏｎ）が共存する状態を指します。失業が悪化するとともにインフレが進行するため、デフレと比べると、貨幣や預貯金の価値が低下する<u>分</u>だけ、生活が更に苦しくなる。(Yahoo! 知恵袋／BCCWJ)

比例は二つの事象の程度や数量が関数関係を持ち連動するということなので、程度数量用法から派生するものだと考えることができる。ただし、(4)

のように程度や数量の範疇を越えて前後件がある種の因果関係を成す用法もある。

(4) 塚田が卒業した今年の東海大に大黒柱はいない。「エースがいない<u>分</u>、みんなが自分の役割を果たした」と白瀬英春監督。(毎日新聞 2004/06/27)

考えてみれば前掲の(2)(3)も前後件が広義的な因果関係で結ばれていると言えるし、(2)の程度数量用法も比例と解釈することができるようである。詳細は後に述べるが、本章の目的のひとつ目は、「分」の意味用法を記述し、意味用法同士をある程度区別することである。意味を整理してから、次に述語形式と意味用法の関係にすこし踏み込んでみたい。文法研究には形と意味の二本柱があるが、この二つが緊密に関係することは周知のとおりである。「分」においては意味用法がどのように擬似連体修飾節の述語形式に影響を与えるかを考察するのが本章の二つ目の目的である。以下、まず第2節で意味用法の整理をし、第3節で擬似連体修飾節の述語のル形・タ形と意味用法の関係について分析する。最後に第4節でまとめる。

2. 意味用法の考察

この節では、「分」の意味用法を整理するが、当該の意味用法を特徴づける点をできるだけ丁寧に記述する。しかし、意味用法ごとにあげられる特徴は必ずしも排他的なものではない。

さて、改めて本章の考察範囲や取り扱う対象の規定を明確にしておきたい。本章の対象は(2)(3)(4)にみられる副詞節を作る「分」であるが、次の(5)のような名詞節を作る「分」は対象としない。

(5) サンプルは前回の商談で約束した<u>分</u>を持ってきた。

また、(6)にある「頑張った」という部分は村木(2012)では擬似連体修飾節と呼ぶが、本章では説明をしやすくするために、便宜上この部分を「前件」

と呼び、「やり甲斐がある」という主節を「後件」と呼ぶことがある。

(6) 頑張った<u>分</u>、やり甲斐がある。

なお、本章では前件の述語のル形・タ形のことを扱うので、ル形・タ形を取る品詞がくる例文を考察対象とする。

2.1. 程度数量用法

後件の程度数量を前件で以って修飾限定するのが程度数量用法である。まず、例文をみてみたい。

(7) 自分の書いたものが即、活字になる快感に私は喜びだけを感じていた。書いた<u>分</u>だけ確実に原稿料が入り、私は紬の着物や紅型の着物を買ったり、髪型もそれに合わせて頭のてっぺんにかき上げ髷にしてまとめるようになっていた。(『場所』／BCCWJ)
(8) 今日は朝からマシントラブル・・・機械の調子が悪く復旧に一時間程を要しました。お蔭で今日は残業、遅れた<u>分</u>だけ余分に仕事をする羽目に・・・(Yahoo! 知恵袋／BCCWJ)
(9) 定年で退職し、君と一緒にいる時間が増えた<u>分</u>だけ、君への愛しさが増えてきた。(『60歳のラブレター』／BCCWJ)

(7)では、収入は執筆の分量に相当するということであるが、つまり収入の量を執筆の量で修飾限定しているわけである。(8)では機械の復旧が1時間ほど遅れたが、復旧の遅れに相当する分量の仕事が発生してしまい、それが残業した内容になる。残業の量を復旧の遅れで修飾限定している。(9)は妻への愛情が増えた度合を、共に過ごす時間の増加の度合で修飾限定している。

以上において、後件は程度数量の側面を持つことが必要である。また、特徴として、後件の程度数量を前件でもって修飾限定するが、それがどのくらいあるのかについて明確に示されていない。示されたのは、あくまでも後件

の程度数量が前件に相当することのみである。例えば、(7)にある「書いた分」は原稿料をいくらもらったかについて具体的な金額を説明するものではない。あくまでも書いた原稿の分量を示したのみである。しかし、原稿料の金額は原稿の量に相応するという関数関係が前件と後件によって提示されるため、結果的に原稿料そのものの数値が分からないが、多く書けば多くもらうということが予想される。ここで注意したいことは二点ある。

　ひとつは、前後件の関係である。「原稿を書いたら原稿料がもらえる」という関係性は「分」を挟んだ前件と後件を結び付けるものである。この関係性を詳しく分析してみると、「(原稿を)書く」という前件が先に成立することが必須である。前件の成立によって、後件の「原稿料が入る」が成立する、引き起こされるわけである。(7)の場合、前件が後件に先行するのであるが、前後件の時間関係において常に前件が先というわけではない。例えば、(9)の場合、前件と後件は同時に成立している。ただし、同時であっても、「前件の成立があってこそ、後件が成立する」という関係性が保たれている。定年で妻と一緒に過ごす時間が増えなければ、今までどおりの生活を続け、妻に対する愛しさが増した(と感じた)ことにはならないだろう。言い換えれば、(9)の話し手は妻に対する愛情が増えた理由をともに過ごす時間が増えたことに起因させているのである。このように、「分」を挟んで現れる前件と後件には、前件の成立によって後件が引き起こされるという関係性がみられる。この関係性があるため、前後件は広義的な因果関係と思われることが多いのであろう。前後件にみられる因果関係は2.3節で詳しく議論する。

　もうひとつは、前後件の程度数量の相関性である。前件でもって後件の程度数量を修飾限定するわけであるから、前件と後件の程度数量はなんらかの関数関係を持っていると理解できる。言ってみれば、両者の関数関係は、後件の程度数量が前件に相当するとのことである。このような関数関係に基づいて、前述したように(7)では「多く書けば原稿料を多くもらう」という推定が容易に成り立つ。ただし、本章では(7)(8)(9)のような例を比例と区別する立場にある。その理由はこれらの例にみられる前後件と発話時とが強く関係する点にある。

第十三章

　最初に分かりやすい(8)から分析したい。(8)では、１時間遅れたことが前文脈で提示されていてその１時間分に相当する仕事量が発生した。具体的にどのくらいの仕事量か分からなくても、その量は１時間分の遅れに等しいことが分かる。要するに後件のいう余分の仕事量はそれ以上でもなくそれ以下でもない。その意味で、仕事の量は次第に増幅していくことがなく、固定量である。後件が固定量なのは、前件が固定量だからである。なお、前件が固定量であるのは、「遅れた」という事象は発話時においてすでに完結しているからである。この意味で、完結した事柄はその程度や数量を変更することがないと言えよう。

　(9)にみられる発話時との関係は(8)と異なるが、発話時との関係において固定量である点は変わらない。(9)では、定年退職後から発話時点までの時間の幅が決まっている。この決まった期間において、妻と過ごした時間が増えたということなので、どのくらい増えたか計算しようと思えば、ある程度算出できる時間であり、固定量である。前件に相当する後件の程度数量もゆえに固定量である。

　最後に、(7)をもう一度考えてみたい。仮に１ページを書いたら1000円もらえるとして、２ページ書いたら2000円の原稿料が入るという具合で考えるときに、その都度の原稿料は固定量である。ただし、(7)には原稿料が収入源になって生活が改善されたことが書かれており、この文脈から収入が右肩上がりだったことが窺える。一方、文末の「なっていた」から、この記述は過去を描写するものだと分かる。この状況は今なお続いているかどうかはともかく、その時期において、書けば書くほど原稿料がもらえるわけなので、この意味では比例と言えるかもしれない。要するに、１回の執筆活動に限ってみれば、原稿料は固定量であるが、この時期全体を考えるときに、原稿料と書く分量の連動関係は比例である。前にも触れたように、「分」にみられる意味用法は明確に分けられるものではなく、(7)は程度数量用法と比例用法の重なりがみえる一例である。(7)は固定量の一面があることで本章では程度数量用法としておく。程度数量用法の特徴を次のようにまとめられる。

(10) 前件の程度数量でもって後件の程度数量を示すが、前件の程度数量は固定量である。

2.2. 比例用法

前件と後件の程度数量が対応するという関係性は比例用法にも適用する。ただし、程度数量用法と違い、比例用法では固定量ではなく変化量を表す。以下にいくつかの例をあげる。

(11) 会話に注意を向ける分だけ、運転への注意が減る。(毎日新聞 2007/02/02)
(12) 兄弟がいる子の利点は、やっぱり寂しさを感じない、ライバルがいるから伸びる、争いに強くなる、家族で遊びに出かける時には、毎回、兄弟っていいな〜と感じますね。あとは、将来、兄弟がいる分だけ、親族も増えるため、子供にとってはとてもいいと思います。(Yahoo!知恵袋／BCCWJ)
(13) 燃費悪化は、グリップの向上＝摩擦の増大ですから、転がり抵抗が大きくなる分だけ、燃費は悪くなります。(『ＸａＣＡＲ（ザッカー）』／BCCWJ)

(11)では、仮に注意力が100あるとして会話に20使ったら運転に使う注意力は80しか残らない。注意を会話に向ければ向けるほど運転に使う注意力が減るという反比例である。ポイントはどのくらい会話に注意を向けるかが決められていない点である。そのために、固定量の読みが難しい。その都度会話に向ける注意力の量が変わるという変化量の読みが優位になる。(12)では、兄弟が一人増えれば親族も連動して増えるため、兄弟が増えれば増えるほど将来的に親族が多くなる、という変動量の読みである。(13)では抵抗は燃費のよさと反比例の関係にあり、抵抗が大きければ大きいほど、燃費が悪い。これは車を改造する話題でタイヤによって抵抗が変わる話をしている。

第十二章

あるひとつのタイヤに絞って議論するものではない。この点から考えれば、固定量ではなく変化量であることが分かる。

以上あげられた比例の例は共通して固定量の読みが難しいが、ほかにもいくつかの特徴がみられる。ひとつは、一般論的な話をしている点である。2.1 節でみた程度数量用法の例は、個人的な事情あるいは個別的な出来事を話題にしている。それに対して、比例用法の話題は原理原則に近いものである。これに関連して、一般論であるから、時間に沿って展開したりしない。比例用法では時間の束縛を受けていないものが多い。だたし、前件によって後件が引き起こされるという関係性は比例用法においても保持されている。このような関係性は典型的な比例を表す形式「(〜ば) 〜ほど」にみられないものである。「ほど」の前後件にはこういった広義的な因果関係があってもなくてもいいようであるが、「働けば働くほど貧乏になる」というように原則的に広義的な因果関係のないもののほうが多いようである。しかし、「分」は前後件のこういった関係性が必要である。

なお、2.1 節で触れたように比例用法と程度数量用法とは重なる部分があり、一線を画するように明確に分けられるものではない。したがって、比例の意味が「ほど」より弱く思われる場合もある。例えば、(14) の変動量の読みが少々弱いようである。

(14) 景気をよくするために需要を一段と拡大する必要が出てきた。需要が拡大できる分だけ経済水準を上昇させることができるからである。(水谷研治『「縮少均衡」革命』』／BCCWJ)

前の文脈では「需要を拡大する必要が出てきた」という記述があり、過去の出来事を描写していることが分かる。この要請を解決するに当たって、「需要拡大と経済水準の上昇が連動する」という一般論を説明としてあげているが、過去の事態であるから、需要拡大がどのくらいできたかが決められているはず、という暗黙の理解がある。その影響で、需要が拡大できればできるほど経済水準が高くなるという比例の読みがやや弱い。

まとめていうと、比例用法を次のように記述することができる。

(15) 後件の程度数量は前件の程度数量に相当するが、前件の程度数量が変動量であるために、後件の程度数量はそれにつられて大きくなったり小さくなったりする。このような前後件の程度数量が一定の関係に基づいて連動することを表すのが比例用法である。

2.3. 根拠・推論用法

意味用法の考察に入る前に、「因果関係」について考えてみたい。

(16) (新聞紙に) 火をつけたから、新聞紙が燃えた。
(17) 風邪を引いたから、会社を休んだ。

(16)(17)の関係性を詳しくみると、(16)は前件が行われると後件が必然的に引き起こされる。前後件の生起に強い関連性を持つ。これに対して、(17)の前後件にはこういった必然性はない。現に、風邪を引いたら必ず会社を休むわけではない。もちろん、必然性がないとは言え、話し手にとって前後件はそれなりに強い関係性を持っている。例えば、「風邪を引いたことで、体調不良になり、仕事をこなすのに支障があると判断し、会社を休む（ことにする）」という具合である。広義的にみれば、(16)も(17)も因果関係であるが、狭義的にみれば(16)は真の因果関係であるのに対して、(17)は因果関係ではなく理由付けである。

ただし、必然性を考慮しなければ、(16)と(17)は「当該事象が連続的に発生し、かつ、ひとつの事象がもうひとつの事象の生起に強く関係する」という点において共通する。この共通点を以下に「前提」と呼ぶが、言ってみれば、必然性のある(16)の「前提」は万国共通であるのに対して、(17)の「前提」は個人の都合や感性による判断である。(16)(17)の相違を踏まえれば、「分」の根拠・推論用法は真の因果関係ではなく、(17)に近いものである。

以下、話を「分」に戻すが、程度数量用法や比例用法にも前提という情報が組み込まれている。しかし、この二つの用法に用いられる事象は程度ある

いは数量の側面があり、かつ、そのような側面に重きをおいている。固定量であれ、変化量であれ、程度数量を修飾限定するという機能の枠を越えていない。それに対して、根拠・推論用法では、ばらつきがあるものの、前後件の広義的な因果関係に焦点をおいている。

(18) 食器洗い乾燥機をお使いの方に質問です。ズバリ、買いですか？うちも最近買いましたがあまりきれいに汚れが落ちてないです…忙しいときや面倒なときは使いますが普通のときは自分であらっています。正直期待していた分ちょっとガッカリです（Yahoo! 知恵袋／BCCWJ）

(18) はどのぐらいがっかりするかを表すというより、がっかりした理由は「期待していたからだ」と説明するニュアンスのほうが優位に受け取られる。程度や数量を表す側面が「漂白(bleaching)」され、「前件によって後件が引き起こされる」という関係性が前面化する用法である。「分」の本来の計量の単位という意味から考えると、根拠・推論用法は程度数量用法や比例用法より「分」の機能語化がさらに進んだ用法だと言えよう。がっかりした理由を期待していたことにあると結論づけるのであるが、この関係性において前件は結論を導き出す根拠であり、後件は前件に基づく結論である。以下は、根拠によって導かれた結論のことを「推論」と呼ぶ。根拠・推論用法は、前件に根拠を述べ、後件に推論を述べるものである。

　また、根拠・推論用法の前提は程度数量用法や比例用法といささか異質である点も特徴的である。程度数量用法や比例用法にみられる前提は一般的に共有している認識である。兄弟が増えると将来的に親族も増えることや、執筆活動をしたら原稿料が入ることなどが好例であろう。一方、根拠・推論用法において、多くの場合、前提の共有性が高くない。前提の共有性が低いことで、直結的な因果関係から遠ざかり、前件に基づく推論という関係性になるのだと考えられる。ただし、次の例に示しているように、一般的に認識されていない発話者個人が持つ前提ならば、聞き手に共感してもらえるように説明する必要がある。

(19) 野球を仕事にしたい。野球でメシを食いたい。とすれば、就職の業種として考えられるのは「プロ野球」です。そして、その中でどの企業がいいかと考えたときに「ジャイアンツ」となったわけです。「巨人がダメだったら、東京ガスに内定をもらっているので、そちらに行きます」お誘いをいただいた巨人以外のプロ球団には、全部こう言ってお断りの電話を入れました。まあ、はっきり言って、その時点でジャイアンツが僕を指名してくれるかどうか保証はなかったわけですが。巨人希望。それもドラフト1位希望。　生意気だと思われたかもしれませんが、ただプロ野球に、巨人に憧れているアマチュア選手よりは、ちょっと"就職"という意識が強かった分だけ、そういう言い方になったのだと思います。(『元・巨人　ジャイアンツを去るということ』／BCCWJ)

例えば(19)では、最初のほうでどれだけ「巨人」に思い入れが強いかを述べ、どのような言い方でほかのチームを断ったかといった情報を提供している。これらの情報が前提となって、聞き手が話し手の理屈を理解する助けになる。

以上述べたことを簡単にまとめると、次になる。

(20)「分」の根拠・推論用法は、前件を根拠に判断した推論を後件に述べる用法である。前後件の程度数量に必ずしも焦点をおいているわけではない。また、前後件の関係性は主観的な関係づけである。

3. 擬似連体修飾節の述語のル形・タ形と意味用法との関係

第2節では、程度数量の側面を描き出すのに、固定量か変化量の違いが重要であることを述べた。程度数量用法では前件の固定量を提示することで後件の程度数量を規定する。固定量を表すのには、前件の事象が成立していることが求められる。ここでいう「事象成立」とは、厳密には二つの意味合い

第十三章

が含まれている。ひとつは (21) のように前件が完結している場合である。一歩詰められたら、一歩退く。詰められることが完結しているため、詰めてくる人の移動距離が固定量である。

(21)「そんな説得は、実際に私を拉致してから言ったらどう？ この状態では、あまり効果がないでしょう」 強がりを言いながらも、シモンズ中佐は間合いを詰められた分だけ、どうしても後退せざるを得ない。(『要塞衛星ダモクレスの槍』／BCCWJ)

もうひとつは発話時において前件が実際に起きていない場合である。この場合、完了とは言えないが、「事象が起きてから完了するまで得られるであろう」という程度数量の固定量でもって後件を修飾限定するのである。例えば (22) では、発話時において実際に周遊船車券を買ったわけではない。仮にこの買い方を実行するのであれば、実行された場合一定の差額が出る。その予想される差額でもって、全体の費用が抑えられる度合を修飾限定している。ここで問題にしているのは差額が実際に生じたかどうかではなく、「差額」そのものである。その差額でもって後件の程度数量を指定するのである。要するに、前件の事象が実現されるかどうかが重要ではない。肝要なのは前件に何かしらの「局面の変化」が存在することである。その変化が完成される際に、前件の固定量が決められるのである。(22) では差額という変化がまだ実現に至っていないため、ル形を取るのであるが、それに対して、(21) では「距離の移動」という変化がすでに実現されているため、タ形を取るのである。

(22) こうして館山寺温泉まで周遊券を繋げば、浜松駅から館山寺温泉までの周遊船車券や、弁天島〜館山寺温泉間の周遊船車券よりも安くできます。館山寺温泉まで来てしまえば、あとは事例三十四と同じ要領で弁天島駅までは不連続とし、「東京都区内から京都市内ゆき」の周遊割引乗車券に合流すればいいのです。こうすれば事例三十五の原形に比べ周遊船車券の費用負担が軽くなる分だけ安くなります。(『JR切符のかしこい買い方』／BCCWJ)

程度数量用法は固定量を表す必要があるので、前件にはタ形を取る傾向にある。BCCWJ で調べたところ、程度数量の用例が 149 例得られ、そのうち前件がタ形を取るものが 108 例、テイタ形を取るものが 2 例あって、合わせて 72% くらいタ形を取ることが分かった。(22) のように前件にル形をとり、固定量を表す例もあるが、比較的に少ないことが言える。

　程度数量用法と違い、比例用法では固定量ではなく変動量を表すことが求められる。前件が増えれば後件もそれに連動して増えるのは正比例で、前件が増えれば後件もそれに連動して減るのは反比例である。比例の意味には程度数量の変動が含まれている。上で述べたように、固定量を表すには事象が完結している場合がもっとも適している。それが原因でタ形を取る傾向がある。この現象と対照的に変動量を表すにはル形を取る傾向がある。ただし、それは事象が未完了のためではない。それは比例用法で取り上げる事象は時間を超越した一般的な事象だからである。前掲の (3) はスタグフレーションという用語の説明で「分」が用いられているが、用語説明として存在する「貨幣や預貯金などの価値低下する」という事象は時間の束縛を受けておらず、単に事象そのものが述べられているだけである。BCCWJ からは比例用法の例を 10 例しか得られなかったが、すべて前件にル形を取るものであった。

　最後に根拠・推論用法における意味とル形・タ形の関係であるが、この用法はさらに文法化が進み、意味の焦点は事象の程度数量の側面から前後件の関係に移行する。程度数量を表す際には、固定量か変動量かの違いが重要でそれによって述語形式の対応が求められる。しかし、根拠と推論の関係性は前件が実現されたかどうかと関係なく表すことができる。したがって、根拠・推論用法ではル形もタ形も取ることができる。BCCWJ では 35 例が得られ、そのうち前件にル形・テイル形を取るものは 14 例、タ形・テイタ形を取るものは 21 例である。タ形系統の例がやや多い結果であるが、この用法の特徴はル形・タ形のどちらでも取れる点にあると言えよう。例えば、(23) はル形を取っているが、(24) はタ形を取っている。しかし、どちらも根拠推論の関係性を重んじて表している。

第十三章

(23) しかし、その代わり、思っても見ない「価格」[ママ]で手に入ることは、間違えなく、考え方であるが、大家業を主とする私たちは、とりあえず「道路」等の問題、接道や承諾の問題ぐらいであれば、「収益」がとれれば、面白い。売却を主とすると時間が要する分ケースバイケース。(Yahoo! 知恵袋／BCCWJ)

(24) 天候：晴　芝：稍重京都記念といえば道悪＆悪天候のイメージが強いのですが、今年もやっぱり降られた。天候が回復した分だけよしとしないといけませんかな。(BCCWJ／Yahoo! 知恵袋／BCCWJ)

ル形を取るか、タ形を取るか、これは話し手の事態に対する把握によると考えられる。「分」に前接される前件に変化の側面があるが、程度数量用法と比例用法においては、その局面の変化によって程度数量がどのくらい変わったかに注目している。これに対して、根拠・推論用法においても、前件に局面の変化が含意されているものの、その変化の度合に注目していない。代わりに、その変化によってどのような結果がもたらされるかということに関心がある。いわば根拠と推論の関係に注目するのであるが、その中で、前件における局面の変化が完結されたと話し手が把握していれば、タ形を取るし、まだ完結に至っていないと把握していれば、ル形を取るのである。このような局面に対する把握によって形式が変わることは国広（1967）、尾上（1982）、大木(2002、2015) などにも指摘されている。以上述べたことを一度簡単にまとめる。

(25) 擬似連体修飾節の述語形式（ル形・タ形）と従属接続詞「分」の意味用法には関連性が認められる。具体的には固定量を意味的に要求する程度数量用法はタ形を取る傾向にあるのに対して、変化量を意味的に要求する比例用法はル形を取る傾向にある。これらと違い、前後件の関係性を第一義的に表す根拠・推論用法では、ル形でもタ形でも関係性を表せるため両方の使用がみられる。この節の観察から、前件の述語がル形あるいはタ形を取るかは「分」の意味用法の要請によって決

められると言えよう。

　前件のル形・タ形といった述語形式は意味用法の要請によって決まるとの結論を踏まえて、従属節（本章では擬似連体修飾節になるが）の述語形式に対する考え方について先行研究との関わりで少し補足しておきたい。

　従来、従属節の述語形式に関して連体節を中心に議論してきた。そのような議論において、従属節時・主節時・発話時三者の関係性によって従属節のル形・タ形が決まるという考え方が主流のようである。例えば、三原(1992)の「視点の原理」が代表的である。「視点の原理」とは従属節と主節が同じ形式であれば、発話時が基準の「絶対的テンス」であり、異なる形式であれば主節が基準の「相対テンス」であるというものである。この考え方は、「ル形は非過去を表し、タ形は過去を表す」ということをベースにしている。しかし、本章で取り上げた擬似連体修飾節は連体節と似て非なるものである。第一に、擬似連体修飾節と従属接続詞の「分」は連体修飾の関係で結び付けられているが、「この連体修飾は意味的な限定を下していないので、みせかけの連体修飾です。擬似連体修飾と位置づけたゆえんです (村木 2012:28)」。また、擬似連体修飾節と従属接続詞の「分」が組み合わさって主節を連用修飾する。従属節を大きく連体節と副詞節に分けられるが、「視点の原理」などの先行研究が扱うのは連体節で、本章の対象である擬似連体修飾節は副詞節である。この統語的機能の相違から考えれば、擬似連体修飾節の述語形式を説明するに当たって、連体節から出発した「視点の原理」は適用されていない。現に、「視点の原理」で説明しにくい例も存在する。

　例えば、(26) は前件と後件は「タ形・ル形」の組合せであるが、「視点の原理」に従えば、主節時基準である。したがって、前件が後件に先行することになる。しかし、時間軸において前件が起きた瞬間に後件も起きてしまうので、前後件は同時である。「気にすれば、歌に感情が乗らない」という関係性と、前後件の発生する時点と必ずしも対応していない。一方、意味用法と形式の関係性で考えれば、程度数量用法に属する (26) は固定量を表すため、前件にタ形を取るという説明がつく。

第十三章

(26)「歌う時に音程なんか気にするんじゃないッ。音程を気にした分だけ、歌に心が入らないんだよッ、もう一回ッ！」(『気楽に生きる知恵』／BCCWJ)

また(27)のような「ル形・ル形」の組合せでは、「視点の原理」に従えば発話時基準なので、発話してから前件が起きるのである。しかし、この文脈では前件が起きてから発話するのである。意味用法と述語形式の関係性で考えれば、(27)は比例であるが、変動量を表すのにル形を取る傾向があることで説明ができる。

(27)「これだけ僕と君は違うんだということがわかった。君の立場や考え方も議論する前よりは少しわかったよ。でもわかればわかる分だけ、僕はそれには賛成できないということもわかってきたよ」と。(『さびしんぼう乾盃！』／BCCWJ)

(26)(27)は「視点の原理」が副詞節に対して適していないことを示しただけではない。「ル形は非過去を表し、タ形は過去を表す」という考え方を改めて検討するように促す現象でもある。(26)では同時であるのに、タ形を取っている。(27)では完了した事象なのにル形を取っている。尾上（1982:21）は次のように述べている。「事態の直接的な表示形、直感直叙的描写形である「―スル」形述語は、アスペクトやテンスに関して、本来、積極的に何の色も帯びていない。しかし、それが具体的な表現の場で述語として働く以上は、様々な条件のもとに、消極的にもせよあるアスペクトを表現したり、結果的にテンスを背負いこんだりすることになる。」要するに、ル形・タ形は結果的にテンスの意味を有する場合があるが、ル形・タ形という形は必ずテンスの意味を有するというわけではない。このような立場から従属節の述語を検討すれば、従属節の時間のありようを基準時と関連づけて考える必要がなくなる。本章で明らかになった意味用法と連用従属節の述語形式との関連は尾上・国広・大木が提示した考え方の裏づけになるだろう。

4. まとめ

　本章は従属接続詞「分」を取り上げ、意味用法を整理するとともに、意味用法と述語形式との関係を考察した。述べたことは次のようにまとめられる。

(28)「分」には程度数量用法、比例用法、根拠・推論用法がある。程度数量用法は、前件の程度数量でもって後件の程度数量を示すが、原則的に前件の程度数量は固定量である。比例用法は前件の程度数量が変動量であり、後件の程度数量はそれにつられて変わるのであるが、前後件の程度数量が一定の関係に基づいて連動することを表す。また、程度数量用法でも比例用法でも「前件によって後件が引き起こされる」という関係性がみられるが、この関係性は根拠・推論用法においても保持され、さらに強められる。「分」の根拠・推論用法は、前件を根拠に判断した推論を後件に述べる用法であるが、前後件の程度数量の側面に必ずしも焦点をおいているわけではない。

(29) 意味用法に応じて前件の述語形式が変わることが分かった。程度数量用法は固定量を表すためにタ形を取る傾向にあるが、それに対して、比例用法は変動量を表すためにル形を取る傾向にある。一方、前件後件の関係を表す根拠・推論用法では、比較的均等にル形・タ形が現れるが、ル形・タ形の使用の選択は局面に対する把握の違いによると思われる。また、擬似連体修飾節は副詞節であることから、「視点の原理」が適していないことも示した。

終　章
結論と展望

1. 本書のまとめ

　本書は現代日本語の単文と複文を対象に程度と量・数の体系を構築することを目的としている。この目的を達成するために、程度や量・数を言い表す形式（以下、程度標識または数量標識）が副詞か、副詞節かという違いに基づき、単文と複文を分けて考察した。また、考察に当たっては、次の三つの視点に本書の中心的課題を据えて検討した。

(1) 程度標識・数量標識がどのような述語と共起するか。
(2) いくつかある程度標識・数量標識同士にどのような共通点・相違点があるか。
(3) 程度修飾と数量修飾の重なりがどのような仕組みによって実現されるのか。

　さらに、程度修飾や数量修飾はいずれも事象の段階性（スケール）を対象にしているため、段階性（スケール）を分析するツールとしてスケール構造を導入した。
　以上を踏まえ、第一部は単文を対象に、第二部は複文を対象に考察を行った。続く第三部では、単文と複文での検討結果をまとめ、日本語における程度と量・数の体系を構築するとともに、第一部と第二部で検討しきれなかっ

終章

た「比較」と「比例」も取り上げた。最後の第四部は本書の目的からはずれるが、程度修飾と数量修飾の検討を通して答えの一端がみえてくる課題であるため、付録として提示した。以下は、節を分けて各部の結論をまとめる。

1.1. 第一部のまとめ

第一部では、単文を対象に程度標識と数量標識の考察を行った。前掲の(1)に関しては、程度標識は状態事象または、変化事象と共起するが、これに対して数量修飾は動作事象と変化事象と共起することを述べた。この結論は先行研究を踏まえるところが多く、本書では先行研究の結果を整理し、明示したにすぎない。

(2)に関しては、単文において、程度標識として機能する副詞は純粋程度副詞と量程度副詞の二種類があるが、量程度副詞は純粋程度副詞と違い、比較表現と共起しやすいことを明らかにした。また、程度標識は、スケール構造ではスケール上の位置を示し、当該事象の程度を表すことが分かった。例えば、次にあげるのは状態事象にかかる程度標識の例である。

(4) 旭川は非常に寒い。

状態事象は計測できない特徴を本質とするため、「寒い」の段階性(スケール)は寒さが少しずつ異なる状態が非離散的に連なることで構成される。図1は寒さの段階性(スケール)をスケールに描いたものである。

図1　寒さのスケールにおけるさまざまな程度標識

右側に行けば行くほど、寒さが増していくし、左側に行けば行くほど寒さが減っていく。こうした寒さの段階性に対して「非常に」などの副詞が、事

象がどの段階にあるのかを示す。言い換えれば、スケール上の「位置」を示すのである。

そして、単文において、数量標識として機能する副詞は量副詞と量程度副詞の二種類がある。ほかには、数量詞も数量標識として機能する。また、スケール構造からみれば、これらはいずれもスケール上の幅を示すことで、当該事象の動作量や内項の量などを表す。ただし、量副詞、量程度副詞と、数量詞は同じく数量標識として働くものの、それぞれが働く環境が異なることが分かった。

数量詞について言えば、単位を意味的に内包しているため、開始限界点と終了限界点と単位の三つとも揃うスケールで働く。例えば、次のような例である。

(5) 太郎は <u>7km</u> 歩いた。

数量詞「7km」は移動距離を示す。そして、移動距離のスケールは開始限界点(=0km)があり、スケールは単位「km」に区切られるように設定される。なお、「歩く」という動作が「7km」を経過して終了されるため終了限界点を有する。そして、「7km」は開始限界点から終了限界点までの幅を示す。スケール構造として次の図2のように第三章で提示した。

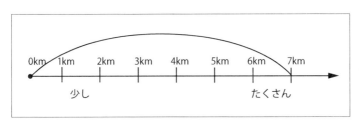

図2　移動距離のスケール

また、開始限界点と終了限界点と単位のいずれも存在しない状態のスケールを対象とする場合、数量詞は状態のスケールを数値化させることができる。

(6) 今日は昨日より3度暑い。

　数量詞を状態の述語「暑い」と共起させるために、比較基準（＝昨日より）を明示しなければならない。そして、数量詞を導入することによって、比較基準が示すスケール上の位置も、比較対象の「今日の暑さ」が示すスケール上の位置も、極点の性質を持つようになる。このとき、比較基準と比較対象の間の「幅」は「3度」という数量詞によって明示される。
　一方、量副詞については、動作事象と共起する場合は数量詞と同じように振る舞うことが分かった。ただし、変化事象と共起する場合、数量詞との相違点がみられる。数量詞も量副詞も事象の数量を表し、スケール上の幅を示すように働くが、量副詞は数量詞のようにスケールを数値化することができない。

(7) 髪の長さが3cm／?たくさん伸びた。

　(7)では「3cm」が適切であるが、「たくさん」が不適切である。数量詞が状態のスケールを数値化し、状態変化の隔たりを値で表せるが、その一方、量副詞の「たくさん」はスケールを数値化することができないため、不適切である。
　そして、量程度副詞について、動作事象と共起し数量修飾をする場合、量副詞と数量詞と同じように振る舞うことが分かった。変化事象と共起する場合では、開始限界点と終了限界点が規定されている環境であれば用いられる。単位がなくてもよいようである。ただし、変化事象の「状態変化の隔たり」を表す場合に限って、程度修飾か数量修飾かの区別がしにくい。
　(3)に関しては、程度修飾と数量修飾の重なりを「移行」という現象で説明した。移行を説明する前に、修飾と事象の関係性を整理しておく。(1)の問題意識に基づく分析で明らかにしたように、事象は原則的に決まった修飾を受ける。例えば、状態事象は状態の段階性を有するために程度修飾を受けるのに対して、動作事象は内項の数量や動作量といった数量的段階性を有するために数量修飾を受ける。しかし、状態事象の状態の段階性を数量的に把

握し、程度を数量で示す場合がある。同じように、動作事象の数量的段階性を程度的に把握し、数量を程度で示す場合もある。このような段階性の移り変わりを「移行」と呼ぶ。

第四章では、移行の現象は極点と単位の有無によって引き起こさせることが可能であることを指摘した。極点と単位を有しない状態事象の開放スケールに、それらを付けることで程度から数量へと移行させることができるし、極点と単位を有する動作事象の閉鎖スケールから、それらを取り除くことで数量から程度へと移行させることができる。ただし、状態事象は計測できないという性質を、動作事象は計測できるという性質を有するため、相互の完全な移行は難しいことが分かった。一方、変化事象は状態変化と動き・動作の両面性を有するために、完全な移行がみられることも指摘した。

以上で述べたように、第一部では、単文を対象に(1)(2)(3)の答えを探った。具体的には、程度標識や数量標識のスケール構造での働きと、事象と修飾の関係、そして、移行の仕組みを明らかにした。また、次の二点は第二部の考察の基盤となった。ひとつ目は、程度標識がスケール上の位置を示すのに対して、数量標識がスケール上の幅を示すことである。二つ目は、程度標識は状態事象と変化事象にみられ、数量標識が動作事象と変化事象にみられることである。

1.2. 第二部のまとめ

第二部では、複文を対象に考察した。(1)に関する答えは、「ほど」を対象にした井本(1999)に指摘があった。そして、井本(1999)の調査結果は、第一部で分かった結果と概ね同様である。つまり、程度標識は状態事象と変化事象にみられ、数量標識が動作事象と変化事象にみられるということである。

ただし、副詞節を対象にする第二部では、動作事象から程度性を見出し、それを程度修飾するというような現象もみられる。

(8) 祥子の言葉がよほどおかしかったらしく、二人の女は息が止まるほど

終章

大笑いをした。(『美食倶楽部』／BCCWJ)

(8) のホド節は二人の女性が大声を上げて盛んに笑っていることを修飾している。笑いに、微笑み、薄笑い、大笑い、などというようなある種の激しさ、つまりある種の段階性(スケール)が認められるなら、大笑いというのは、笑いの中の激しいほうであろう。そして、(8) は、その激しさをホド節で表している。ただし、このような程度性は副詞で修飾することができない。

(9) *二人の女は非常に大笑いをした

(9) が非文という点から考えれば、「笑いの激しさ」というような段階性(スケール)は、やや異質なものと言えて、述語そのものだけでは決まらず、世界知識を踏まえた上で生じた段階性(スケール)である。第六章では、このような段階性(スケール)を二次的な段階性(スケール)と名づけ、述語そのものによって構成された段階性(スケール)と区別した。ちなみに、述語そのものによって構成された段階性(スケール)は、副詞による修飾が可能である。

(2) に関しては、ホド節とクライ節は程度修飾を本務とすることに対して、ブン節とダケ節は数量修飾を本務とすることを明らかにした。そして、バカリ節はダケ節と同じ位置づけだと思われるが、「ばかり」の限定の性格によって、特殊な振る舞いをし、結果的に程度修飾しかできないことが分かった。以下は第二部で各副詞節について述べたことを簡単にまとめる。

ホド節は述語によって修飾の機能が決まる。

(10) 意識を失うほど暑い。(程度修飾)
(11) 意識を失うほどお酒を飲んだ。(数量修飾)

(10) と (11) では、同様にホド節が用いられているが、後件が異なるため、(10) は程度修飾であるのに対して、(11) は数量修飾である。そして、(10)(11)の「ほど」は次に示すようにクライ節に置き換えても意味が概ね変わらない。

(12) 意識を失うくらい暑い。(程度修飾)

(13) 意識を失うくらいお酒を飲んだ。(数量修飾)

以上に示したように「ほど」と「くらい」は互換性が高いことが分かる。そして、(10)〜(13)では、「どのくらい意識を失うか」ということを問題にしていない。この点から、ホド節・クライ節を用いて後件の程度または数量を修飾する際に、前件の程度または数量を問題にしていないことが言える。

また、次に示す置き換えが有効であることから、ホド節・クライ節は程度修飾する場合に純粋程度副詞と同じような働きをすることが言える。

(14) 冬になると、河でも凍るほど／くらい寒い。
(15) 冬になると、非常に寒い。

純粋程度副詞はスケール上の位置を示すことで事象の程度を表す。そして、前述したようにホド節・クライ節では前件の程度または数量を問題にしない。この二点から、ホド節・クライ節は次の図3のようにスケール上の位置を示し、寒さの程度を示すことが分かる。

図3　寒さのスケールにおける「非常に」とホド節

また、ホド節・クライ節は開始限界点を持つ事象と共起する場合に限って数量修飾を行う。例えば、前掲の(11)(13)では、飲酒量を修飾している。飲酒量の段階性は「飲み始める」ことによって生じる。さらに「飲む」という動作の進行によって、段階性が増していく。そして、仮に飲酒量の単位を「合」として、通常「0合」から飲み始めるため、飲酒量の段階性を示すスケールは「0合」という開始限界点から始まる。図示すると次の図4のようになる。

終章

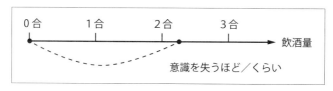

図4 飲酒量のスケールにけるホド節とクライ節

　仮に(11)(13)の話し手にとってお酒は2合が限界だとして、図4は2合以上に飲んでしまった場合を描いている。ホド節やクライ節はスケール上の位置を示すように働くと述べたが、このような閉鎖スケールに、ホド節によってひとつの位置が示されると、ホド節によって示された位置と、「飲む」の開始限界点との間に「幅」が生じる。この点からみれば、ホド節やクライ節は本来スケール上の位置を示すのに過ぎず、厳密には「スケール上の幅（＝数量）」を示すとは言えない。しかし、開始限界点を有する飲酒量のようなスケールでは、ひとつの位置が示されると、その位置から開始限界点まで幅があると理解され、結果的に幅（数量）に対する理解となる。

　そして、ホド節・クライ節は、程度修飾する場合でも数量修飾する場合でもスケール上の位置を示すことから、程度標識を本務とするということが帰結として導き出される。

　一方、ブン節・ダケ節では、前件の程度または数量によって後件の程度または数量を決めるので、ブン節・ダケ節は前件の段階性(スケール)を問題にしていると言える。

(16) 実際に景気振興のために財政投融資を利用し公的金融機関からの資金供給が行われる。すると企業としては、より有利な条件で借りられるため、そこから資金を調達する分、民間金融機関からの借入れを減らしてしまう。（『「縮小均衡」革命』／BCCWJ）

(16)は民間金融機関からの借入れを減らす量が公的金融機関から調達する量と同じであることを示している。したがって、後件の数量を把握するために、まず前件の数量を把握しなければならない。ひとつのスケールはひとつ

268

の事象を描くため、このような前件も後件も段階性がある場合、スケールが二つある。この二つのスケールを関係づける手続きが必要であるが、本書では、「照合」という手続きを想定し、スケールの関係を下の図5で説明する。

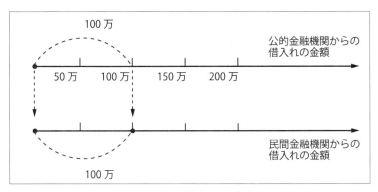

図5　(16)における「分」の前後件のスケール

　図5は仮に公的金融機関から100万円を借り入れたとする場合である。100万円の借入れが実現されることによって、前件のスケールに100万円に相当する幅が刻まれる。借入れの実現は終了限界点とみなされる。そして、後件のスケールを前件のスケールと照らし合わせることによって、前件にある幅が後件に付与されるが、開始限界点およびスケールそのものが同定されるため、後件に本来存していない終了限界点が付与される。後件のスケールに終了限界点が付与されると、開始限界点から終了限界点までの幅が100万円と決まる。よって、後件の数量が100万円であると分かる。つまり、「照合」とは、前後件のスケールを照らし合わせ、前件のスケールによって後件のスケールを規定することである。また、以上の検討から、「分」はスケール上の幅を示すことで、数量を表すことが分かる。

　以上、「分」の数量修飾をみたが、多くの場合では文中の「分」を「だけ」に置き換えられる。

　(17) そこから資金を調達するだけ、民間金融機関からの借入れを減らして

終章

しまう。

(16)の「分」を(17)のように「だけ」に置き換えても文法的である。この点から、副詞節の末尾にくる「だけ」は数量修飾をする場合、「分」との互換性が高く、「だけ」もスケール上の幅を示すように働くと考えられる。そして、置き換えられることは、程度修飾においても同様である。(18)はダケ節による状態事象の程度修飾である。

(18) 手間をかけた<u>だけ</u>、値段が高い。

(18)の「だけ」を(19)のように「分」に置き換えても文法的である。

(19) <u>手間をかけた分</u>、値段が高い。

(17)や(19)が文法的で、「分」と「だけ」が置き換えられる点から、両者が程度修飾・数量修飾する場合において、同じように機能すると考えられる。

(18)では、かけた手間に応じて値段が高いということを表している。つまり、値段の高さを把握するために、まずどのくらい手間をかけたかを把握しなければならない。前件には、かけた手間の量のスケールがある。後件には、値段の高さというスケールがある。以下の図6に(18)のスケール構造を提示する。

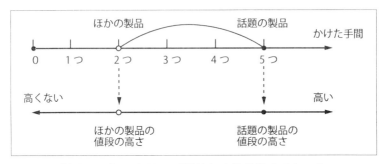

図6　(18)における「だけ」の前後件のスケール

前件の「手間をかける」は、「手間をひとつかける」などをいうことから、数量のスケールを有すると思われる。数量はゼロから数えるために、開始限界点となる「0」が設定される。また、スケールが「1つ、2つ、3つ…」のように単位に区切られている。原理的には、上限がないため、右側が開かれた形になる。図6に示しているとおり、前件のスケールは開始限界点を有する閉鎖スケールである。

　さらに、(18)によれば、ほかの製品よりも今話題にしている製品のほうが手間かかったとのことが分かる。仮にほかの製品は手間をひとつ、二つしかかけていないとして、話題の製品はこだわって通常よりも多く、五つの工程をとったとする。そこで、図6に「2つ」と「5つ」それぞれ示す極点を付けた。「2つ」と「5つ」の間に幅が生じるが、この幅は話題の製品とほかの製品のかけた手間の違いである。

　そして、後件は値段の高さという状態のスケールを持つ。かけた手間に応じて、製品の値段の高さが決まるため、前後件のスケールを照合すると、前件にある幅が後件に付与される。そこで、二つの手間に対応する値段の高さと、五つの手間に対応する値段の高さが表示される。(18)の後件は「値段が高い」と言っているが、これはほかの製品に比べては高いという意味であり、表面的に比較表現が出ていないが、裏には比較の意味合いが読み取れる。

　以上で検討したように、程度修飾をする場合、「だけ」はスケール上の幅を示す。また、(19)が言えることから、程度修飾において「分」もスケール上の幅を示すと思われる。そして、ブン節、ダケ節は、程度修飾する場合でも数量修飾する場合でもスケール上の幅を示すことから、数量標識を本務とするということを帰結として導き出す。

　一方、バカリ節の「ばかり」は取り立て詞由来であり、「だけ」とともに議論されることが多かった。しかし、「ばかり」と「だけ」の限定の仕方が異なることが知られている。「だけ」は限定する事態以外に、排除される事態が存在するという含みがあり、「他の事態を排除することに重点がある(丹羽 1992:109)」という「外限定」である。これに対して、「ばかり」は限定される事態しか含意しておらず、「成立するのは当該事態で尽くされるとい

うことに重点がある（丹羽 1992:109）」という「内限定」である。

例えば、「肉だけ食べる」という場合は、肉以外の料理もあるという含意がある。一方、「肉ばかり食べる」という場合、肉にしか注目しておらず、肉以外の料理は意識していない。この内限定の性質から、「ばかり」が程度修飾をする場合、事象を相対的に捉えられない。

(20) 広大な峰と峰とのあいだには、巨大な雪の桶のようなものができあがり、その桶はきれいな形に凍りついて、<u>まばゆいばかりに</u>白かった。（『モーパッサン短篇選』／BCCWJ）

(20) では、「ばかりに」の形で副詞節を構成するが、この場合の「に」は、「キレイに」の「に」と同様に副詞の性格を持たせるものだと考えられる。後件には白さという状態のスケールがあり、「まばゆいばかりに」で白さの程度を修飾している。前件の「まばゆい」は状態事象であるため、本来は「まばゆい・まばゆくない」というように肯定・否定の対立によってスケールを形成するが、「ばかり（に）」の内限定の性質によって、「まばゆい」という肯定の含意しかなく、「まばゆくない」という含意を許容しないため、スケールを構成することができない。よって、「ばかり」が用いられる場合、後件のみスケールを有することになる。

バカリ節が後件の程度、例えば (20) では白さの程度を示すことから、バカリ節は後件のスケール上の位置を示すと考えられる。このことは、(20) のバカリ節を (21) のように「非常に」に置き換えられることからも確認できる。図示すると、図 7 になる。

(21) その桶はきれいな形に凍りついて、<u>非常に</u>白かった。

図 7　白さのスケールにおける「非常に」とバカリ節

図7から、バカリ節の程度修飾は、第六章で検討したホド節・クライ節と同様であることが分かる。「ばかり」が取り立て詞に由来するという点は「だけ」と共通しているが、程度修飾においては、「だけ」と振る舞いが異なるため、「だけ」とは異なる位置づけとなる。「ばかり」はスケール上の位置を示すのに対して、「だけ」はスケール上の幅を示し、数量修飾を本務とする。この相違に関連して、「ばかり」は数量修飾の例が見当たらない。

　数量修飾は、スケール上の幅でもって示されるのであるが、高程度の位置しか示せない「ばかり」は、幅を構成することができないため、数量修飾を行うことが困難だと思われる。

　最後に、(3)に関しては、程度修飾を本務とするホド節・クライ節が数量修飾に移行し、数量修飾を本務とするブン節・ダケ節が程度修飾に移行するという答えを導き出せる。ホド節・クライ節については第六章で論じたように、数量修飾として成り立つのは結果であって、ホド節・クライ節のスケール構造での機能が変わったわけではない。一方、ブン節・ダケ節については第七章で分析したように、程度修飾ができるが、その際に、「変化の度合い（どの程度変化したか）」を表すため、典型的な程度修飾といささか異なる。

　以上で述べたように、第二部では、複文を対象に(1)(2)(3)の問題に答えた。具体的には、ホド節・クライ節が程度標識を本務とするのに対して、ブン節・ダケ節は数量標識を本務とすること、そして、ブン節・ダケ節では「照合」という手続きが必要であることと、本務と異なる修飾に移行する現象が前掲のホド節・クライ節と、ブン節・ダケ節のそれぞれにみられることを述べた。また、バカリ節は高程度の程度修飾しかできず、スケール上の高程度の位置を示す。「だけ」と同様に取り立て由来であるのに、振る舞いが「ほど」「くらい」と同様ということで中間的なものに位置づけられる。

1.3. 第三部のまとめ

　第三部の第九章では、第一部による単文の検討結果と、第二部による複文の検討結果を合わせて、現代日本語における程度と量・数の体系を構築した。

終章

そして、第十章では比較表現を取り上げ、第九章で示した体系を修正した。結果は表1に示す。

表1 現代日本語文における程度修飾と数量修飾の体系

		状態の段階性(スケール)	状態変化の段階性(スケール)		動作量の段階性(スケール)	内項の数量の段階性(スケール)
事象		状態事象	変化事象		動作事象	動作事象
					変化事象	変化事象
スケール構造		開放スケール	閉鎖スケール		閉鎖スケール	閉鎖スケール
開始限界点		×	○		○	○
単位		×	△		△	○
計測できる		×	△		○	○
修飾		程度修飾	程度修飾	数量修飾	数量修飾	数量修飾
表現		程度表現	程度表現	比較表現	数量表現	数量表現
修飾成分が表す内容		結果状態の程度	結果状態の程度	状態変化の隔たり	動作量	内項の数量
量の性質		×	×	内包量 外延量	外延量	外延量
共起する修飾成分	純粋程度副詞	○	○	×	×	×
	バカリ節	○	○	×	×	×
	ホド節・クライ節	○	○	×	○	○
	量程度副詞	○	○	○	○	○
	ブン節・ダケ節	×	×	○	○	○
	量副詞	×	×	×	○	○
	数量詞	△	×	△	○	○
修飾成分の機能		スケール上の位置を示す	スケール上の位置を示す	スケール上の幅を示す	スケール上の幅を示す	スケール上の幅を示す
程度と量・数の連続性		程度	量程度		量・数	

表1からも分かるように、程度修飾・数量修飾は段階性(スケール)を対象にしている。そして段階性は概ね四種類がある。状態の段階性(スケール)、状態変化の段階性(スケール)、そし

274

て、動作量の段階性(スケール)と内項の量の段階性(スケール)である。動作量や内項の量以外にも、事象の回数や、外項の量などがあるが、第三章の検討によって、数量修飾が主に動作量と内項の量を表すことが分かった。

　事象によって持つ段階性(スケール)が異なることも表1に示している。(1)の課題を検討して分かったように、事象が異なれば、かかる修飾が異なる。これは事象がそれぞれに持つ段階性(スケール)が異なるからである。なお、段階性(スケール)が異なれば、段階性(スケール)を示すスケール構造のあり方が変わってくることも明示した。もちろん、段階性(スケール)を対象とする程度標識や数量標識といった修飾成分が表す内容も、段階性(スケール)によって変わる。

　第九章までの検討によって、程度修飾と数量修飾は状態変化の隔たりを示す場合では重なることが分かった。続く第十章では、程度修飾と数量修飾の重なりは「比較」の介入によって成立することを論証した。例えば、次は状態変化の隔たりを数量修飾で表現する例である。

(22) お客さんが<u>10人</u>増えた。

(22)では、増え始まって増えていって10人が増えたところで事象が終了する。この一連のプロセスを経て状態変化が遂げられる。「10人」という数量詞は、増え始まる時点の人数（＝開始限界点）と、増え終わる時点の人数（＝終了限界点）を比較した結果を示している。つまり、増加人数という比較特性において、比較基準（＝開始限界点）でもって比較対象（＝終了限界点）を示すのである。このような比較の作用は程度修飾で態変化の隔たりを表現する場合にも観察される。

(23) お客さんが<u>かなり</u>増えた。
(24) お客さんが<u>開店時より</u><u>かなり</u>増えた。

(23)では「かなり」が増えた程度を修飾しているが、(24)のように比較の基準を示す「開店時より」と共起しても文法的である。(22)～(24)に示したように状態変化の隔たりを示す場合、数量修飾も程度修飾も可能であり、比較基準があることが観察される。

また、第十一章では、比例を取り上げ考察した。比例を表す形式として、「ほど」「分」「だけ」の三つがあるが、ニュアンスが微妙に異なることが分かった。しかし、三者の間に大きな相違が認められないため、程度修飾と数量修飾の体系でみられるような「ほど」と、「分」・「だけ」の対立がなくなる。対立の消失は比例の「ほど」と関係していると思われる。程度または数量を表す「ほど」では、井本 (2004) などに指摘されているように後件によって前件が引き起こされるという関係性がみられる。しかし、比例を表す「ほど」では、その関係性が逆転して、前件によって後件が引き起こされる関係になる。関係が逆転する原因は現在のところ不明であり、今後の課題としたい。

また、比例の表し方としては、三つがあることが分かった。ひとつ目は、前件は漸次的に進展していくことで後件の程度や数量が前件の進展に応じて変動する表し方である。二つ目は、前件が繰り返し起こるため、後件はその都度に程度または数量が変わる表し方である。三つ目は、前件に対して成立する可能性が複数想定でき、可能性ごとに後件に程度または数量が変わる表し方である。

以上で述べたように、第三部は体系をより完全なものにするために、さらなる検討を加えた。比較表現に関する議論により、比較表現を現代日本語の単文と複文における程度と量・数の体系に反映することができた。その一方で、比例に関する議論により、比例を表す場合に限って、「ほど」「だけ」「分」の対立がなくなることが分かった。

1.4. 第四部のまとめ

第四部では、程度修飾と数量修飾から離れて、本書で取り扱った形式を通して観察できる興味深い現象を二つ取り上げて論じた。第十二章では、程度数量用法と因果関係用法の関係を探った。程度修飾や数量修飾をする形式は、前件と後件が因果関係にあることを示す用法を持つものが多い。例えば、「だけ（に）」「ばかり（に）」などである。ほかにも、「以上」や「かぎり」などは、前件が後件に対して条件を提示するが、広義的にみれば条件も一種の因

果関係として捉えることができる。

　第十二章では、因果関係用法を持つか否か、そして「に」の後接が必要か否かによって、程度修飾や数量修飾をする形式を四つのグループに分けて考察した。そこで得られた結論を次のように示す。

　程度数量を示すとは、値が並列するスケールから特定の範囲を取り立てることである。並列している値から、成立する範囲を取り立てるが、取り立てられるものは、限定されるものであり、明示されるものでもある。よって、取り立ての機能が果たされる際、必然的に明示・暗示の相対的関係が生まれる。

　相対的関係においては、明示されるものでもって暗示されるものを類推させる作用が働くが、因果関係用法を持つ形式では、この類推作用が明示・暗示の相対的関係に留まらず、前件の程度数量でもって後件のそれを類推させるようにも働く。

　また、因果関係は、原因理由でもって結果を推し量ることである。類推作用は程度数量用法と因果関係用法の両者において、ともに重要な働きであるため、前者の用法から後者の用法に拡張した可能性が考えられる。以上に述べたことを簡潔に示すと次のようになる。

(25) 並列→取り立て→明示・暗示→相対的関係→類推→前後件の程度数量の関係→類推→因果関係

　概念的にかけ離れた程度数量と因果関係が同一の形式によって表されるという現象は非常に興味深い。ただし、日本語においてこのような形式が複数存在している以上は、日本語という言語は程度数量と因果関係に何らかの共通点を見出し、そして程度数量が次第に因果関係に変わっていくという傾向を持つ言語なのだと思われる。これはまさに上述した(25)のプロセスに基づく傾向である。

　また、第十二章で検討した形式は英語や中国語に直訳することが難しいということから、日本語特有な表現だと考えられる。その意味で、日本語がどのように世界を認知するかを探るに当たって、第十二章で扱った形式がよい

終章

検討材料となるであろう。

　本書の基本的な考え方は、「言語表現は人間の世界に対する認知を基盤としている」ということである。言語表現の原理を解明することは人間に対する理解を深めることにつながる。第十二章の検討もこのような立場に立脚しているものである。

　続く第十三章では、「分」を取り上げ、「分」という形式の用法は、意味を限定するだけではなく、前件の時制をも限定する可能性があることを指摘した。考察に当たっては、「分」の用法を以下の三つに分けて検討している。ひとつ目は、後件の程度または数量を表す「程度数量用法」である。二つ目は、前後件の程度または数量が比例する「比例用法」である。三つ目は、前件を根拠に判断し、後件に根拠による推論を示すという「根拠・推論用法」である。

　考察の結果、意味用法に応じて前件の述語形式が変わることが分かった。程度数量用法は固定量を表すために前件にタ形を取る傾向にあるが、それに対して、比例用法は変動量を表すためにル形を取る傾向にある。一方、前件後件の関係を表す根拠・推論用法では、比較的均等にル形・タ形が現れるが、ル形・タ形の使用の選択は局面に対する把握の違いによると思われる。

　この結論から、「分」などの形式は、前件と後件をつなげるように機能するとともに、話し手の事象に対する把握をも示していることが分かる。「分」のような前後件をつなげる形式は、ほかにも多く存在するが、それらが文中において話し手の言語意識をどのように反映しているか、またどのような体系を成しているかについては、現時点の研究では明らかになったとは言い難い。そして、第五章で触れたように、品詞論的な位置づけもまだ定められていない。ただし、興味深いことに、ほかの言語に比べると、日本語においてはこのような形式が非常に多く存在している。第十三章は「分」を例に検討した事例研究にすぎないが、このような形式を対象とする研究にひとつの視点を提供することができたかと思われる。

2. 今後の課題と展望

　本書では、程度修飾と数量修飾をできるだけ網羅的に考察したが、論じられなかったことがまだ多くある。そのひとつは、比例表現の「ほど」における前後件の関係性が通常の関係性と逆転する理由である。

　もうひとつは、複文でしかみられない二次的段階性(スケール)についての記述をさらに精緻化していくことが望ましい。二次的段階性は人間がより抽象的なレベルで程度性を見出していることの傍証である。しかし、二次的段階性は無制限に生成できるとは考えにくいため、二次的段階性を見出す仕組みを掘り下げる必要がある。

　また、状態事象は形容詞のほか、可能動詞やテイル形などさまざまな形式があり、本書ではごく一部の形容詞しか検討できなかった。変化事象や動作事象に関しても、本書で検討できなかった動詞のタイプが多く存在する。例えば、心理動詞や感情を表す動詞などである。今後、BCCWJ などのデータベースを利用し、網羅的な調査が望ましい。

　本書では、スケール構造を分析のツールとして導入した。従来は、結果構文の研究でスケール構造が盛んに用いられている。結果構文では、結果述語であるかどうかという認定が非常に重要なポイントである。「結果述語は動詞事象の結果状態を表す (小野 2007:70)」。例えば、「爪を赤く塗った」の「赤く」は結果述語である。ただし、「結果状態に至るまでのある種の過程も結果述語の中に含まれていると見る見方もある (小野 2007:70)」。このような見方に立つ場合、「始点（最小値）と終点（最大値）が定められているような段階性のスケールのこと (小野 2007:70)」を有界スケールという。

　この有界スケールという考え方は、本書で示した数量修飾と同じものである。本書では、数量標識はスケール上の幅を示すことによって事象の数量を表すと述べた。例えば、図2や図5は数量修飾のスケール構造として提示した。特に、図2はまさしく有界スケールそのものである。数量詞は事象の終了を含意する機能があることが指摘されている (cf. 三原 2009:153)。例えば、「太郎は 7km 歩いた」というときに、歩くという事象が 7km 地点で終了さ

終章

　れる。つまり単文での数量修飾では、「7km」などの数量標識は事象の終了を示す働きがあり、なお、それはスケール構造では「幅」(小野 2007 のいう有界スケール)で示される。ならば、複文においては数量標識として働く「分」や「だけ」は、事象の終了と関与する可能性が高いと考えられる。

　一方、有界スケールと「反対に、非有界のスケールと言えば、最小、最大値を持たないスケールのことである (小野 2007:70)」。非有界スケールはいわば本書で検討した状態事象のスケールである。例えば、図 1 はこれに当たる。ただし、本書では、開放スケールと呼んでいる。程度修飾の場合、程度標識がスケール上の位置を示し、事象の終了に関与しない。しかし、数量修飾を本務とするブン節やダケ節が程度修飾を行う場合、第七章で明らかにしたように、比較の意味があり、状態事象でも状態変化の隔たりを含意する。

　状態変化の隔たりを含意するということは、スケール構造では、本来開放スケールであるものに極点が設けられて閉鎖スケールになることを表す (cf. 図 6)。そして、スケールの性格が開放から閉鎖にシフトするに連れて、事象の終了を表す機能も帯びてくる。例えば、(18) では、ほかの製品に比べて話題の製品のほうが高いと述べているが、その裏に、手間をかけた結果、話題の製品の値段が通常より高くなったという状態変化が達成された含意がある。数量標識のブン節またはダケ節が状態事象と共起すると、状態の開放スケールを閉鎖スケールに変更するという現象は小野 (2007) の指摘したタイプシフトだと思われる。

　小野 (2007) によれば、派生的結果構文においてのみ、開放スケールの副詞が閉鎖スケール的に振る舞うというタイプシフトがみられる。ちなみに、派生的結果構文とは別に本来的結果構文という構文もあるが、日本語は英語と違い、派生的結果構文しかないと言われている。

　以上で述べたように、数量修飾は事象の終了との関連が高い。そして、これまでは、スケール構造は単文の分析にしか用いられなかったが、本書では複文の分析に応用できるように、「照合」という手続きを想定し、スケール構造の応用範囲を広げた。この修正は複文を対象とするアスペクトの研究に寄与する可能性がある。

結果述語は有界スケールを示すが、ブン節やダケ節はスケール上の幅を示す。言い方こそ異なるが、両者は同様に機能する。ブン節やダケ節は結果述語と同様に有界スケールを示すため、因果関係用法への拡張もこれに関連すると思われる。

また、程度標識はスケール上の位置を示すと述べた。位置は極点ではないので、事象の終了を規定することができない。当然、程度標識を本務とする「ほど」や「くらい」は、前述の「分」や「だけ」のように事象の終了を規定しない。しかし、「ほど」「くらい」が様態修飾と極めて近似することを第六章で述べた。結果構文の研究では、結果述語と様態述語との区別はとりわけ難しい場合がある。そして、様態述語は結果ではないのでスケール構造での分析を適用できない。本書では様態修飾としても理解できるホド節やクライ節をスケール上の「位置」として捉えるが、この捉え方は様態述語のスケール構造における位置づけに対して、ヒントを与えることが期待できる。

以上で述べたように、スケール構造を用いて複文での考察をさらに発展していく可能性が十分にある。本節で述べたことは今後の展望であり、本書における今後の課題としたい。

参考文献

天野みどり (1987)「状態変化主体の他動詞文」『国語学』151,pp.110-97,国語学会
安倍朋世 (1999)「「とりたて」のクライ文の意味分析」『筑波日本語研究』4,pp1-15
梅棹忠夫、金田一春彦、阪倉篤義、日野原重明（監修）(1989)『講談社カラー版日本語大辞典』講談社
有田節子 (2007)『日本語条件文と時制節性』くろしお出版
石居康男 (2008)「日本語における比較相関構文について」『言語研究の現在―形式と意味のインタフェース』pp.248-258,開拓社
石神照雄 (1980)「比較の構文構造―〈程度性〉の原理―」『文芸研究』93,pp41-49,日本文芸研究会
井本亮 (1999)「「ほど」構文の解釈と主文の有界性について―述語動詞句の動詞分類を中心に―」『筑波日本語研究』vol.4,pp.42-70,筑波大学文芸・言語研究科
井本亮 (2000a)「否定と共起した[指示詞＋ほど]の用法について」『筑波日本語研究』vol.5,pp18-38,筑波大学文芸・言語研究科
井本亮 (2000b)「連用修飾成分「ほど」句の用法について」『日本語科学』8,pp.7-26,国書刊行会
井本亮 (2001)「位置変化動詞の意味について―副詞句の解釈との対応関係と語意概念構造―」『日本語文法』1巻1号,pp.177-197,日本語文法学会
井本亮 (2004)「誇張表現としてのホド構文」『日本語と日本文学』39,pp1-15,筑波大学国語国文学会
岩崎卓 (1995)「従属節のテンスと視点」『現代日本語研究』2 pp.67-84
内田賢徳 (1950)「形式副詞―副詞句の形相―」『國語國文』44-1,pp.44-57,京都帝国大学国文学会編,星野書店
江口正 (2007)「形式名詞から形式副詞・取り立て詞へ数量詞遊離構文との関連から」『ひつじ研究叢書〈言語編〉第55巻　日本語の構造変化と文法化』pp.33-64,ひつじ書房
江口正 (2008)「形式名詞「分」の名詞用法」『言語の研究―ユーラシア諸言語からの視座―語学教育フォーラム第16号』pp.375-389
江口正 (2018)「「分」の副詞用法と名詞用法」『形式語研究の現在』和泉書院,pp.199-214

参考文献

大木一夫(2002)「述定の時間・装定の時間」『国語論究10　現代日本語の文法研究』明治書院 pp.93-119

大木一夫(2015)「現代日本語動詞基本形の時間的意味」『東北大学文学研究科研究年報』62 pp.1-29

奥津敬一郎(1974)「第4章　被修飾名詞―何が連体修飾され得るか―」『生成日本文法論』pp.117-179, 大修館書店

奥津敬一郎(1975a)「形式副詞論序説―「タメ」を中心として」『人文学報』104,pp.86-97, 東京都立大学

奥津敬一郎(1975b)「程度の形式副詞」『都大論究』12,pp.86-97, 東京都立大学

奥津敬一郎(1980)「「ホド」―程度の形式副詞―」『日本語教育』41,pp.149-168, 日本語教育学会

奥津敬一郎(1983)「続 形式副詞論―目的・理由の形式副詞―」『平山輝男博士古稀記念 現代方言学の課題』pp.545-573, 明治書院

奥津敬一郎(1986)「第1章 形式副詞」『いわゆる日本語助詞の研究』pp.29-104, 凡人社

大島資生(2010)『日本語連体修飾構造の研究』ひつじ書房

尾上圭介(1982)「現代語のテンスとアスペクト」『日本語学』12-1 pp.17-29

小野尚之(2007a)「序論―結果構文をめぐる問題」小野尚之（編）『結果構文研究の新視点』pp.1-32, ひつじ書房

小野尚之(2007b)「結果述語のスケール構造と事象タイプ」小野尚之（編）『結果構文研究の新視点』pp.67-101, ひつじ書房

影山太郎(1993)『文法と語形成』ひつじ書房

影山太郎 編(2009)「状態と属性－形容詞類の働き－」『日英対照　形容詞・副詞の意味と構文』大修館 pp.43－75

影山太郎（編）(2012)『属性叙述の世界』くろしお出版

加藤重広(2012)「日本語における属性の事象と一時性―標準語と方言の差異に着目して―」『属性叙述の世界』pp.113-142, くろしお出版

川崎一喜(2012)「副詞的修飾成分「くらい」の程度用法に関する考察」『和漢語文研究』10,pp.112-127, 京都府立大学国中文学会

川端元子(2007)「程度修飾をする「ほど」句の構造と機能」『日本語の構造変化と文法化』pp.141-158, ひつじ書房

参考文献

川端元子 (2002)「比較構文に出現する程度副詞―スケールの相違という観点から」『日本語科学』12,pp.29-47, 国書刊行会
北原博雄 (1990)「日本語における動詞句の限界制の決定要因―対格名詞句が存在する動詞句のアスペクト論―」『ことばの核と周縁』pp.163-200 くろしお出版
北原博雄 (1998a)『日本語動詞句の研究』博士学位論文　東北大学所蔵
北原博雄 (1998b)「移動動詞と共起するニ格とマデ格―数量表現との共起関係に基づいた語彙意味論的考察」『国語学』195,pp.98-84, 国語学会
北原博雄 (2009)「動詞の語彙概念構造と「に」句のスケール構造・統語構造」『結果構文のタイポロジー』pp.315-364, ひつじ書房
北原博雄 (2013)「量修飾の可能性と、被修飾句のスケール構造の違いに基づいた、現代日本語の程度副詞の分類」『国語学研究』52,pp.29-43, 東北大学「国語学研究」刊行会
金水敏 (2004)「文脈的結果状態に基づく日本語助動詞の意味記述」『日本語の分析と言語類型―柴谷方良教授還暦記念論文集』pp.47-56, くろしお出版
金田一春彦 (1976)「国語動詞の一分類」『日本語動詞のアスペクト』pp.7-26 むぎ書房
銀林浩 (1975)『量の世界―構造主義的分析』むぎ書房
工藤浩 (1983)「程度副詞をめぐって」『副用語の研究』pp.176-198, 明治書院
工藤浩 (2016)『副詞と文』ひつじ書房
工藤真由美 (1995)『アスペクト・テンス体系とテクスト―現代日本語の時間の表現』ひつじ書房
工藤真由美 (1998)「非動的述語のテンス」『国文学　解釈と鑑賞』第 63 巻 1 号 ,pp.66-81, 至文堂
工藤真由美 (2007)「調査と研究成果の概要」『日本語形容詞の文法―標準語研究を超えて』pp.2-52, ひつじ書房
工藤真由美 (2014)『現代日本語のムード・テンス・アスペクト論』ひつじ書房
国広哲弥 (1967)「日英両語テンスについての一考察」『構造的意味論―日英両語対照研究―』三省堂 pp.43-90
国立国語研究所 (1972)『動詞の意味・用法の記述的研究』秀英出版
三枝令子 (1991)「「だけに」の分析」『言語文化』27,pp.47-63, 一橋大学言語学研究室

参考文献

佐久間鼎(1956)「程度の表現」『現代日本語法の研究《改訂版》』pp.2-9, くろしお出版（1983 復刻版）

佐野由紀子(1998a)「程度副詞と主体変化動詞との共起」『日本語科学』3,pp.7-22, 国書刊行会

佐野由紀子(1998b)「比較に関わる程度副詞について」『国語学』195,pp.112-99, 国語学会

佐野由紀子(2006)「動きに関わる量について―量的程度副詞と動詞との共起関係から―」『高知国文』37,pp.1-10, 高知大学国語国文学会

佐野由紀子(2008)「「程度差」と「量差」の位置づけ―程度副詞の体系についての一考察―」『高知大国文』39,pp.75-64, 高知大学国語国文学会

時衛国(2009)『中国語と日本語における程度副詞の対照研究』風間書房

須賀恭子(1969)「数概念と量概念の発達」『児童心理学講座4　認識と思考』pp.145-189, 金子書房

鈴木一彦, 林巨樹（編）(1985)『研究資料日本語文法　第六巻　助辞編（三）　助詞・助動詞辞典』, 明治書院.

鈴木亨(2007)「結果構文における有界性を再考する」『結果構文研究の新視点』pp.103-141, ひつじ書房

澤田治(2012)「比較構文の語用論」『ひつじ書房意味論講座　第2巻　意味と構文』pp.133-155, ひつじ書房

高橋太郎他(2005)『日本語の文法』ひつじ書房

高水徹(2008)「比較副詞の容認可能性と文脈」『言葉と認知のメカニズム』pp.173-183, ひつじ書房

田窪行則(1987)「統語構造と文脈情報」『日本語学』vol.6,pp.37-48, 明治書院

竹内孔一、乾健太郎、藤田篤、竹内奈央(2007)「語意概念構造に基づく事態上位オントロジーの構築」『言語処理学会 第13年次大会発表論文集』pp.859－962 (http://www.anlp.jp/proceedings/annual_meeting/2007/pdf_dir/S3－7.pdf)

竹内史郎(2006)「ホドニの意味拡張をめぐって―時間関係から因果関係へ―」『日本語文法』6巻1号, 日本語文法学会

田中章夫(1984)「接続詞の諸問題―その成立と機能―」『研究資料日本文法　第4巻　修飾句・独立句編　副詞・連体詞・接続詞・感動詞』pp.81-123, 明治

参考文献

書院
蔡薫婕 (2015)「限界点の有無からみる動作文と状態文―程度修飾の副詞との共起を通して―」『言語科学論集』19,pp.19-30, 東北大学大学院文学研究科
蔡薫婕 (2016)「従属接続詞「分」にみられる意味用法と擬似連体修飾節のル形・タ形との関係」『国語学研究』55,pp.76-88, 東北大学大学院文学研究科
蔡薫婕 (2017)「程度数量の従属接続詞にみられる因果関係用法について」『国語学研究』56,pp.76-87, 東北大学大学院文学研究科
鶴田常吉 (1953)『日本文法学原論』関書院
寺村秀夫 (1981)「18. 被修飾名詞の形式化」『日本語教育指導参考書 5 日本語の文法（下）』pp.120-133, 大蔵省印刷局発行
辻千秋・伊禮三之・石井恭子（2010）「内包量概念の形成に関する調査研究」『福井大学教育実践研究』第 35 号 pp.97-102, 福井大学
中里理子 (1995)「「だけに」「ばかりに」の接続助詞的用法について」『言語文化と日本語教育（水谷信子先生退官記念号）』9,pp.87-98, お茶の水女子大学.
長田紀子・辻村侯子 (1997)「「ほど」と「くらい」の用法に関する考察」『講座日本語教育』32,pp34-55, 早稲田大学日本語研究教育センター
中畠孝幸 (1995)「現代日本語の連体修飾節における動詞の形について―ル形・タ形とテイル形・テイタ形―」『人文論叢 三重大学人文学部文化学研究科紀要』12,pp.23-32
成田徹男 (1982)「従属節におけるテンスをめぐって」『日本語学』1-2,pp.30-37
新川忠 (1979)「「副詞と動詞とのくみあわせ」試論」『言語の研究』pp.173-202, むぎ書房
仁田義雄 (1983)「動詞に係る副詞的修飾成分の諸相」『日本語学』2-10,pp.18-29, 明治書院
仁田義雄 (2002)『副詞的表現の諸相』くろしお出版
丹羽哲也 (1992)「副助詞における程度と取り立て」『人文研究』44,pp.93-128, 大阪市立大学文学部
丹羽哲也 (1997)「連体節のテンスについて」『人文研究』49,pp.29-64,pp.93-128, 大阪市立大学文学部
丹羽哲也 (2001)「「取り立て」の範囲」『国文学 解釈と教材の研究』46-2, pp.36-43, 學燈社.

丹羽哲也(2013)「連体修飾節における基本形とタ形の対立」『形式語研究論集』和泉書院 pp.263-283
沼田善子(1989)「とりたて詞とムード」『日本語のモダリティー』pp.159-192, くろしお出版
沼田善子(1992)「とりたて詞と始点」『日本語学』11-8,pp.35-43, 明治書院
野田尚史(1986)「複文における「は」と「が」の係り方」『日本語学』vol.5.2, pp.31-43, 明治書院
野呂健一(2008)「動詞の反復表現「VにV」「VだけV」「VばVほど」について」『日本語学会2008年度春季大会予稿集』pp.143-150, 日本語学会
服部匡(1996)「程度副詞と比較基準——「多少」、「少し」を中心に——」『同志社女子大学学術研究年報』47,pp.1-16, 同志社女子大学
花井裕(1993)「原因理由をあらわす「ばかりに」と「だけに」の表現機能」『平成五年日本語教育学会秋季大会予稿集』pp.55-60 日本語教育学会
古川裕(2012)「現代中国語における〈変化〉事象の捉えかたと構文特徴」『日中理論言語学の新展望2　意味と構文』pp.163-191, くろしお出版
前田直子(2009)『日本語の複文—条件文と原因・理由文の記述的研究—』くろしお出版
前田直子(2012)「連用修飾節に関する研究の現状と課題」『国語研共同研究プロジェクトシンポジウム「複文構文の意味の研究」』大会パンフレット, ひつじ書房
益岡隆志(1987)『命題の文法』くろしお出版
益岡隆志(1995)「時の特定、時の設定」『複文の研究（上）』pp.149-166, くろしお出版
益岡隆志(1997)『複文』くろしお出版
益岡隆志(2000)『日本語文法の諸相』くろしお出版
益岡隆志(2007)『日本語モダリティ探求』くろしお出版
益岡隆志(2013)『日本語構文意味論』くろしお出版
松木正恵(2006)「複合辞研究史V「形式副詞」との関連性—山田孝雄から奥津敬一郎まで—」『早稲田大学大学院文学研究科紀要』3,pp.37-47, 早稲田大学大学院文学研究科
真野美穂・影山太郎(2009)「状態と属性—形容詞類の働き」影山太郎（編）『日英

参考文献

   対照　形容詞・副詞の意味と構文』pp.43-75 大修館書店
丸山直子(2001)「副助詞「くらい」「だけ」「ばかり」「まで」の、いわゆる〈程度用法〉
   と〈とりたて用法〉」『日本文学』95,pp.141-162,東京女子大学学会日本文
   学部会
三原健一(1992)「日本語従属節の時制」『時制解釈と統語現象』くろしお出版
   pp.11-35
三原健一(2006)「限界性の起源」『日本語文法』6巻2号,pp.20-32,日本語文法学会
三原健一(2009)「スケール構造からみる結果構文」『結果構文のタイポロジー』
   pp.141-170,ひつじ書房
南不二男(1974)『現代日本語の構造』大修館
南不二男(1993)『現代日本語文法の輪郭』大修館
南不二男(1997)『現代日本語研究』三省堂
宮地朝子(2005)「形式名詞に関わる文法史的展開――連体と連用の境界として」『国
   文学　解釈と教材の研究』50,pp.118-129,学燈社
宮地朝子(2007)「形式名詞の文法化―名詞句としての特性から見る」『ひつじ研究
   叢書〈言語編〉第55巻　日本語の構造変化と文法化』pp.1-31,ひつじ書
   房
村木新次郎(2012)『日本語の品詞体系とその周辺』ひつじ書房
森重敏(1953)「並列助詞における副詞性の成立」『國語國文』22, pp.1-12,京都帝国
   大学國文學會
森重敏(1954a)「群數および程度量としての副助詞」『國語國文』23,pp.65-76,京都
   帝国大学國文學會
森重敏(1954b)「内属判断としての副助詞」『國語國文』23-7,pp.1-12,京都帝国大学
   國文學會
森田良行(1968)「「ぐらい、ほど、ばかり」の用法」『早稲田大学語学教育研究所』
   7, pp.52-77
森田良行(1988)「「横綱だけあって強い」か「横綱だけに強い」か　話し手の主観
   的判断はどこにあるのか」『日本語の類義表現』pp.241-247 創拓社
森田良行(1989)「～だけ」『基礎日本語辞典』pp.632-638,角川書店
森山卓郎(1984)「程度副詞と動詞句」『国文学会誌』20, pp.60-65,京都教育大学
森山卓郎(1988)『日本語動詞述語文の研究』明治書院

森山卓郎(2004)「日本語における比較の形式」『月刊　言語』33(10),pp.32-39,大修館書店
八亀裕美(2007)「形容詞研究の現在」『日本語形容詞の文法―標準語研究を超えて』pp.53-78,ひつじ書房
矢澤真人(1993)「副詞句と名詞句との意味連関をめぐって」『国文学・解釈と鑑賞』58巻1号,pp.135-144,至文堂
藪崎淳子(2012)「「ダケだ」と「マデだ」」『日本語文法』12巻1号,pp.54-70,日本語文法学会
山岡政紀(1994)「形容詞文の意味と知覚の主観性」『日本語日本文学』4,pp.13-26,創価大学日本語日本文学会
山口堯二(1980)『古代接続法の研究』明治書院.
山田孝雄(1908)『日本文法論』寶文館（1966復刻限定版）
山本秀樹(2004)「比較表現あれこれ」『月刊　言語』33(10),pp.24-30,大修館書店
Leisi,E.(1969)『意味と構造』（鈴木孝夫訳）,研究社
渡辺実(1985)「比較の副詞―「もっと」を中心に―」『学習院大学言語共同研究所紀要』8,pp.65-74,学習院大学
渡辺実(1987)「比較副詞「よほど」について―副用語の意義・用法の記述の試み（三）」『上智大学国文学科紀要』4,pp.39-52,上智大学
渡辺実(1990)「程度副詞の体系」『上智大学国文學論集』23,pp.1-16,上智大学

あとがき

　本書は 2017 年 3 月に東北大学大学院文学研究科に提出した博士論文「現代日本語の単文および複文における程度と量・数の体系」を加筆修正したものである。元々、複文における連用修飾をやりたいと思って大学院に入ったので、最初は「分」という形式を取り組んだ。しかし、なかなかうまく行かず、そもそも「程度」とは何か？と考えるようになり、程度副詞の勉強を始めた。この経緯があって最終的に程度副詞など用いる単文と副詞節を含む複文を共にまとめることにした。また、程度修飾の研究を進めていく中、数量修飾との関係性は避けて通れない課題だと気づき、数量修飾についても触れることになった。

　第一部では単文を対象に程度修飾と数量修飾を検討し、理論の土台作りをする。第一部の結論を受けて、第二部では複文における程度修飾と数量修飾を検討し、第一部で作り上げた理論の枠組みで複文についても説明できることを示す。続く第三部では単文と複文を含めた日本語文の程度修飾と数量修飾の体系を示す。分析に当たってはスケール構造を用いたが、程度や数量を扱うのに、スケール構造は視学的に分かりやすく表現できる、かつ、現象を理論的に説明できるツールだと考えている。ただし、スケール構造を程度修飾・数量修飾の分析に適用させるために、かなりの手入れをした。身の丈に合わず大胆なことをしたとは思っているが、単文・複文を包括した程度修飾および数量修飾に対して一貫した説明を施すために、必要な修正であった。稚拙な内容で恥を承知の上だが、この本をきっかけに一人でも、程度修飾と数量修飾の関係性や、スケール構造の応用に興味を持っていただけたらこの上ない喜びである。また、どの章からでも読めるように配慮しているが、その関係で論旨が重複する箇所もある。お許しいただければ幸いである。

　日本語の文法に興味を持ち始めたのは独学で日本語を勉強した頃だが、その後、台湾の東海大学日本語文学系に入学し、黄淑燕先生に出会って本格的に研究をしたいと思うようになった。大阪府立大学の博士前期課程に在学中

は、指導教員の野田尚史先生を始め、張麟声先生、西尾純二先生、橋本喜代太先生にゼミなどを通して、手取り足取りして指導していただいた。特に野田尚史先生からいただいた言葉、「わかりやすく、キレイに原稿を用意する」や「(院生は)いつでも発表できるように用意しておく」などは今でも大切にしている。また、今回は在学中から大変お世話になった張麟声先生に声をおかけいただいたお蔭で、このような形で博士論文を世に紹介できることを心から感謝している。それから当時諦めようと考えた私を何度も励ましてくださった江口真由美さんがいなかったら、修士論文すら書き上げることができなかったと思う。

　東北大学に進学してから、斎藤倫明先生、小林隆先生、大木一夫先生、甲田直美先生にさまざまな角度からコメントを頂き、懇切丁寧にご指導いただいた。特に、斎藤倫明先生には数時間もおよぶ面談をかなりの頻度で付き合っていただいた。また、複文の分析につまずいた際に、陳劼懌さんから結果構文の文献をご紹介いただいた。そのお蔭でスケール構造を勉強する機会を得た。もちろん、本書の内容に関してはすべての責任は私にある。鯨井綾希さんは仕事の合間に博士論文のネイティブチェックをしてくださった。ほかには、津田智史さん、曽睿さん、袁暁犇さん、羅漢さんなど東北大学国語学研究室の皆様は、公私に渡りよくしていただき、切磋琢磨する大切な仲間である。それから、編集の中村奈々さんの力なしではこの本を刊行させることが不可能である。感謝を申し上げたい。最後に、常にそばで根気強く私を支えてくれている夫の千葉と台湾の家族にも感謝している。

2018 年 7 月 28 日
蔡薫婕

著者紹介

蔡　薫婕（つぁい　しゅんじぇー）

1983 年中華民国（台湾）生まれ。2007 年（台湾）東海大学日本語文学系卒業。一般会社勤務を経て 2010 年来日。2012 年大阪府立大学人間社会学研究科言語文化学専攻修了。修士（言語文化学）。2017 年東北大学文学研究科国語学専攻修了。博士（文学）。東北大学助教を経て、2019 年より帝京大学助教。

発表論文

（1）蔡薫婕 (2012)「現代日本語における程度を表す形式副詞「分」の意味と機能」修士論文 , 大阪府立大学 人間社会研究科
（2）蔡薫婕 (2013a)「形式副詞「分」の用法記述―副詞節を形成する場合を対象に―」『日本語 日本語教育』4, pp.93-107, ココ出版
（3）蔡薫婕 (2013b)「「だけに」と「ばかりに」にみられる「限定」と「原因理由」の関わり」『言語科学論集』17, pp.13-22, 東北大学大学院文学研究科
（4）蔡薫婕 (2014)「状態変化動詞との共起から見る複文における程度表現―「分」「くらい」を中心に―」『言語科学論集』18, pp.51-62, 東北大学大学院文学研究科
（5）蔡薫婕 (2015a)「「程度・量・数」と「状態・変化・動き」との関係」『国語学研究』54, pp.136-151, 東北大学大学院文学研究科
（6）蔡薫婕 (2015b)「限界点の有無からみる動作文と状態文―程度修飾の副詞との共起を通して―」『言語科学論集』19, pp.19-30, 東北大学大学院文学研究科
（7）蔡薫婕 (2016a)「従属接続詞「分」にみられる意味用法と擬似連体修飾節のル形・タ形との関係」『国語学研究』55, pp.76-88, 東北大学大学院文学研究科
（8）蔡薫婕 (2016b)「程度・量・数に見られる「移行」の仕組み―スケール構造による考察―」『多元文化交流』8, pp.171-199, (台湾) 東海大学
（9）蔡薫婕 (2017a)「現代日本語の単文および複文における程度と量・数の体系」博士論文 , 東北大学大学院文学研究科
（10）蔡薫婕 (2017b)「程度数量の従属接続詞にみられる因果関係用法について」『国語学研究』56, pp.76-87, 東北大学大学院文学研究科
（11）蔡薫婕 (2017c)「スケール構造を用いた程度修飾・数量修飾の分析―「ほど」「分」を対象として―」『日本語の研究』第 13 巻 2 号 , pp.18-34, 日本語学会
（12）蔡薫婕 (2018)「「とても」に修飾される語について」『文化』82, pp.43-58, 東北大学文学会

現代日本語文の程度修飾と数量修飾の体系

2019 年 9 月 10 日　初版第 1 刷発行

著　者　蔡　　薫　婕
発行者　関　谷　一　雄
発行所　日中言語文化出版社
　　　　〒531-0074 大阪市北区本庄東 2 丁目 13 番 21 号
　　　　ＴＥＬ　０６（６４８５）２４０６
　　　　ＦＡＸ　０６（６３７１）２３０３
印刷所　有限会社 扶桑印刷社

©2019 by Tsai Hsunchieh, Printed in Japan
ISBN978 - 4 - 905013 - 55 - 6